知識ゼロからのエジプト入門

張秋明 譯

早稲田大學文學學術院教授
暨埃及學研究所所長
近藤二郎 著

圖解 古埃及文明

這樣認識古埃及眞有趣

前言

本書是為古埃及新入門的讀者們所寫。古埃及在日本可說是頗受到眾人關心的話題之一。大概任何人至少都曾聽說過一、兩次金字塔、圖坦卡門、埃及女王、木乃伊和象形文字等字眼吧。而且也經常可看到電視台製作的特別節目和各種古埃及相關的展覽。然而對於「古埃及」，大家只是茫然地知道那是一個有著古老歷史的神祕世界，但市面上有系統地為入門者所寫的背景歷史、特徵介紹等書籍其實不多。

因此本書將透過大量的漫畫與插畫，將內容處理得淺顯易懂。古埃及世界的範圍廣泛而分歧，龐大的資訊複雜且難以理解。加上至今挖掘調查工作依然在埃及各地持續進行中，隨時都有新的發現。本書將盡可能融入最新的埃及考古學資訊以進行解說。

或許看過本書後，有讀者會發現：有關古埃及史的時代區分、發生年代與翻譯名稱，隨著研究者的不同，各種說法不一而足。那是因為已經確定的資訊太少，才會形成此一現狀。本書主要解說的是古埃及整體的歷史、生活、遺跡和眾神信仰的宗教思想。相信在讀完本書後，若能繼續研讀其他個別領域的書籍，將更有助於加深讀者們對古埃及的理解。但願讀者們也能一同進入充滿謎題的古埃及世界學習。

近藤二郎

透過年表認識古埃及

※皆為紀元前

時代	王朝	紀元（※）	重要事件	國外動向（※）
前王朝		6150年左右	納布塔文化誕生。	5000年左右，東亞誕生黃河文明。
		4000年左右	納卡達文化誕生。尼羅河畔有農耕活動。	3500年左右，美索不達米亞產生城市國家。
早王朝	1	3000年左右	納爾邁王統一上下埃及。此一時期象形文字確立了文字體系和庶民曆法。	
	2		有段時期，上下埃及之間發生權力鬥爭。	
古王國	3	2650年左右	宰相印何闐為法老左塞爾建造第一座金字塔（階梯金字塔）。	2600年左右，愛琴海誕生克里特文明。
	4	2580～2500年左右	古夫王、卡夫拉王、孟卡拉王建造吉薩三大金字塔。	
	5	2480年左右	烏塞卡夫王開創第五王朝。當時，太陽神拉為最高神祇。	
	6	2254年	六歲即位的佩皮二世，在位時間長達六十年以上。	2300年左右，南亞誕生印度河流域文明。

古王國	7、8		第七王朝、第八王朝登基的多為短命的法老。	2300年左右，阿卡德帝國於美索不達米亞成立。
第一中間期	9、10、11	2145年	古王國時期的中央集權體制瓦解，進入第一中間期。	
			以赫拉克利奧波利斯為根據地支配下埃及的第十王朝，和以底比斯為根據地支配上埃及的第十一王朝，彼此王權分裂。	
中王國	11	2025年	門圖荷太普二世重新統一埃及，中王國時代開始。	
	12	1976年	阿梅涅姆哈特一世掀起政變，開創第十二王朝。	1894年左右，古巴比倫王國於美索不達米亞成立。
	13			1750年左右，西臺王國於安那托利亞出現。
第二中間期	14、16・15	1648年	希克索人以三角洲東部的阿瓦利斯為首都，開創第十五王朝。	1700年左右，殷王朝於中國成立。
	17	1574年	第十七王朝的塞格嫩拉陶二世開始與第十五王朝打仗。	1600年左右，米坦尼王國於美索不達米亞成立。
	18	1550年	雅赫摩斯一世開創第十八王朝。進入新王國時代。	

※皆為紀元前

時代	王朝	紀元（※）	重要事件	國外動向（※）
新王國	18	1479年	哈特謝普蘇特女王即位。	1500年左右，雅利安人入侵印度北部的旁遮普地區。
新王國	18	1458年	在圖特摩斯三世的統治下，古埃及王國的版圖擴展到最大。	
新王國	18	1360年左右	在阿蒙荷太普三世的統治下，古埃及進入鼎盛時期。	1365年，亞述王國脫離米坦尼王國獨立。
新王國	18	1346年	阿蒙荷太普四世（阿肯那頓）進行宗教改革，將首都由底比斯遷往埃赫塔頓（阿馬納）。	
新王國	19	1292年	普拉美斯自第十八王朝最後一任法老霍倫赫布之後接任王位，成為拉美西斯一世，開創第十九王朝。	
新王國	19	1275年	拉美西斯二世於「卡疊石戰役」打敗西臺王國。	1200年左右，開始東地中海整體的海上民族大遷移。同一時期西臺王國滅亡。
新王國	20	1176年	海上民族入侵埃及，被拉美西斯三世擊退。	
新王國	阿蒙神權國家	1085年	底比斯成立阿蒙神權國家。	
第三中間期	21	1069年	斯門德斯一世將首都從孟菲斯遷往塔尼斯，開創第二十一王朝。因為阿蒙神權國家和第二十一王朝使得國內南北分裂，進入第三中間期。	1070年左右，中國出現周王朝。
第三中間期	22	945年	娶了第二十一王朝普蘇森尼斯二世之女的利比亞軍人舍順克一世，開創第二十二王朝。	

時期	王朝	年份	事件	同時期大事
第三中間期	22、23、24、25	700年	庫施王國（第二十五王朝）的沙巴卡重新統一分裂的埃及。	747年，庫施王國（第二十五王朝）建於努比亞。
第三中間期	25	671年	亞述人入侵埃及，並支配埃及一陣子。	
第三中間期	26	664年	普薩美提克一世脫離亞述的支配，開創第二十六王朝。	625年，巴比倫建立新巴比倫王國。 612年，亞述王國被新巴比倫王國擊敗而滅亡。
後王朝	27	525年	波斯阿契美尼德王朝打敗第二十六王朝，將其納入支配下（第一次被波斯支配）。	550年，波斯阿契美尼德王朝建於伊朗。
後王朝	28、29、30		埃及人支配埃及的末代王朝。	
後王朝	31	332年	馬其頓的亞歷山大三世將埃及納入支配下。	333年，馬其頓於伊蘇斯戰役擊潰阿契美尼德王朝。
托勒密王朝	托勒密王朝	305年	托勒密一世於亞歷山大三世之後繼任，開創托勒密王朝。	308~301年，亞歷山大三世的繼任者掀起繼業者戰爭。
托勒密王朝	托勒密王朝	196年	設置羅塞塔石碑。	
托勒密王朝	托勒密王朝	30年	克麗奧佩脫拉七世於「亞克興角戰役」被屋大維打敗。	27年，屋大維成為第一任羅馬皇帝。

目次

第一部

關於埃及的八個謎題

第二部

第一章

透過法老解讀古埃及

第二部

第二章

集古埃及技術薈萃的巨大建築

第二部

第三章

埃及民族共有的神話與生死觀

第三章

第二部 第四章

走過三千年歷史的人們生活

閱讀本書的方法

古埃及既神祕且充滿了謎題。本書目的便是要以深入淺出的方式介紹如此謎樣的古埃及。除了文字外，還備有豐富的圖片和漫畫，相信有助於讀者們的理解。

圖片資料

地圖、關係圖、年表等，配合主題使用各種相關的圖片資料，有助於對古埃及的理解。

03

左塞爾王

天才宰相為法老建造的第一座金字塔

王權安定後的版圖擴大路線

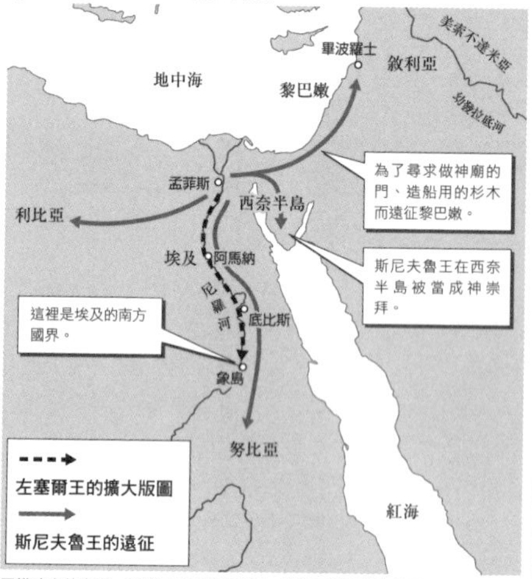

地中海
畢波羅士
敘利亞
黎巴嫩
美索不達米亞
幼發拉底河
孟菲斯
西奈半島
利比亞
為了尋求做神廟的門、造船用的杉木而遠征黎巴嫩。
埃及
阿馬納
尼羅河
斯尼夫魯王在西奈半島被當成神崇拜。
這裡是埃及的南方國界。
底比斯
象島
努比亞
紅海
左塞爾王的擴大版圖
斯尼夫魯王的遠征

王權確立的嘗試，在第三王朝開花結果，並進而開始擴大版圖。接著第四王朝的斯尼夫魯王也以西奈半島為中心進行海外遠征。

王朝建立約三百五十年後，埃及進入建造金字塔的第三王朝。從這個時代起，埃及最早的繁盛期古王國時代正式開始。

第一座金字塔是第三王朝第二任法老左塞爾王（Zoser）所建造的。過去的王墓和貴族一樣都是採用方型墓（Mastaba，馬斯塔巴），左塞爾王卻命令宰相印何闐在薩卡拉（Saqqara）建造階梯金字塔。

這證明了埃及法老到了第三王朝，權力已到達頂點，並確立鞏固的中央集權國家。

進入第四王朝後，金字塔由階

第3王朝

中王國｜第一中間期｜古王國｜早王朝｜前王朝

B.C.2000　B.C.3000　B.C.5000

44

解說

擁有三千年歷史，悠久且複雜的古埃及王國。在此僅挑出重點，以簡潔的文字進行解說。

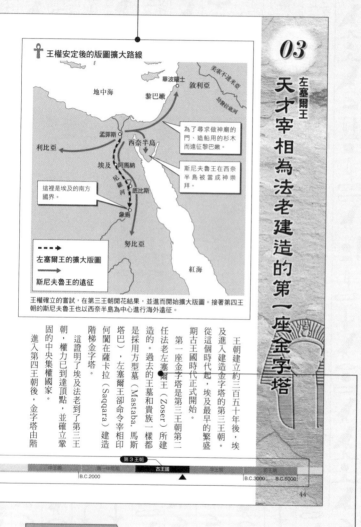

卡姆威塞特小提醒

古埃及最古老的學者卡姆威塞特就各個主題展現一下博學，提供更為深入的內容。

卡姆威塞特
小提醒

漫畫

利用漫畫重現發生於古埃及的歷史事件！感覺就像是時光倒流回到古代。

第二部　第一章　透過法老解讀古埃及

階梯金字塔的誕生

我要為國王建造壯麗的陵墓。
是，宰相大人。
可是只有一層，顯得缺乏氣勢。
重蓋吧！
就這樣——
喔喔！
這真是太棒了！
做的好！印何闐！
握住

宰相印何闐經過幾次失敗後，終於為左塞爾王完成了階梯金字塔的建造。

梯狀轉變成四角錐狀。建造此一新型金字塔的是第四王朝第一任法老斯尼夫魯王（Sneferu），共建造了位於達蘇爾（Dahshur）的「彎曲金字塔」、「紅色金字塔」和位於美度姆（Meidum）的「崩壞金字塔」。

象徵現代金字塔的四角錐真正金字塔由此誕生。

古埃及小知識！

死後成神的印何闐

設計、建造階梯金字塔的印何闐是很聰明的人，在他主事下，建築、土木、科學、醫療、糧食管理等各部門都有長足的發展。這些功績讓埃及人民將他神格化，視為創造神卜塔（Ptah）的兒子，並流傳到後代。

就連後王朝時代到托勒密王朝時代遷居埃及的希臘人，也將印何闐視為醫神阿斯克勒庇俄斯（Asclepius）加以信仰，並在亞斯旺的菲來島建造印何闐神廟。

A.D.1　B.C.1000

45

古埃及的小知識、新發現

介紹本文中無法觸及的小知識、隨時更新的遺跡挖掘最新資訊。

古埃及新發現！

重現世間的是第二艘太陽船嗎？

二〇一一年六月，日本NPO法人在埃及吉薩大金字塔南側，開始了覆蓋在「第二艘太陽船」凹槽上巨大石灰岩石蓋的移除作業。

自從一九八七年發現後，因為種種原因延宕了挖掘進度。二〇〇八年，設置了可讓石坑保持一定溫度及濕度的機器，並判斷黎巴嫩杉的船身材料承受得住挖掘，才決定開始這次的移除石蓋作業。

年代、王朝欄位

可一目了然得知該主題發生於哪個年代、什麼王朝。

第一部

關於埃及的八個謎題

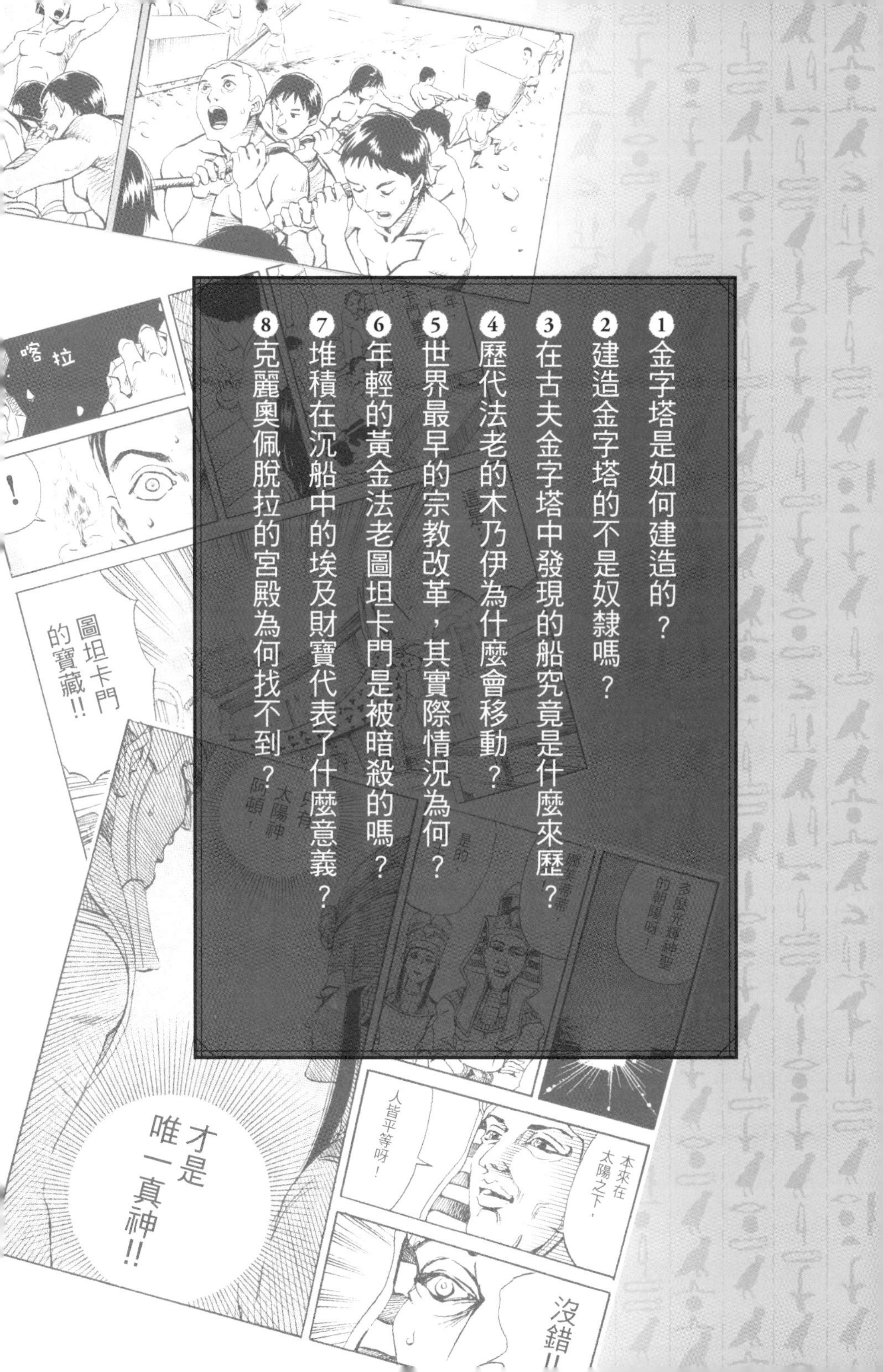

1. 金字塔是如何建造的？
2. 建造金字塔的不是奴隸嗎？
3. 在古夫金字塔中發現的船究竟是什麼來歷？
4. 歷代法老的木乃伊為什麼會移動？
5. 世界最早的宗教改革，其實際情況為何？
6. 年輕的黃金法老圖坦卡門是被暗殺的嗎？
7. 堆積在沉船中的埃及財寶代表了什麼意義？
8. 克麗奧佩脫拉的宮殿為何找不到？

01 金字塔建造法之謎
充滿謎樣的建造方法，現知的各種學說！

古埃及最大的謎，金字塔的建造方法是!?

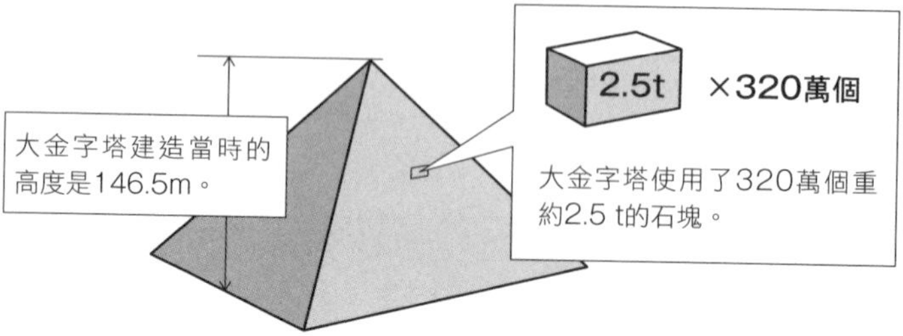

大金字塔建造當時的高度是146.5m。
2.5t ×320萬個
大金字塔使用了320萬個重約2.5 t的石塊。

古埃及人是如何建造出此一巨大建築的呢？

▼

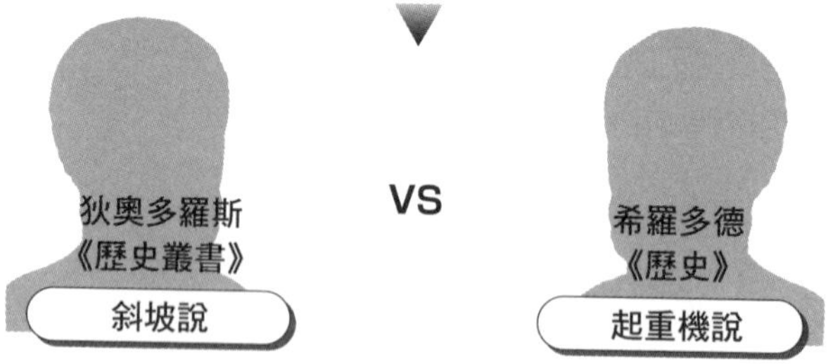

狄奧多羅斯《歷史叢書》
斜坡說
VS
希羅多德《歷史》
起重機說

關於金字塔的建造法，有主張將石塊利用斜坡往上拉和利用起重機往上拉等兩派學說，長年以來爭論不休。

▼

近年來，斜坡說較為有力。

古埃及的人們是如何建造巨大的金字塔呢？這是史上有關埃及的最大謎題。

起重機說？斜坡說？

距今五千年到兩千年前的古埃及王國，大約維持了三千年的繁榮。

說起充滿謎題的古埃及，其最具代表性的建築就是金字塔了。其中又以古夫金字塔於建造時宣稱有一四六點五公尺的高度，因此又被稱為「大金字塔」。

金字塔是由無數的石塊堆砌而成。以古夫金字塔為例，一個平均重二點五噸的石塊，共三百二十萬個。

第4王朝

中王國	第一中間期	古王國	早王朝	前王朝
B.C.2000		▲	B.C.3000	B.C.5000

斜坡是呈直線狀還是螺旋狀呢？

建造金字塔時使用斜坡的說法較為有力。

斜坡形狀大致分為兩種

直線型斜坡

優點：一次可搬運較多石塊。
缺點：建造斜坡的材料用量很大。

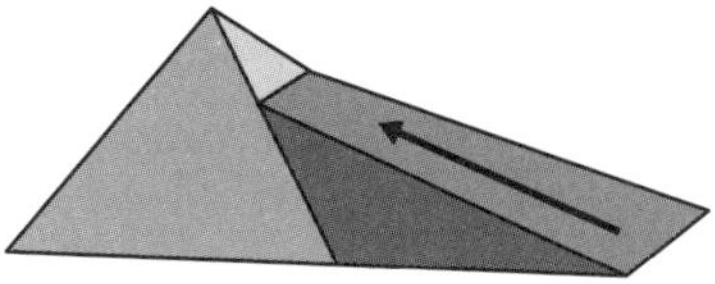

螺旋狀斜坡

優點：建造斜坡的材料用量不需太多。
缺點：斜坡的空間小，
影響作業進度。

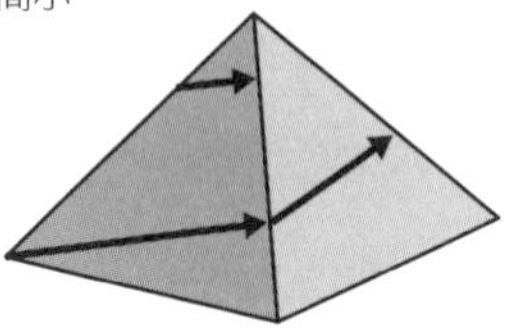

今天已很少有學者對斜坡說提出異議，但關於斜坡的形狀則意見分歧。基本上為直線型和螺旋狀。

古埃及人是如何完成如此龐大的工程？這已成了自古以來的「世界七大奇景」之一。長久以來，對於建造方法有「起重機說」和「斜坡說」等兩派主張。

起重機說始於古希臘歷史學家希羅多德（Herodotus）。起重機說認為將石塊運往上方時，使用了基於起重機原理的簡單機械。

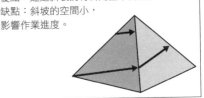

相對於起重機說，西西里的歷史學家狄奧多羅斯（Diodorus）則提出斜坡說。此派主張利用緩坡將石塊往上拉的方法。

關於兩派學說的論爭，目前多數人傾向支持斜坡說。理由是沒有發現任何起重機的殘骸，而且歷史上開始使用機械是在中王國時代以後。

關於斜坡說的意見分歧，最基本的理論是直線型斜坡說。面對金字塔建造一條直線的單純坡道，可確保寬廣的作業空間，但建造斜坡本身需要較多的材料和勞力。

將建造斜坡的成本壓到最低則是螺旋狀斜坡說。在金字塔外側建造狹隘的螺旋狀斜坡，好用來搬運石塊。不過此一學說因為坡道的空間變窄，使得同時可作業的人數受到限制，很有可能影響到作業的進度。

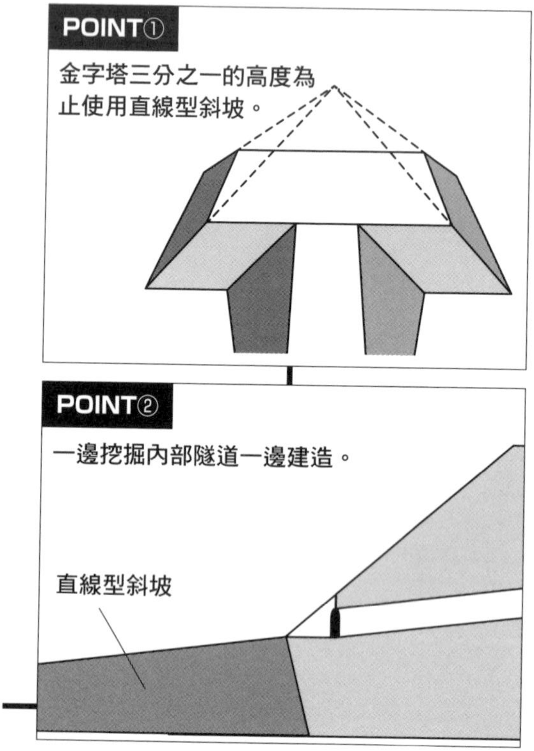
POINT①
金字塔三分之一的高度為止使用直線型斜坡。
POINT②
一邊挖掘內部隧道一邊建造。
直線型斜坡

新說法出現！內部隧道說

除此之外，近年來法國建築師烏丹（Jean-Pierre Houdin）提出新的說法——「內部隧道說」。

該學說認為在金字塔三分之一的高度為止使用直線型斜坡，剩下的三分之二使用內部隧道搬運石塊。

內部隧道係沿著金字塔四邊，以大約四度的角度挖掘，遇到斜角即改變方向，繼續往下一個斜角呈螺旋狀延伸過去。

此一說法有科學性的解析佐證。在調查金字塔的內部構造

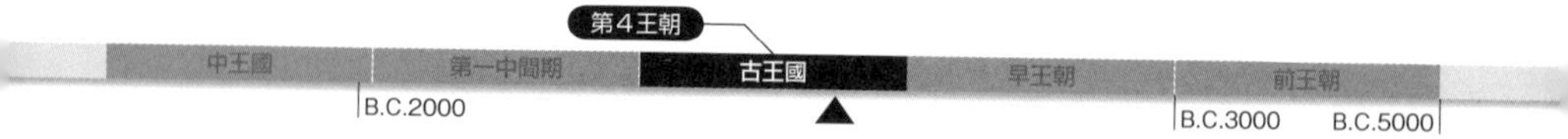
第4王朝
中王國
第一中間期
古王國
早王朝
前王朝
B.C.2000
B.C.3000
B.C.5000

到達真相了嗎!?建築師所提出的「內部隧道說」

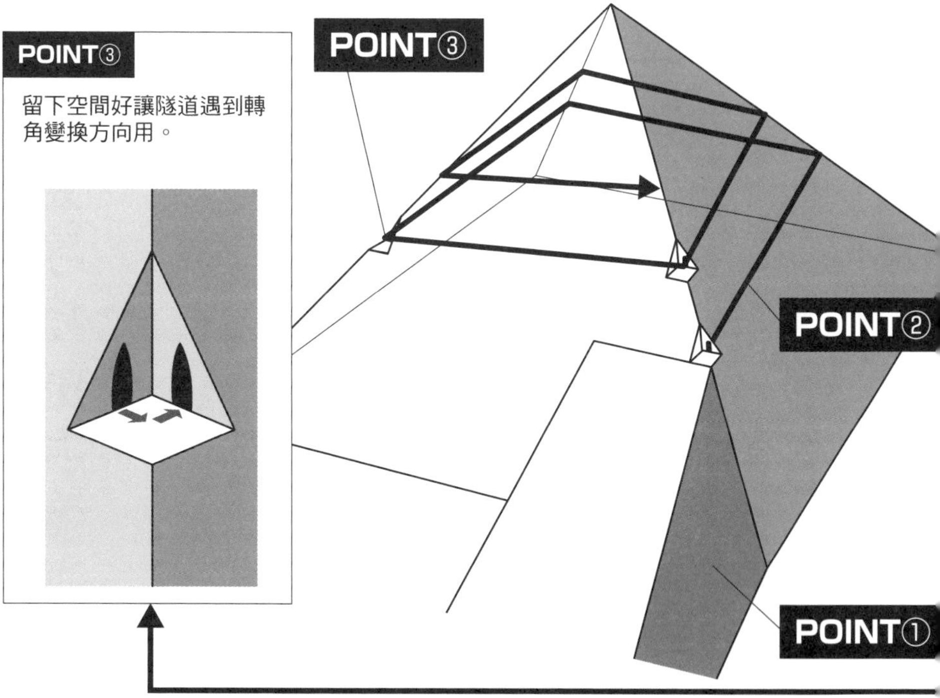
POINT③
留下空間好讓隧道遇到轉角變換方向用。
POINT③
POINT②
POINT①

法國建築師烏丹提出融合直線型斜坡說和螺旋狀斜坡說的「內部隧道說」。

> **古埃及小知識！**
>
> **金字塔是如何建造的？**
>
> 建造金字塔的目的是什麼？比較有力的說法有三種。
> 第一是最常見的說法，它是法老的墳墓。第二是法老生命復活裝置說。古埃及法老在名為金字塔的裝置中復活，並得到永遠的生命。第三是公共事業說。由於每年夏季尼羅河氾濫，基於農閒期雇用人民以幫助營生之目的，因此建造金字塔做為國家事業。

時，發現金字塔的稜線上存在著一些密度不高、可說是空洞的部分。

也就是說，金字塔內部很有可能存在著烏丹所主張的「內部隧道」狀空洞。

雖然謎底尚未揭曉，但到目前為止，有關金字塔的建造說確實開始了新的紀元。

02

金字塔建造村落之謎

建造金字塔的其實並非奴隸們！

吉薩金字塔的巨大，令人不禁想像建造的辛苦程度。

或許就是因為這樣，過去一向認為金字塔是在強迫奴隸勞動之下完成的。只要觀看以前好萊塢拍攝的古埃及電影，後世的人們就能知道金字塔工人的地位是如何的低賤。

然而到了一九九〇年，從大金字塔以南約一公里處所挖掘到的遺跡中，發現了跟被強迫勞動的奴隸完全不同形象的工人遺骨。

遺跡的名稱是「工匠村落」（Work Man's Village），在那附近挖掘出一千具以上應該跟建造金字塔有關的勞工遺骨。

那些遺骨不只是男性，也有許多的女性和小孩，村落的男女比例各占一半。

同時也發現了許多背骨受創的人骨，還有麵包店、肉店及製作建造金字塔所需工具的地區等，也都陸續被挖掘出來。

由此可知，「工匠村落」是建造金字塔的工人和家人，在擁有一定功能的村落所共同生活的區域。

他們絕非奴隸，而是一般的埃及老百姓。

「工匠村落」是充滿活力的村落，居民是為了法老的榮耀而認真工作。

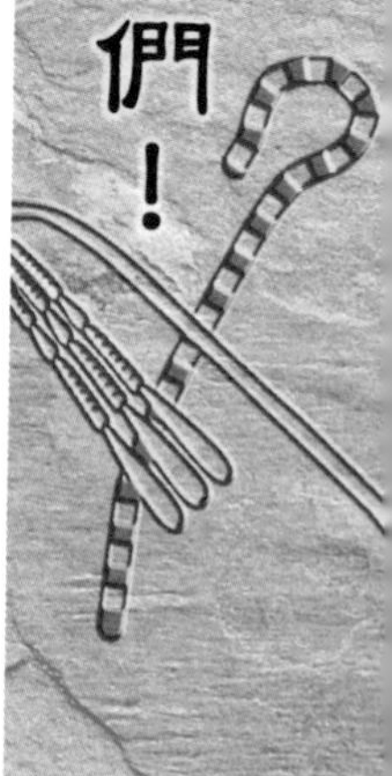

古埃及小知識！

大林組建築公司所試算出來的總工程費用

建造一座巨大的金字塔究竟需要多少費用呢？

大林組建築公司根據現代工法（一九七八年當時）試算出建造一座金字塔的總工程費用，得出工期五年、總工程費用一千二百五十億日圓的數字。

若是根據古埃及工法，以二十萬人乘以三十年，換算成現代的工資：20萬人×30年×12個月×6萬日圓／月＝約4兆日圓。

第4王朝

中王國	第一中間期	古王國	早王朝	前王朝

B.C.2000 B.C.3000 B.C.5000

吉薩三大金字塔和工匠村落

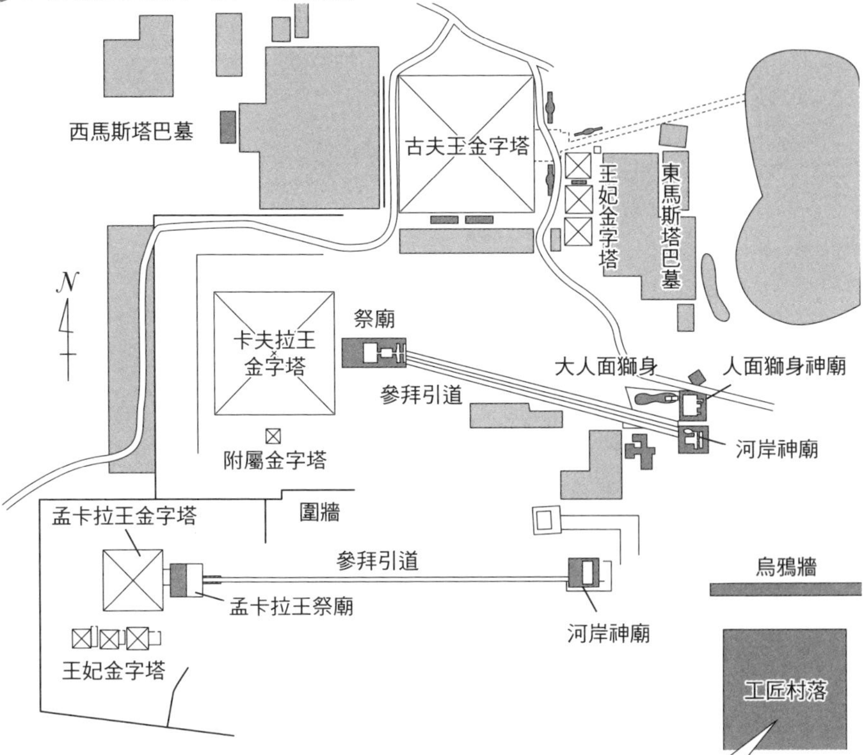

一般的埃及老百姓和家人住在工匠村落裡生活。

被視為金字塔建造工人所居住的工匠村落位在吉薩三大金字塔東南方、越過俗稱「烏鴉牆」的牆外區域。

03

巨大的船是為了讓法老遨遊天空嗎？

兩艘太陽船之謎

埋葬於古夫王金字塔南側的兩艘船

古夫王金字塔平面圖

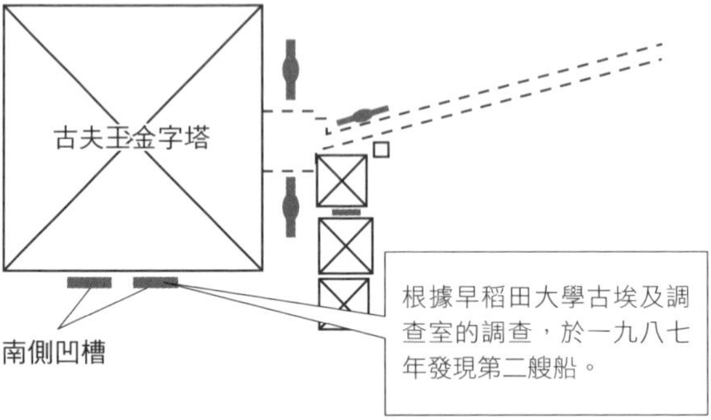
古夫王金字塔
南側凹槽
根據早稻田大學古埃及調查室的調查，於一九八七年發現第二艘船。

從金字塔南側凹槽發現的「第一艘船」，復原後陳列在「古夫王船博物館」公開展示。

一九五四年，第一艘船於古夫王金字塔南側出土，震驚全世界。之後，一九八七年早稻田大學的調查小組發現了第二艘船。

一九五四年，古夫金字塔南側凹槽發現了一艘被解體的古代大型木船。

為什麼金字塔中會發現船呢？這個意外的組合，從發現當時起就讓學者們傷透了腦筋。究竟建造這艘船的目的何在？

一開始這艘船被稱為「太陽船」。在古埃及的太陽神話中，這是太陽神拉（Ra）在天空移動時所搭乘的船。

可是現在已不叫作「太陽船」，正式名稱為「第一艘古夫王船」。

改變名稱的理由如下：

古夫王船是否為太陽船？

在太陽船的神話中，太陽被認為是太陽神拉所搭乘的船。日沒後，拉會改搭別的船到冥界旅行，拉透過旅行後獲得新生，又重新開始旭日東昇。

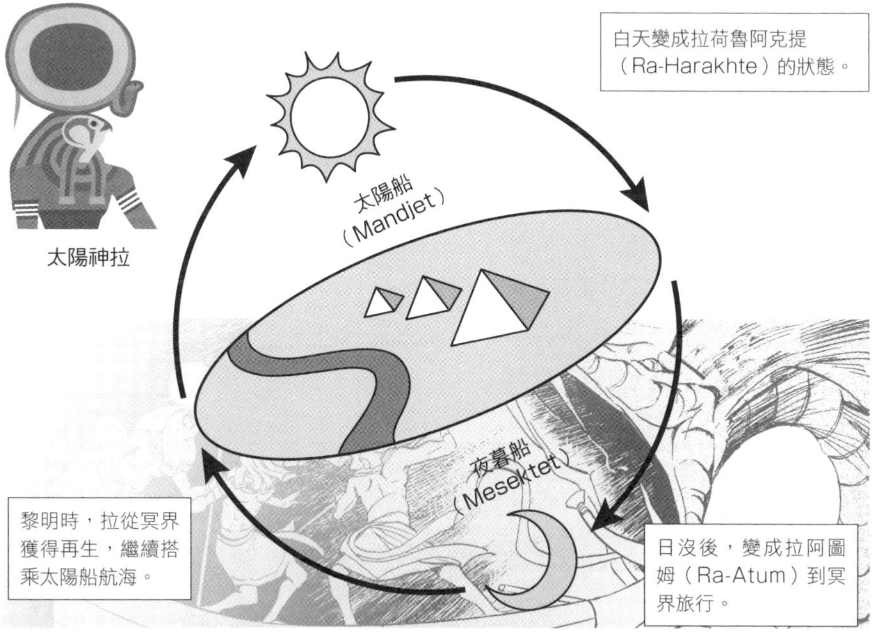

白天變成拉荷魯阿克提（Ra-Harakhte）的狀態。
太陽船（Mandjet）
太陽神拉
夜暮船（Mesektet）
黎明時，拉從冥界獲得再生，繼續搭乘太陽船航海。
日沒後，變成拉阿圖姆（Ra-Atum）到冥界旅行。

發現當時，曾引發古夫王船是否為「太陽船」的爭議。而目前仍無法斷定是否為「太陽船」，所以稱為「第一艘船」。

首先，埃及太陽信仰的興盛是在第五王朝以後，古夫王時代並不是那麼地盛行。

其次，船身有實際下水過的痕跡。因此有人認為是為了搬運法老遺體所用的葬儀船。

至於這些大型木船是否真的是太陽船，還有待今後的研究釐清。

古埃及新發現！

重現世間的是第二艘太陽船嗎？

二〇一一年六月，日本NPO法人在埃及吉薩大金字塔南側，開始了覆蓋在「第二艘太陽船」凹槽上巨大石灰岩石蓋的移除作業。

自從一九八七年發現後，因為種種原因延宕了挖掘進度。二〇〇八年，設置了可讓石坑保持一定溫度及濕度的機器，並判斷黎巴嫩杉的船身材料承受得住挖掘，才決定開始這次的移除石蓋作業。

法老木乃伊之謎
為什麼歷代法老的木乃伊要藏起來呢？

被發現的法老木乃伊

法老名	王朝	發現場所	推估年齡
塞格嫩拉陶二世	第17王朝	DB320	35-40
雅赫摩斯	第18王朝	DB320	25-30
阿蒙荷太普一世	第18王朝	DB320	20-30
圖特摩斯一世	第18王朝	DB320	18-22
圖特摩斯二世	第18王朝	DB320	25-30
圖特摩斯三世	第18王朝	DB320	35-40
阿蒙荷太普二世	第18王朝	KV35	35-45
圖特摩斯四世	第18王朝	KV35	30-40
阿蒙荷太普三世	第18王朝	KV35	30-35
塞提一世	第19王朝	DB320	35-40
拉美西斯二世	第19王朝	DB320	50-55
麥倫普塔赫	第19王朝	KV35	45-50
塞提二世	第19王朝	KV35	25
西普塔赫	第19王朝	KV35	20-25
拉美西斯三世	第20王朝	DB320	30-35
拉美西斯四世	第20王朝	KV35	35-45
拉美西斯五世	第20王朝	KV35	35-45
拉美西斯六世	第20王朝	KV35	30-35
拉美西斯九世	第20王朝	DB320	35-40

新王國時代的法老們安葬於帝王谷。不過多數的法老木乃伊已被移至和原來墓穴不同的場所。

法老（Pharaoh）為希臘語，埃及語源為「佩魯·阿阿」（per-aa），意思是「大房子」（Great House）。在舊約聖經中稱為「帕羅」，與摩西為敵。

位於底比斯（Thebes）西岸的帝王谷是新王國時代法老的墳墓集中之地。然而奇妙的是，有少部分法老的木乃伊，並沒有在各自的墓穴中被發現。

目前發現的木乃伊主要集中於帝王谷「KV35」和德埃爾·巴哈里（Deir el-Bahri）「DB320」等兩處墓地。

為什麼那些木乃伊會從原來的場所移開了呢？

事實上我們早已確知移動那些木乃伊的是新王國時代的阿蒙神祭司團。問題是動機為何？

過去多半以阿蒙神祭司團是為

KV35和DB320位在哪裡？

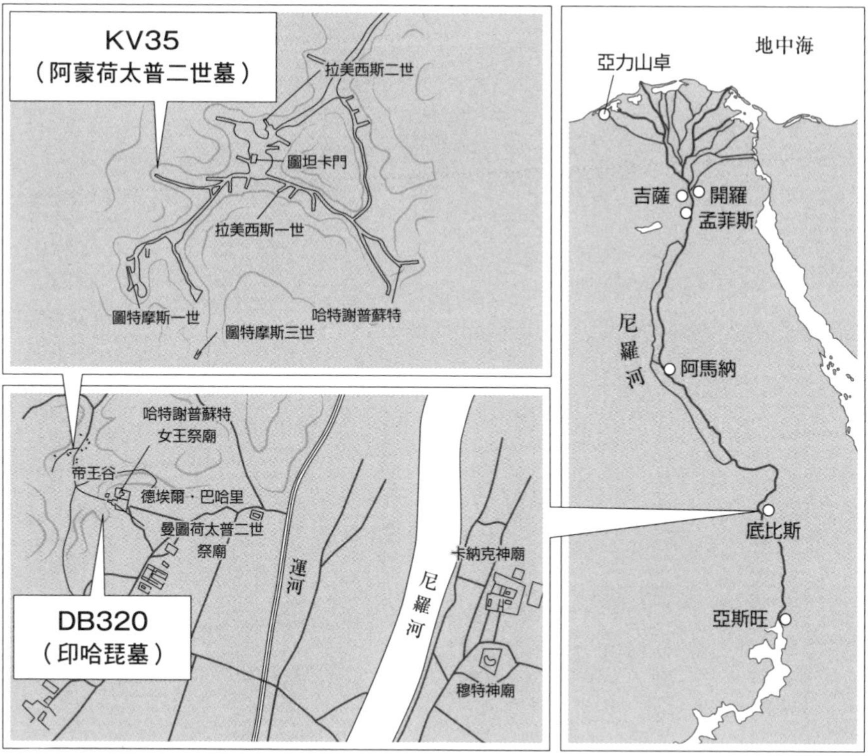
KV35
（阿蒙荷太普二世墓）
拉美西斯二世
圖坦卡門
拉美西斯一世
圖特摩斯一世
哈特謝普蘇特
圖特摩斯三世
哈特謝普蘇特
女王祭廟
帝王谷
德埃爾・巴哈里
曼圖荷太普二世
祭廟
運河
尼羅河
卡納克神廟
穆特神廟
DB320
（印哈琵墓）
地中海
亞力山卓
吉薩
開羅
孟菲斯
尼羅河
阿馬納
底比斯
亞斯旺

KV35和DB320都位在底比斯西岸。DB320是在德埃爾・巴哈里地區發現的印哈琵王妃墓，KV35則是在帝王谷發現的阿蒙荷太普二世墓。

了保護法老遺體不受盜墓者破壞的善舉，來解釋此一行為。

可是近年來又出現了移動木乃伊是阿蒙神祭司團有組織的盜墓行為之新說法。

這一派學說認為第二十一王朝和阿蒙神權國家意見不合，埃及國內一分為二，歷史進入第三中間期。當時經濟困頓的阿蒙神祭司團為了對抗周圍的政治勢力，不得已只好祭出掠奪高價陪葬物變現挪用的手段。

在真相為經濟上的理由，卻藉口將法老木乃伊移往安全場所的背景下，法老木乃伊就這樣被移動了。

第21王朝

馬其頓支配 托勒密王朝 | 後王朝 | 第三中間期 | 新王國 | 第二中間期

A.D.1　B.C.1000

05 太陽神信仰之謎

人類最早倡導唯一神祇的宗教改革真相

阿肯那頓的宗教改革

視阿頓神
為唯一真神的
一神教宗教觀
改
革
以阿蒙．拉神
為中心的
多神教宗教觀
阿肯那頓

新王國時代的法老阿肯那頓實行了史上最早的宗教改革。

古埃及自中王國時代以後，便將底比斯守護神阿蒙和太陽神拉同化的阿蒙．拉神當作國家神崇拜。

不料新王國時代第十八王朝的法老阿蒙荷太普四世（Amenhotep IV）突然廢除阿蒙．拉神，毅然決然進行以太陽神阿頓（Aten）為唯一真神的宗教改革。

究竟當時的宗教改革是怎麼一回事呢？

首先，阿蒙荷太普四世將自己改名為阿肯那頓（Akhenaten）。並將埃及所有碑文上出現的阿蒙字眼全數挖掉。

接著，將首都由底比斯遷往埃赫塔頓（Akhetaten）。

這一連串的宗教改革是為了要抑制力量逐漸增大的阿蒙神祭司團。

當時的法老們無法抑制阿蒙神祭司團力量的因素之一，是因為有「法老乃阿蒙．拉神之子」的解釋。所以面對阿蒙．拉神代理人的祭司，無法明確顯示法老的優越地位。

於是法老抬出取代阿蒙．拉神的唯一真神太陽神阿頓，將自身定位為唯一真神的代理人，以削

醒悟於太陽神信仰的阿肯那頓

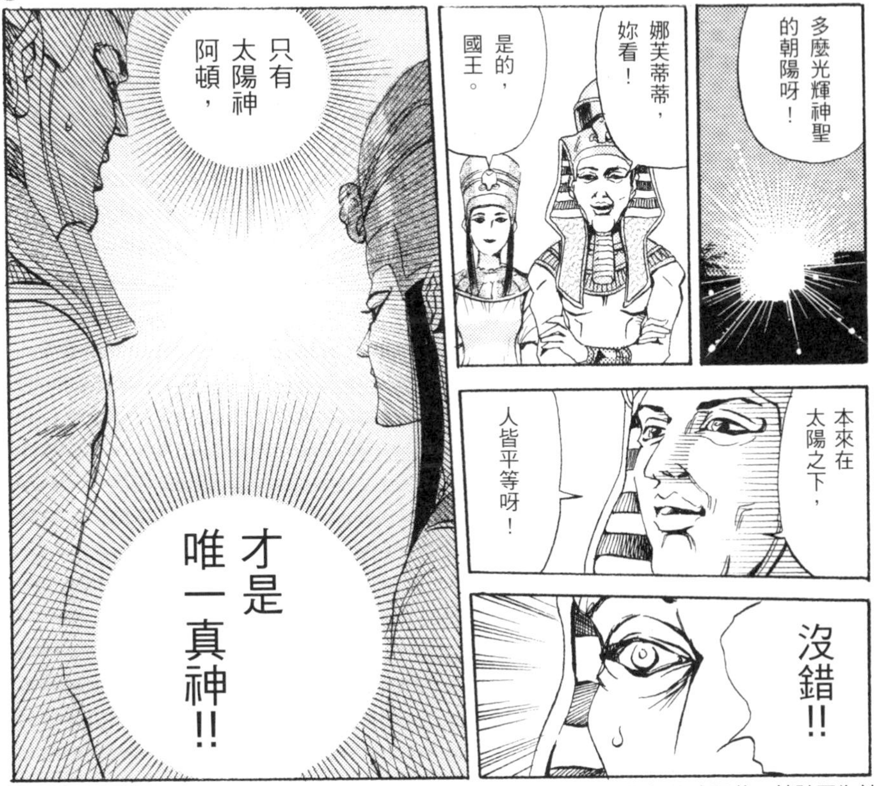

新王國時代的古埃及原本崇拜阿蒙・拉神為國家神，但阿肯那頓改為信仰比阿蒙・拉神更為純粹真神的太陽神阿頓。

減祭司的勢力。

可惜新宗教不夠深入人心，改革只到阿肯那頓一代便無以為繼。

他死後，神學和藝術又回歸從前，就連阿肯那頓也從王室碑文上被盡數挖去。

廢除國家神阿蒙的代價太大，不只是阿肯那頓，在他之後的四代法老，也都從歷代法老名單上被抹去。

要不是近代被挖掘出土，世人完全不知道這些法老的存在。其中也包含了黃金法老圖坦卡門（Tutankhamun）。

06

少年法老圖坦卡門之謎

因捲入宗教對立而被殺害!?

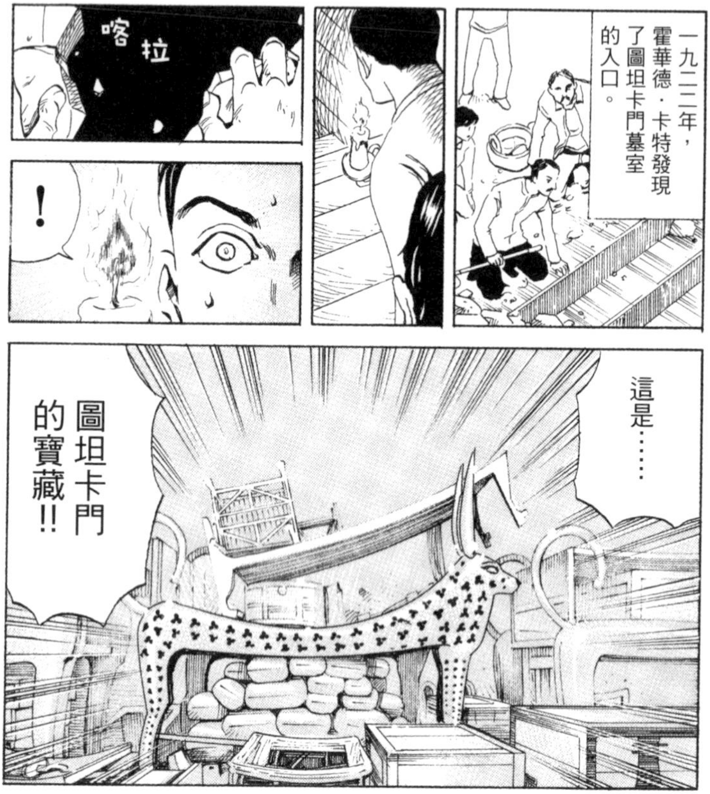
一九二二年，霍華德·卡特發現了圖坦卡門墓室的入口。
喀拉
!
這是……
圖坦卡門的寶藏!!

在圖坦卡門的存在始終未得到確認的年代，堅信圖坦卡門真有其人的霍華德·卡特，在卡爾納馮勳爵的贊助下終於發現了墓室。

相關人士的相繼暴斃，會是「法老的詛咒」嗎？

一九二二年，在路克索帝王谷，英國考古學家霍華德·卡特（Howard Carter）發現了新的法老墓室（KV62），也就是圖坦卡門墓。

墓室中挖掘出黃金、寶石等陪葬物品。

其中守護圖坦卡門木乃伊的黃金面具，最能代表古埃及的財富，十分受到世界矚目。

當時帝王谷的法老墓室幾乎都已被挖掘，而且也都遭到嚴重的

經過三千年才解除封印的圖坦卡門墓室構造

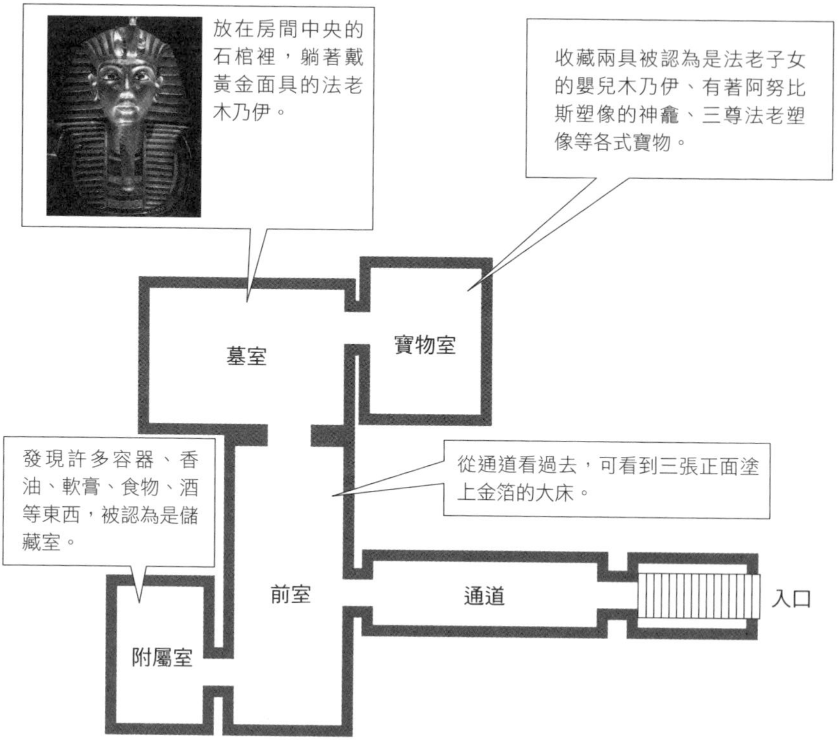
放在房間中央的石棺裡，躺著戴黃金面具的法老木乃伊。
收藏兩具被認為是法老子女的嬰兒木乃伊、有著阿努比斯塑像的神龕、三尊法老塑像等各式寶物。
墓室
寶物室
發現許多容器、香油、軟膏、食物、酒等東西，被認為是儲藏室。
從通道看過去，可看到三張正面塗上金箔的大床。
前室
通道
入口
附屬室

圖坦卡門墓室是帝王谷中的法老墓室中，唯一逃過盜墓命運的，因此得以發現許多的陪葬品和寶物。

盜墓，出土當時，墓室內幾乎已所剩無幾。

因此，封印完好如初的圖坦卡門墓簡直可說是一項奇蹟。

然而，墓室被發現後，卻相繼發生奇怪的事件。

參與墓室挖掘及調查的相關人士們，一個接著一個突然暴斃。

此一懸疑驚悚的話題，被媒體煽動成是「法老的詛咒」。

暗殺？病故？圖坦卡門的死因

圖坦卡門不到二十歲便駕崩了。

這在壽命頗短的古埃及裡也算是夭折。

到底圖坦卡門的死因為何呢？

一般性的看法是病死說。

第18王朝
馬其頓支配　托勒密王朝
後王朝
第三中間期
新王國
第二中間期
A.D.1
B.C.1000

因為圖坦卡門一族身體孱弱，因此咸認為圖坦卡門也有病弱的問題。

另一方面，一九七八年進行X光檢查時，重新在頭蓋骨的後方發現了推定是類似被毆打的痕跡，使得認為圖坦卡門可能遭某人暗殺的論調贏得優勢。

圖坦卡門是曾經暫時將國家神阿蒙·拉廢除的異端法老阿肯那頓的兒子。在此情況下，他會遭人暗算一點也不足為奇。

再加上兩大重臣——宰相阿伊（Ay）和將軍霍倫赫布（Horemheb）在圖坦卡門過世後，接續以臣子的身分繼任王位，兩人自然不能說是沒有暗殺的動機。

不過根據二〇〇五年的腦部斷層掃瞄調查結果，並沒有找到任何他遭人殺害的證據。儘管有些微遭到毒殺的可能性，但暗殺一說恐怕是無稽之談。

二〇一〇年二月接著又進行了基因調查。結果出現圖坦卡門可能感染了熱帶瘧疾原蟲的說法。

本以為至此，有關圖坦卡門死因的爭論會落在感染瘧疾的結論上。不料四個月後，德國貝倫哈特諾赫特熱帶醫療研究所（Bernhard Nocht Institute for Tropical Medicine）小組又提出了新的學說。

在利用放射線精密檢查木乃伊的腳部時，發現了罹患遺傳性血液疾病「鐮狀紅血球症」（ＳＣＤ）的跡象。

所謂ＳＣＤ是一部分的紅血球變成鐮狀，會阻礙血流，造成慢性痛、感染症和組織壞死，屬於一般性的遺傳性疾病。

ＳＣＤ成為直接死因，是目前最新的圖坦卡門死亡真相。

引發各種臆測的圖坦卡門死因

圖坦卡門的死亡真相是……？

毆傷？
後頭部有被毆打過的痕跡。

意外事故？
根據左下巴的傷痕和左大腿骨的骨折，推測可能是從戰車上跌下來。

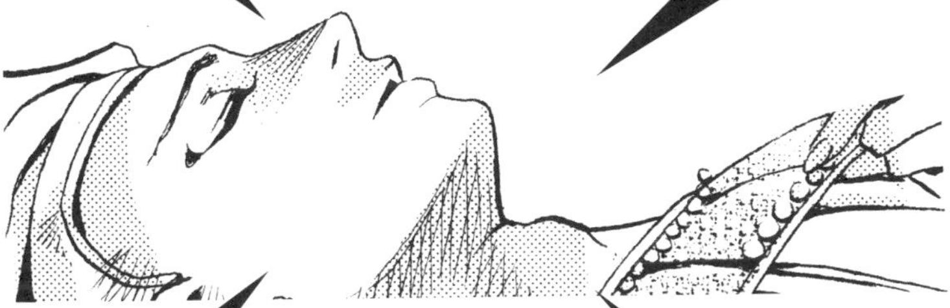

毒殺？
CT掃描結果，並沒有找到跟死因有關的任何外傷。

病死？
DNA檢查結果發現，曾經感染過瘧疾。

最新調查（二〇一〇年六月二十三日）報告指出：經由放射線檢查發現，很有可能是因為遺傳性血液疾病「鐮狀紅血球症」致死。

圖坦卡門的墓室規模比其他法老要小。那是因為這原本是第十八王朝高官用的墓室，由於法老猝死，臨時改為圖坦卡門王墓。

在位九年，以不到二十歲年紀夭折的圖坦卡門，隨著木乃伊解析技術的進步，出現了各種死因的推論。

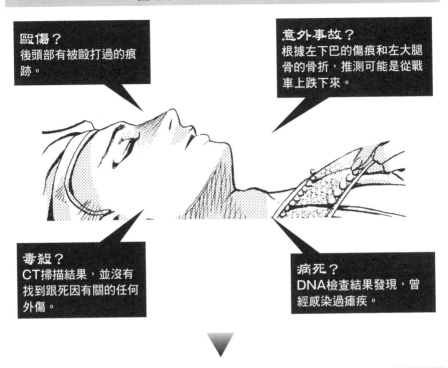

07

烏魯布倫沉船之謎
古沉船呈現的地中海交易的真實情況？

☥ 世界最古老的沉船「烏魯布倫號」（Uluburun）是艘什麼樣的船？

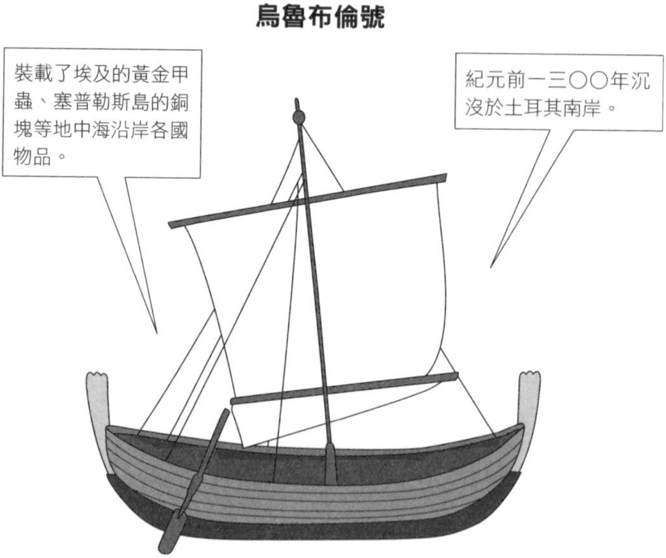
烏魯布倫號
裝載了埃及的黃金甲蟲、塞普勒斯島的銅塊等地中海沿岸各國物品。
紀元前一三〇〇年沉沒於土耳其南岸。

▼

紀元前一三〇〇年（新王國時代），包含埃及在內，是否已形成了泛地中海區域交易圈呢？

一九八二年，在土耳其南岸海底打撈到的沈船「烏魯布倫號」，掌握了解開紀元前一三〇〇年左右地中海交易的情況。

古埃及到了新王國時代，和地中海諸國開始了廣泛的貿易。

此一推測是根據埃及各地遺跡發現大量來自敘利亞、克里特、塞普勒斯、邁錫尼等地的陶器，和許多描繪交易情形的壁畫。

那麼古代的交易是以什麼樣的形式進行的呢？

過去一直以為古王國時代、中王國時代的交易僅限於御用船進行支配者的贈與交換而已。跨國商人的出現則要到後王朝時代以後。

但由於一艘沉船的發現，看到了新王國時代已存在有進行地中

「烏魯布倫號」的航線

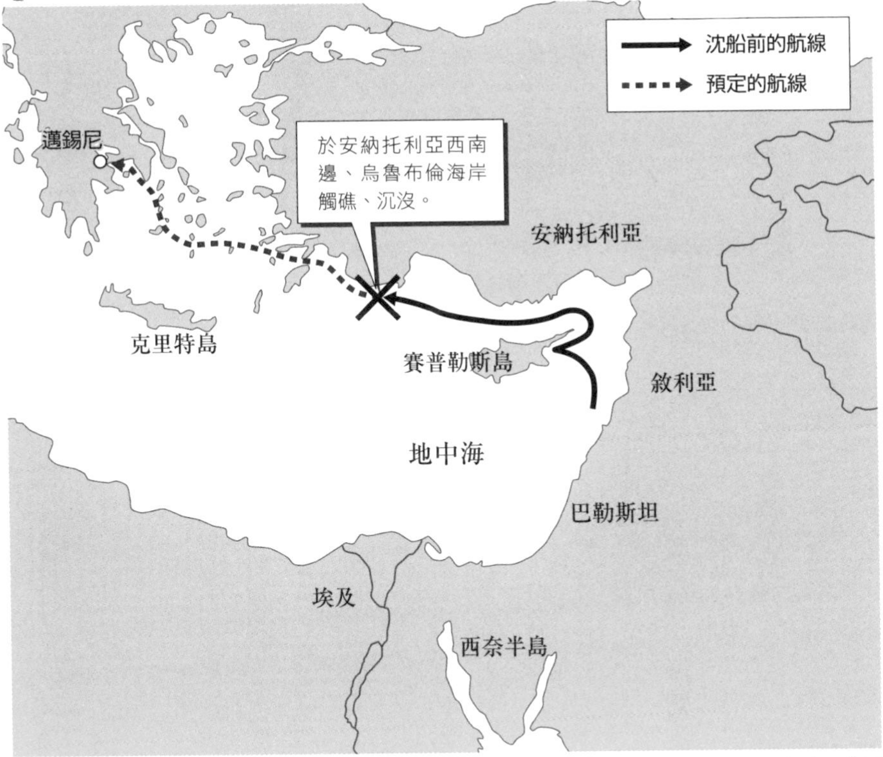
沈船前的航線
預定的航線
於安納托利亞西南邊、烏魯布倫海岸觸礁、沉沒。
邁錫尼
安納托利亞
克里特島
賽普勒斯島
敘利亞
地中海
巴勒斯坦
埃及
西奈半島

「烏魯布倫號」從敘利亞出發後，經過賽普勒斯島後觸礁沉沒。航行的最終目的地應該是邁錫尼。

海交易之商人的可能性。

一九八二年，在安納托利亞西南邊的烏魯布倫海岸發現一艘沈船。

這艘載滿銅、錫等龐大物資的船，在紀元前一三〇〇年左右，從敘利亞．巴勒斯坦啟程後，經由塞普勒斯島前往克里特．邁錫尼的途中遇難了。

問題是當時的克里特．邁錫尼並不存在能夠和西亞王室交換贈與的強力王權。

由此推斷，當時很有可能已存在民間交易船。

08

埃及豔后之謎
長眠於亞歷山卓港的女王宮殿

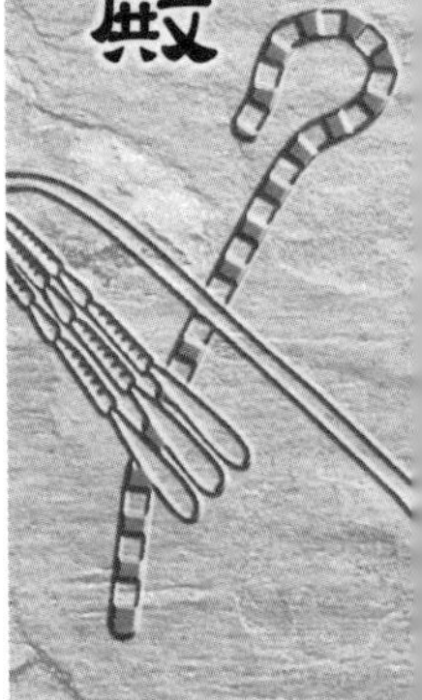

關於王宮的線索

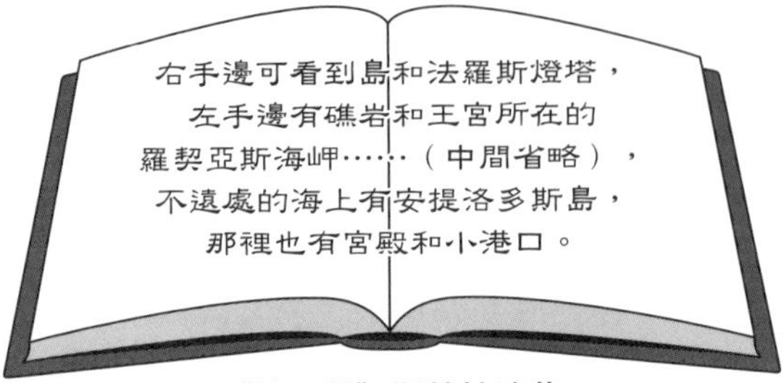

右手邊可看到島和法羅斯燈塔，
左手邊有礁岩和王宮所在的
羅契亞斯海岬……（中間省略），
不遠處的海上有安提洛多斯島，
那裡也有宮殿和小港口。

《地理學》斯特拉波著

和克麗奧佩脫拉七世同時代的歷史學家斯特拉波造訪亞歷山卓之際，也寫下了關於王宮的紀錄。

亞歷山卓（Alexandria）是亞歷山大大帝將埃及納入支配的同時所建設的都市，旋即又成為整個托勒密王朝時代的埃及首都。

古希臘歷史學家斯特拉波（Strabo）在《地理學》記錄了當時埃及首都亞歷山卓引以為傲的大港口——波魯多斯·馬古奴斯（Portus Magnus，大港）的風光如下：

「右手邊可看到島和法羅斯燈塔，左手邊有礁岩和王宮所在的羅契亞斯海岬……（中間省略），不遠處的海上有安提洛多斯島，那裡也有宮殿和小港口。」

文中提到的波魯多斯·馬古奴斯就是現在亞歷山卓東港，過去這裡有海岬、小島，推測傳說中的建築物法羅斯燈塔、托勒密王朝王宮、宮殿也都建在此處。

可是波魯多斯·馬古奴斯因為紀元後八世紀發生的大地震，沉入了地中海的深海之中。

建於安提洛多斯島上的宮殿應該屬於克麗奧佩脫拉七世（即為人所知的「埃及豔后」）所有，如今也已深陷海底。

波魯多斯·馬古奴斯就這樣從歷史上消失了。

中王國	第一中間期	古王國	早王朝	前王朝
B.C.2000				B.C.3000　B.C.5000

於海底發現古代亞歷山卓港的全貌

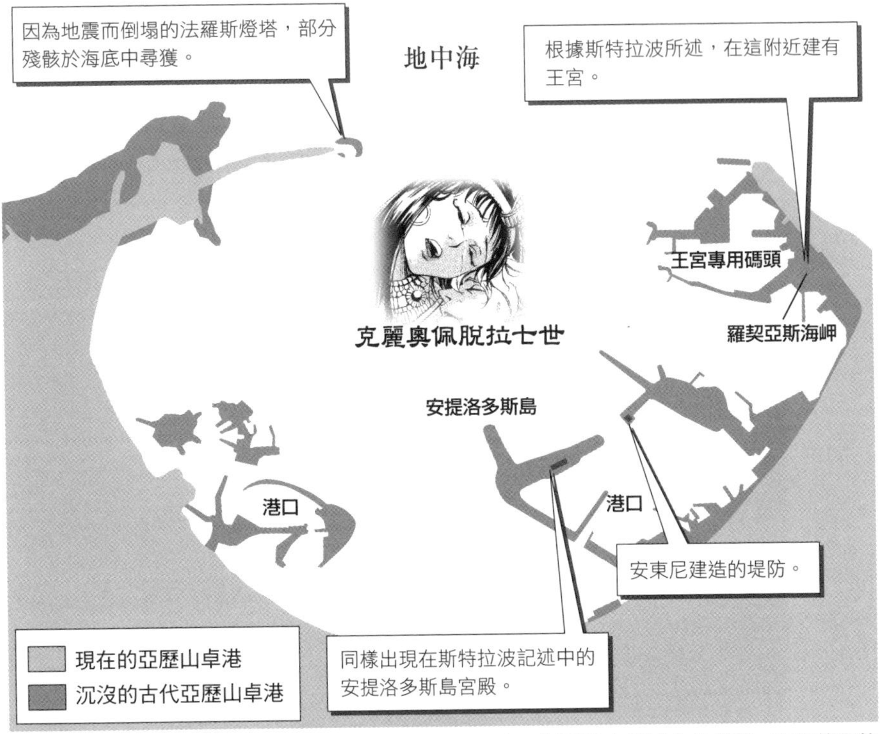
因為地震而倒塌的法羅斯燈塔，部分殘骸於海底中尋獲。
地中海
根據斯特拉波所述，在這附近建有王宮。
王宮專用碼頭
羅契亞斯海岬
克麗奧佩脫拉七世
安提洛多斯島
港口
港口
安東尼建造的堤防。
同樣出現在斯特拉波記述中的安提洛多斯島宮殿。
現在的亞歷山卓港
沉沒的古代亞歷山卓港

根據水中考古學者戈迪奧在亞歷山卓港海底進行的調查，揭開了古代城市的樣貌，究竟能否找到克麗奧佩脫拉七世的宮殿？

然而到了一九九二年，歐洲海洋考古研究所的戈迪奧（Franck Goddio）在亞歷山卓港海底進行調查時，發現有大量的遺跡沉積於該處。

之後戈迪奧再度於二〇〇八年進行海底調查，揭開了沉沒於海底的古代亞歷山卓港波魯多斯·馬古奴斯的全貌。

目前調查仍持續進行中，雖然還未發現任何克麗奧佩脫拉七世的痕跡，但既然已釐清港口的全貌，相信找到克麗奧佩脫拉七世的宮殿，不過是時間早晚的問題。

第二部

第一章

透過法老解讀古埃及

女法老的前例不多，為了贏得周遭對她的認同，
哈特謝普蘇特女王出現在眾人面前時必須扮成男裝才行。
哈特謝普蘇特女王
駕到——!!
雅赫摩斯一世繼承父兄遺志，
繼續領軍與希克索人作戰。
安東尼……

有助於理解本章的幾個重點

1. 最初的統一王朝誕生於紀元前三千年左右。
2. 被稱為「中間期」的群雄割據時代共有三次。
3. 最盛期是從第十八王朝到第二十王朝為止的新王國時代。
4. 新王國時代後，屢屢遭受多民族支配。

01

埃及文明的開始
共享尼羅河的恩賜，誕生於流域的城市文明

為埃及帶來文明的尼羅河

日出前東方地平線上一旦出現天狼星……
人們便將之視為，
尼羅河氾濫的徵兆。

拜每年在一定時節氾濫的尼羅河之賜，讓人們便於進行農耕活動。

埃及文明誕生於紀元前六千年左右，其背景跟尼羅河的存在有關。

尼羅河全長約六千七百公里，是世界名列前茅的長河。尼羅河每年七月開始氾濫，滿溢出來的河水會越過尼羅河兩岸的天然堤防，侵入河谷地帶，八月到達最高水位，會持續將近一個月的時間。

這時候從上流帶來營養豐富的土壤堆積，等到十月氾濫結束，就會留下肥沃的土地。

因為尼羅河的泛濫堆積作用，就算不用施肥與灌溉也能發展農

前王朝

中王國	第一中間期	古王國	早王朝	前王朝

B.C.2000　B.C.3000 ▲ B.C.5000

在尼羅河流域發達的城市

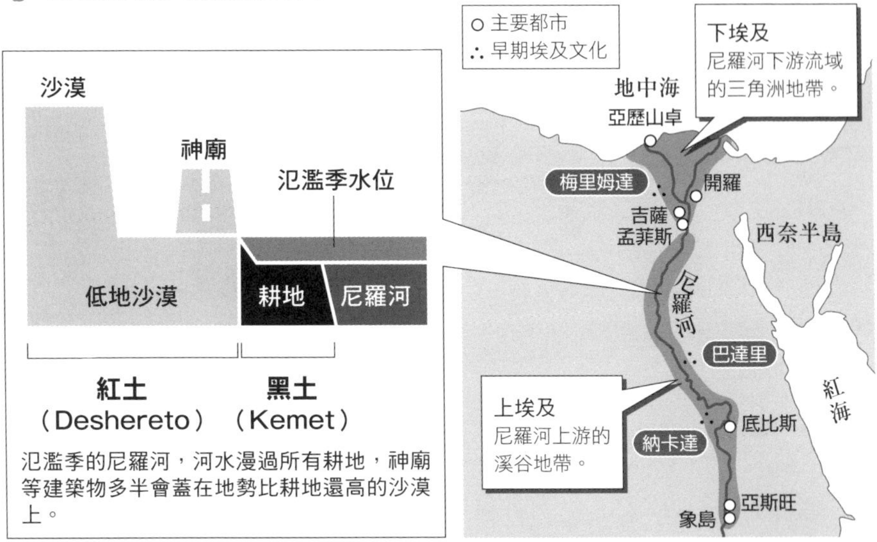

沙漠
神廟
氾濫季水位
低地沙漠
耕地
尼羅河
紅土
（Deshereto）
黑土
（Kemet）
氾濫季的尼羅河，河水漫過所有耕地，神廟等建築物多半會蓋在地勢比耕地還高的沙漠上。
○ 主要都市
∴ 早期埃及文化
下埃及
尼羅河下游流域的三角洲地帶。
地中海
亞歷山卓
梅里姆達
開羅
吉薩
孟菲斯
西奈半島
尼羅河
巴達里
紅海
上埃及
尼羅河上游的溪谷地帶。
底比斯
納卡達
亞斯旺
象島

早王朝時代的地域文化以及之後埃及各城市，也都發生在尼羅河流域上。

古希臘歷史學家希羅多德留下「尼羅河的贈與」這句話，通常被解釋成埃及文明係拜尼羅河之賜形成的。但其實希羅多德是這麼說的：「今天希臘人往來的埃及地區乃是尼羅河的贈與。」他的意思不過是指出尼羅三角洲是靠尼羅河的堆積作用形成的。

卡姆威塞特
小提醒

耕，使得該流域的人們很早便從狩獵採集的生活，轉變成集中定居在一處的生活，從而誕生了尼羅河的大河文明。

早期埃及文明源自於紀元前六世紀的納布塔（Nabta）文化，已開始種植大麥等作物和飼養牛隻。之後到了紀元前五千年左右的巴達里（Badarian）文化，擁有了農耕、畜牧等主要食糧的取得手段。直到紀元前四千年左右產生的納卡達（Naqada）文化，農耕才完全在尼羅河畔根深蒂固。

從該文明的誕生到統一整個埃及的王朝出現，這段期間被稱為「前王朝時代」。

02

第一位統一上、下埃及的法老

納爾邁王

小城市的發展與埃及統一

農耕開始 ◀ 小聚落 ◀ 村落 ◀ 小城市 ◀ 行省（州、區） ◀ 統一王朝的誕生

納爾邁王

第一任埃及法老？

享有尼羅河恩賜的村落逐漸發展成小城市，各地域形成小國家後，出現了統一埃及的王朝。

埃及文明從紀元前三千四百年到紀元前三千年左右的期間有了很大的轉機。

這一期間，散落在尼羅河流域的村落逐漸發展成小城市，之後又被統合成城市聯合體。

這些城市聯合體之後又形成小國家，小國家之間不斷發生激烈的戰爭。

到了紀元前三千年左右，納爾邁王（Narmer）統一尼羅河上游的上埃及，接著又征服位在尼羅三角洲的下埃及，一統上、下埃及，第一王朝也因此誕生。

一八九四年在赫拉康波里斯（Hierakonpolis）發現的石板（調色板），正反兩面刻劃出納爾邁王征服下埃及的圖案。石板上刻有埃及象形文字，可見當時人們已經開始使用文字。

在第一王朝，法老是王室守護神鷹頭荷魯斯神在今生的化身，擁有絕對王權。

之後的第二王朝據說共傳了九任法老，但有關每個法老的政績卻不詳。

中王國	第一中間期	古王國	早王朝（第1王朝）	前王朝
B.C.2000			B.C.3000	B.C.5000

納爾邁石板上描畫的埃及統一

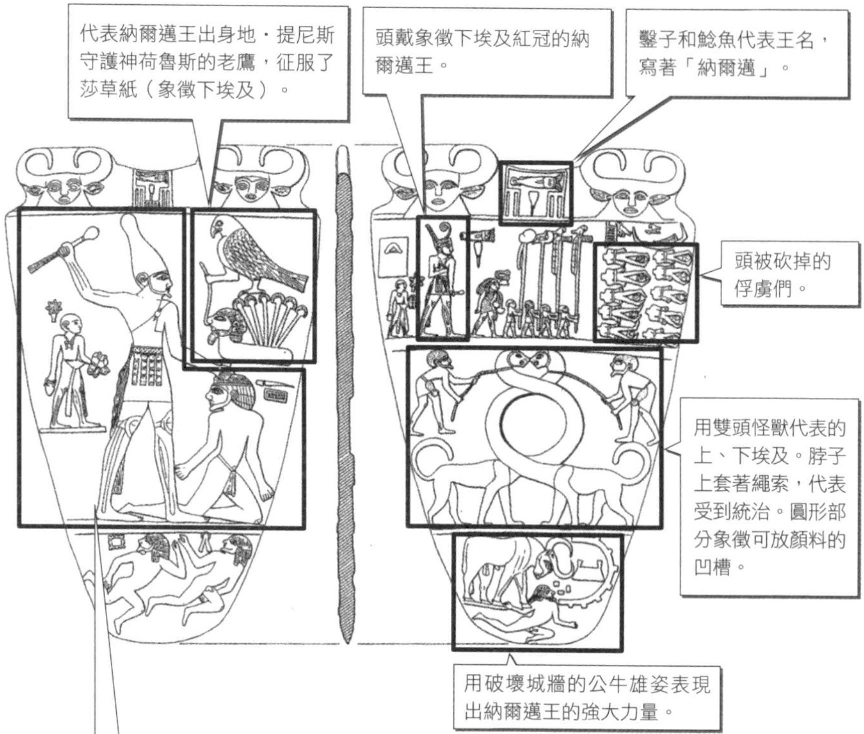
代表納爾邁王出身地・提尼斯守護神荷魯斯的老鷹，征服了莎草紙（象徵下埃及）。
頭戴象徵下埃及紅冠的納爾邁王。
鑿子和鯰魚代表王名，寫著「納爾邁」。
頭被砍掉的俘虜們。
用雙頭怪獸代表的上、下埃及。脖子上套著繩索，代表受到統治。圓形部分象徵可放顏料的凹槽。
用破壞城牆的公牛雄姿表現出納爾邁王的強大力量。

一八九四年於赫拉康波里斯發現的納爾邁石板，上面描繪出納爾邁王成為上、下埃及兩地區之王的情景。

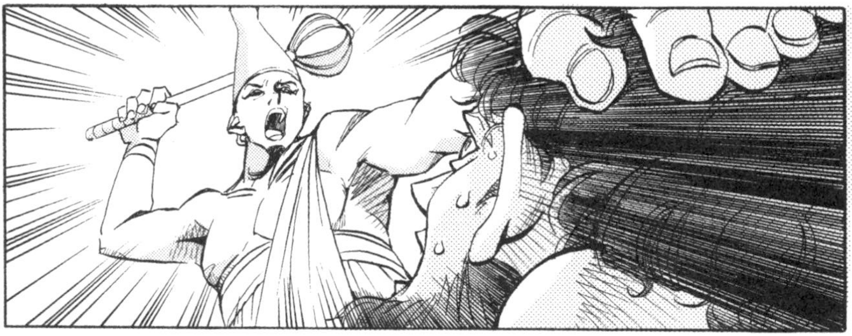

納爾邁王頭戴象徵上埃及的「白冠」攻擊敵人。

03 左塞爾王
天才宰相為法老建造的第一座金字塔

王權安定後的版圖擴大路線

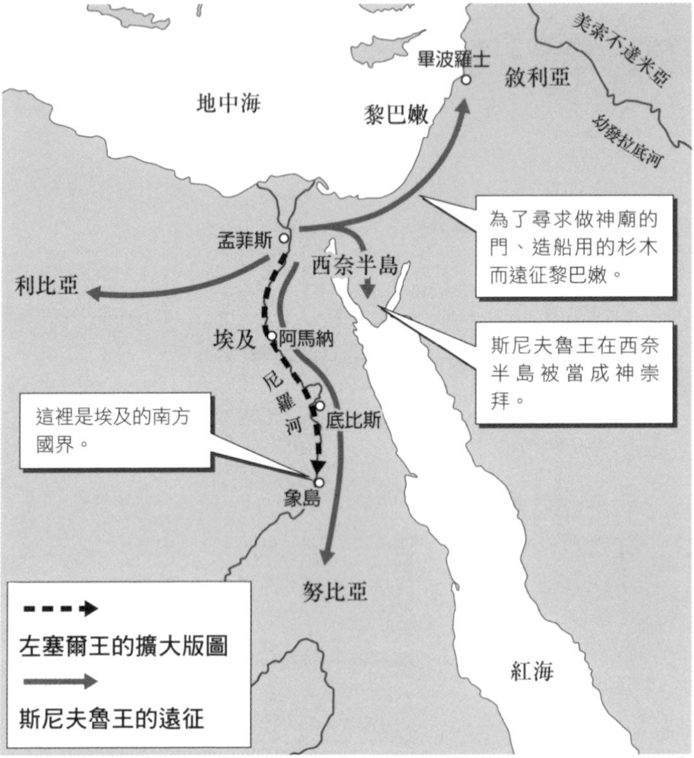
美索不達米亞
畢波羅士
敘利亞
地中海
黎巴嫩
幼發拉底河
為了尋求做神廟的門、造船用的杉木而遠征黎巴嫩。
孟菲斯
西奈半島
利比亞
斯尼夫魯王在西奈半島被當成神崇拜。
埃及
阿馬納
尼羅河
底比斯
這裡是埃及的南方國界。
象島
努比亞
紅海
左塞爾王的擴大版圖
斯尼夫魯王的遠征

王權確立的嘗試，在第三王朝開花結果，並進而開始擴大版圖。接著第四王朝的斯尼夫魯王也以西奈半島為中心進行海外遠征。

王朝建立約三百五十年後，埃及進入建造金字塔的第三王朝。從這個時代起，埃及最早的繁盛期古王國時代正式開始。

第一座金字塔是第三王朝第二任法老左塞爾王（Zoser）所建造的。過去的王墓和貴族一樣都是採用方型墓（Mastaba，馬斯塔巴），左塞爾王卻命令宰相印何闐在薩卡拉（Saqqara）建造階梯金字塔。

這證明了埃及法老到了第三王朝，權力已到達頂點，並確立鞏固的中央集權國家。

進入第四王朝後，金字塔由階

階梯金字塔的誕生

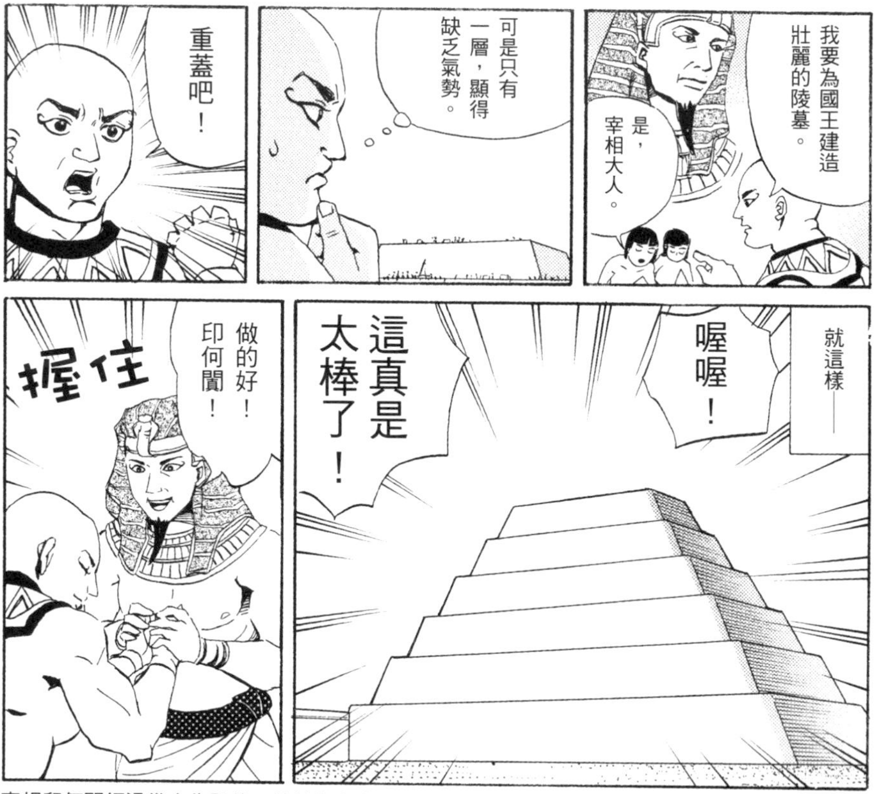
我要為國王建造壯麗的陵墓。
是，宰相大人。
可是只有一層，顯得缺乏氣勢。
重蓋吧！
就這樣——
喔喔！
這真是太棒了！
做的好！印何闐！
握住

宰相印何闐經過幾次失敗後，終於為左塞爾王完成了階梯金字塔的建造。

梯狀轉變成四角錐狀。建造此一新型金字塔的是第四王朝第一任法老斯尼夫魯王（Sneferu），共建造了位於達蘇爾（Dahshur）的「彎曲金字塔」、「紅色金字塔」和位於美度姆（Meidum）的「崩壞金字塔」。

象徵現代金字塔的四角錐真正金字塔由此誕生。

古埃及小知識！

死後成神的印何闐

設計、建造階梯金字塔的印何闐是很聰明的人，在他主事下，建築、土木、科學、醫療、糧食管理等各部門都有長足的發展。這些功績讓埃及人民將他神格化，視為創造神卜塔（Ptah）的兒子，並流傳到後代。

就連後王朝時代到托勒密王朝時代遷居埃及的希臘人，也將印何闐視為醫神阿斯克勒庇俄斯（Asclepius）加以信仰，並在亞斯旺的菲來島建造印何闐神廟。

04

古夫王 建造巨大金字塔的強大中央集權國家時代

吉薩三大金字塔

第四王朝的古夫王、卡夫拉王、孟卡拉王建造了吉薩三大金字塔。

繼任斯尼夫魯王的是鼎鼎大名的古夫王（Khufu）。古夫王的最大功績是建造了世界七大奇景中，唯一現存的紀念建築「吉薩大金字塔」。

古夫王的繼任者傑德夫王（Djedefre）很短命，接任的法老是古夫王的另一個兒子卡夫拉王（Khafra），建造了足以和吉薩大金字塔匹敵的第二金字塔。

從古夫王到卡夫拉王，這些建築物在第四王朝的埃及社會中，顯示出以法老為中心的中央集權國家體制十分穩固，法老的力量有多麼強大。

但是卡夫拉王的兒子孟卡拉王（Menkaura）的第三金字塔高度，卻連古夫王和卡夫拉王所建金字塔一半的規模都不到。理由可能是古夫王和卡夫拉王的巨大建築計畫已開始危及第四王朝的財政和人力，而且岩盤也過於廣大。

加上在太陽城赫里奧波里斯（Heliopolis）的太陽信仰興盛，傑德夫王以後的法老皆自稱是「拉神之子」，使得拉神祭司的地位也跟著水漲船高，終於讓古王國和王權邁向衰退。

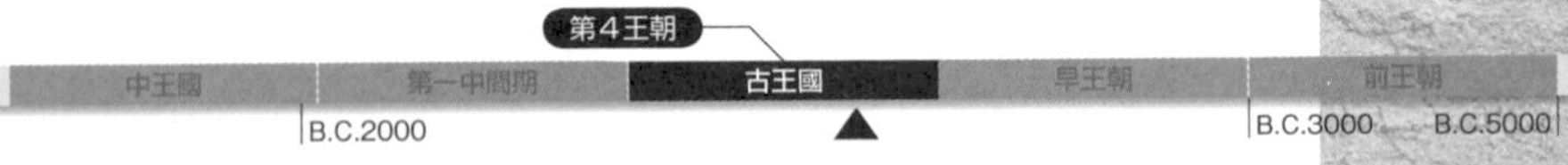
第4王朝
中王國
第一中間期
古王國
早王朝
前王朝
B.C.2000
B.C.3000
B.C.5000

擴張王權的第四王朝歷代法老

第四王朝｜王權強大的中央集權體制

- **斯尼夫魯王** —— 第四王朝創立者；遠征西奈半島、利比亞、努比亞
- **古夫王** —— 建造吉薩最大的金字塔；遠征西奈半島
- **傑德夫王** —— 第一個自稱是「拉神之子」的法老；太陽信仰開始興盛
- **卡夫拉王** —— 建造吉薩第二金字塔
- **孟卡拉王** —— 建造吉薩第三金字塔；規模比古夫金字塔、卡夫拉金字塔小，是否受到了王權式微的影響呢？

⋮

第五王朝｜拉神祭司團的勢力抬頭

太陽信仰進入最盛期

↓

王族力量衰微，拉神祭司的政治力量變大

隨著第八王朝的結束進入第一中間期

國家的中央集權體制強化，法老權力到了第四王朝古夫王時代進入鼎盛期。之後隨著太陽信仰的興盛，王權開始逐漸衰退。

05 重新統一分裂的埃及

門圖荷太普二世

第一中間期埃及的情勢

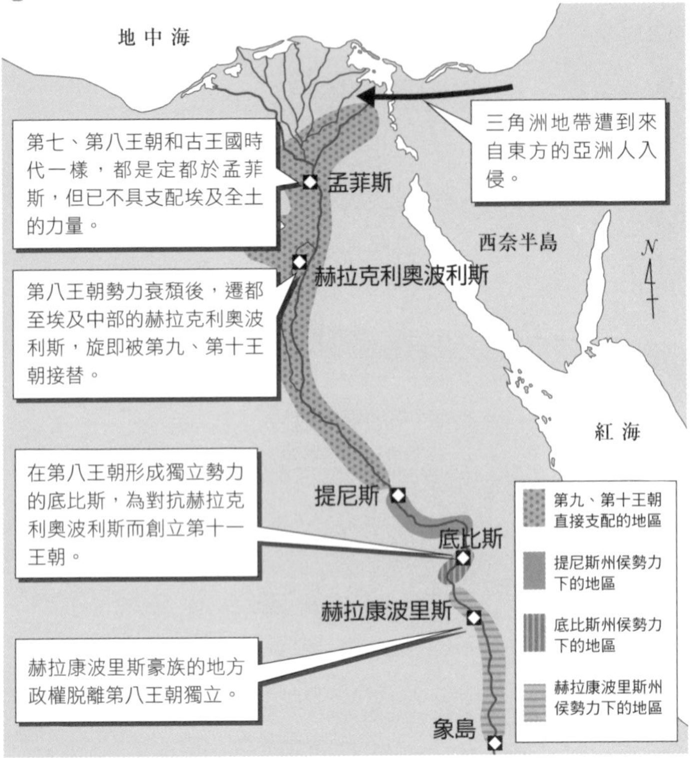
地中海
三角洲地帶遭到來自東方的亞洲人入侵。
第七、第八王朝和古王國時代一樣，都是定都於孟菲斯，但已不具支配埃及全土的力量。
孟菲斯
西奈半島
N
赫拉克利奧波利斯
第八王朝勢力衰頹後，遷都至埃及中部的赫拉克利奧波利斯，旋即被第九、第十王朝接替。
紅海
在第八王朝形成獨立勢力的底比斯，為對抗赫拉克利奧波利斯而創立第十一王朝。
提尼斯
底比斯
赫拉康波里斯
赫拉康波里斯豪族的地方政權脫離第八王朝獨立。
象島
第九、第十王朝直接支配的地區
提尼斯州侯勢力下的地區
底比斯州侯勢力下的地區
赫拉康波里斯州侯勢力下的地區

第八王朝滅亡後，進入第一中間期的埃及缺乏統一全土的勢力，造成地方政權群起。

由於拉神祭司的勢力抬頭，使得擁有絕大權力的法老權威相對衰頹。埃及從第六王朝起進入衰退期，第九王朝以後，地方政權在沒有統一王朝的背景下群雄並起，埃及進入第一中間期。

王朝影響力僅在首都孟菲斯的周邊有效，地方諸侯紛紛擁兵自重，進入群雄割據的時代。

其中兩大翹楚是北部的赫拉克利奧波利斯（Heracleopolis，第九、第十王朝）和南部的底比斯（第十一王朝），地方勢力各自往兩邊靠攏。就這樣，埃及從紀元前二一三〇年左右開始了將近

第 11 王朝
中王國
第一中間期
古王國
早王朝
前王朝
B.C.2000
B.C.3000
B.C.5000

底比斯州侯（第十一王朝）重新統一埃及

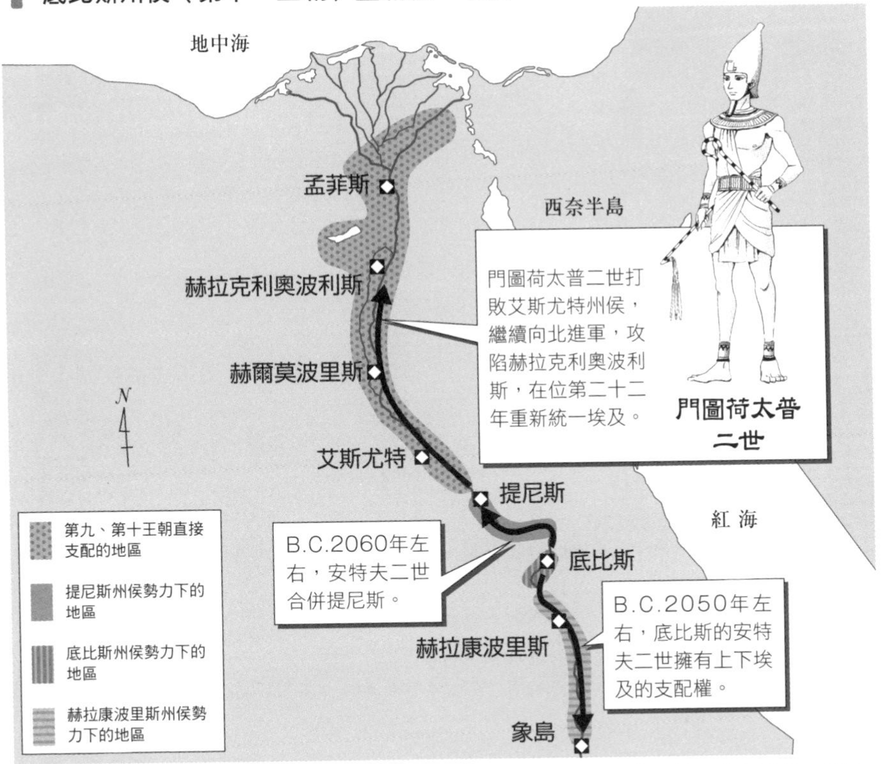
地中海
孟菲斯
西奈半島
赫拉克利奧波利斯
門圖荷太普二世打敗艾斯尤特州侯，繼續向北進軍，攻陷赫拉克利奧波利斯，在位第二十二年重新統一埃及。
門圖荷太普二世
赫爾莫波里斯
N
艾斯尤特
提尼斯
紅海
第九、第十王朝直接支配的地區
提尼斯州侯勢力下的地區
底比斯州侯勢力下的地區
赫拉康波里斯州侯勢力下的地區
B.C.2060年左右，安特夫二世合併提尼斯。
底比斯
B.C.2050年左右，底比斯的安特夫二世擁有上下埃及的支配權。
赫拉康波里斯
象島

第十王朝和第十一王朝的勢力持續對峙之時，於底比斯即位的門圖荷太普二世重新統一埃及，埃及進入中王國時代。

古埃及小知識！

歐西里斯的信仰

古王國時代認為埃及只有王族等少數人可以重生、復活。

但是古王國時代結束後，人們的價值觀也改變了。起而代之的是歐西里斯（Osiris）信仰：「任何人死了就會變成歐西里斯神，擁有重生、復活的權利。」此一信仰瞬間擄獲了民眾的心，普及全國。據說聖地阿比多斯（Abydos）聚集許多祈願重生、復活的民眾。

一百年的南北朝時代。結束此一混沌時代的是底比斯強人門圖荷太普二世（Mentuhotep II）。紀元前二〇二五年左右，門圖荷太普二世擊潰北部的赫拉克利奧波利斯，埃及被南部的第十一王朝統一，終於獲得短暫的平靜。自此進入中王國時代。

06 重建中央集權國家的中王國時代

辛努塞爾特三世

阿梅涅姆哈特一世開創第十二王朝

中王國時代

第十一王朝

門圖荷太普四世

政變

第十二王朝

阿梅涅姆哈特一世的統治

〇建設要塞城市伊塔威

・第十二王朝首都
・位於孟菲斯南方三十二公里處
・伊塔威＝兩地的征服者

〇開始阿蒙神信仰
→之後於第十八王朝邁向最盛期。

〇重新開始建造金字塔

〇實施共同統治體制
→阿梅涅姆哈特一世被暗殺，其子辛努塞爾特一世順利繼承王位。
→之後，第十二王朝的法老也承襲體制。

第十二王朝的始祖為阿梅涅姆哈特一世。他原是第十一王朝末期的宰相，發起政變改朝換代。

重新統一埃及的是第十一王朝，但到了紀元前一九七六年就因為政變而壽終正寢。

發起政變，創立第十二王朝的，是身為前朝宰相的阿梅涅姆哈特一世（Amen Emhat I）。

阿梅涅姆哈特一世將首都從底比斯遷往孟菲斯以南的伊塔威（Itjtawy），重建混亂的州組織，重整中央集權體制。

阿梅涅姆哈特一世後來因為宮廷內的陰謀遭到暗殺，但由於其子辛努塞爾特一世（Senusret I）是共同統治者，於是順利解決後繼者問題。以後，此一共同

第12王朝

中王國	第一中間期	古王國	早王朝	前王朝
B.C.2000			B.C.3000	B.C.5000

第十二王朝的國內外動態

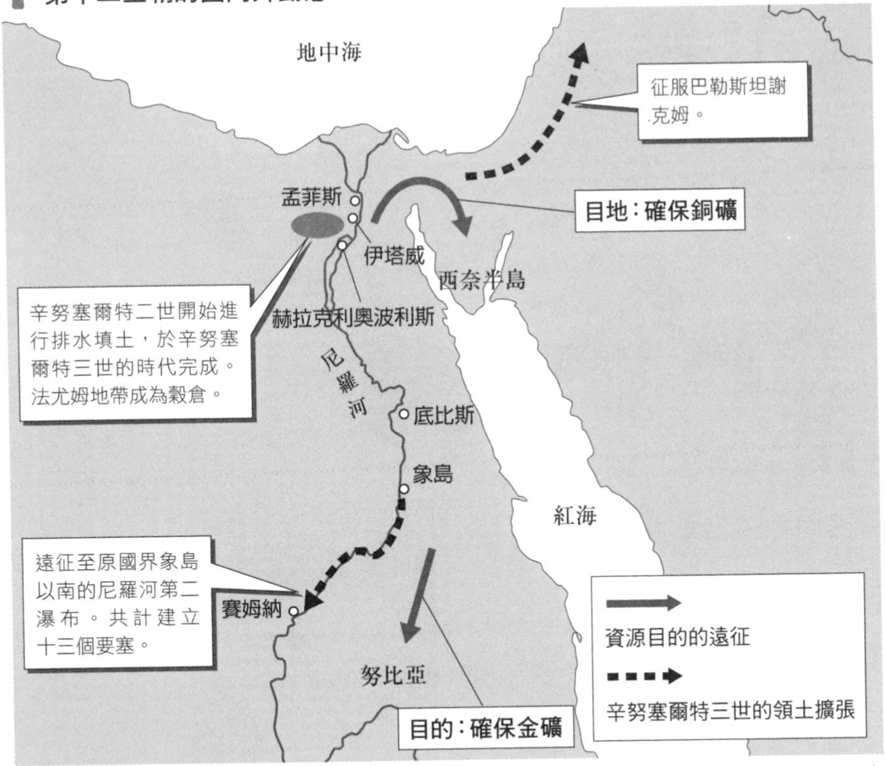
地中海
征服巴勒斯坦謝克姆。
孟菲斯
目地：確保銅礦
伊塔威
西奈半島
辛努塞爾特二世開始進行排水填土，於辛努塞爾特三世的時代完成。法尤姆地帶成為穀倉。
赫拉克利奧波利斯
尼羅河
底比斯
象島
紅海
遠征至原國界象島以南的尼羅河第二瀑布。共計建立十三個要塞。
賽姆納
資源目的的遠征
努比亞
辛努塞爾特三世的領土擴張
目的：確保金礦

第十二王朝因為內政充實，歷代法老都能著手進行對外遠征。辛努塞爾特三世成功開拓了至今最大的南方領土。

統治體制在存續王家血脈時經常能發揮作用。

第十二王朝邁向鼎盛期是在辛努塞爾特三世的時代。他斷然推動行政改革，削弱地方諸侯力量，安定國內情勢，並祭出攻打努比亞以確保礦物資源的對外政策。此外，在古王國時代盛行的金字塔建造風潮，於第一中間期因為時局混亂而中斷，到了王權回歸穩定的第十二王朝又暫時復活了。

古埃及小知識！

金玉其外，敗絮其中的金字塔

第十二王朝的金字塔，不論規模和技術面都遠遜於古王國時代。

推估只有外觀堆砌高價的石灰岩塊，內部則是將泥磚塞進石框裡，構造十分脆弱。

其中有根據地勢自然起伏建造的金字塔。目的似乎是為了節省作業成本。

07 塞格嫩拉陶二世 為反抗異族支配所引發的父子戰爭

塞格嫩拉一族起身打倒希克索人！

希克索王阿波庇一世（Apepi I）的來信，內容極盡挑釁之能事。於是第十七王朝開始跟希克索人打仗。

在繁榮的第十二王朝之後，第十三王朝和第十四王朝都後繼無力，埃及再度進入混亂的第二中間期。其中異軍突起的就是希克索人（Hyksos）。

希克索意謂「異國支配者」，據推測，原本應是中王國時代受埃及王招聘而來的亞洲傭兵。

他們擁有埃及人沒見過的武器和戰術，在第二中間期的混亂初始，成為最活躍的傭兵。後來發起政變，奪得支配權。

首都設在三角洲的阿瓦利斯（Avaris）、開創第十五王朝的希克索人，將三角洲以南的埃

第十五王朝的支配體制

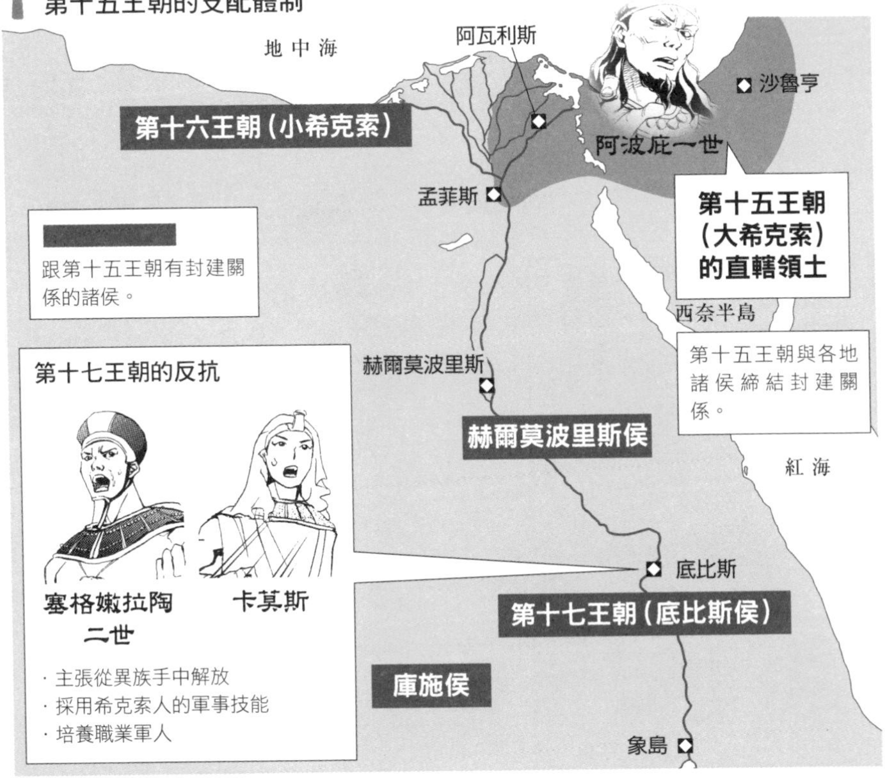
地中海
阿瓦利斯
沙魯亨
第十六王朝（小希克索）
阿波庇一世
孟菲斯
第十五王朝
（大希克索）
的直轄領土
跟第十五王朝有封建關係的諸侯。
西奈半島
第十五王朝與各地諸侯締結封建關係。
第十七王朝的反抗
赫爾莫波里斯
赫爾莫波里斯侯
紅海
塞格嫩拉陶二世
卡莫斯
底比斯
第十七王朝（底比斯侯）
・主張從異族手中解放
・採用希克索人的軍事技能
・培養職業軍人
庫施侯
象島

希克索人（第十五王朝）統治下的埃及跟過去的統一王朝不一樣，沒有採行直接支配，而是要求各地諸侯歸附的封建體制。

及，以承認諸侯擁有宗主權的方式進行統治。

埃及之後有將近一百年的時間屈於希克索人的支配，直到紀元前一五七四年左右，第十七王朝的塞格嫩拉陶二世（Seqenenre Tao II）以埃及人的身分重新統一國土為號召揭竿起義。

可惜塞格嫩拉陶二世戰死，他的兒子卡莫斯（Kamose）繼續領軍作戰。

古埃及的新發現！

調查希克索人大本營的阿瓦利斯

二〇一〇年六月，奧地利調查隊利用雷達進行調查，發現了過去成謎的希克索人大本營阿瓦利斯的遺址。

希克索於中王國時代後期出現在埃及，到了第二中間期開始擴展勢力，並成為建立第十五、第十六王朝的異族。希克索人遺留下的痕跡，在他們離開後，幾乎都被埃及人摧毀殆盡。

第15～17王朝
馬其頓支配 托勒密王朝
後王朝
第三中間期
新王國
第二中間期
A.D.1
B.C.1000

繼續獨立戰爭的雅赫摩斯一世

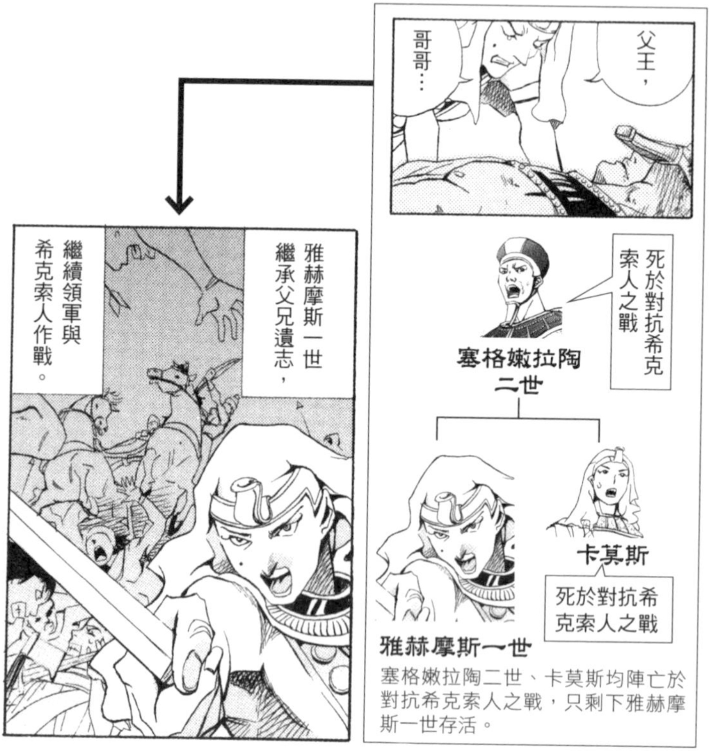
父王，
哥哥…
死於對抗希克索人之戰
塞格嫩拉陶二世
卡莫斯
死於對抗希克索人之戰
雅赫摩斯一世
雅赫摩斯一世繼承父兄遺志，
繼續領軍與希克索人作戰。
塞格嫩拉陶二世、卡莫斯均陣亡於對抗希克索人之戰，只剩下雅赫摩斯一世存活。

雅赫摩斯一世繼承戰死沙場的父兄遺志，繼續為追求獨立與希克索人作戰。

第十七王朝挺身反抗希克索人，可惜戰事不是很順利。因為接替塞格嫩拉陶二世的卡莫斯也很早逝。

埃及人重建王朝的願望最後是靠卡莫斯的弟弟雅赫摩斯一世（Ahmose I）完成的。

首先占領孟菲斯的雅赫摩斯一世，接著進攻希克索人的首都阿瓦利斯。幾經攻防，終於在登基後第十年（紀元前一五五〇年左右）攻陷阿瓦利斯，重新統一國土。

雅赫摩斯一世就此開創第十八王朝，同時也揭開了古埃及史上

先下手為強，不斷擴大領土的第十八王朝

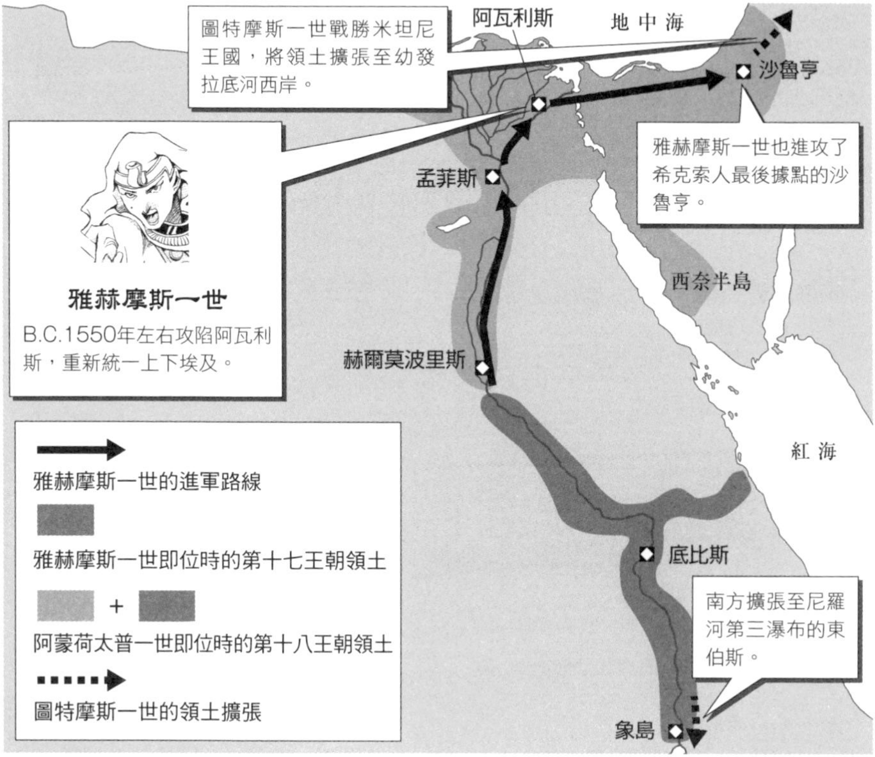
圖特摩斯一世戰勝米坦尼王國，將領土擴張至幼發拉底河西岸。
阿瓦利斯
地中海
沙魯亨
雅赫摩斯一世也進攻了希克索人最後據點的沙魯亨。
孟菲斯
雅赫摩斯一世
B.C.1550年左右攻陷阿瓦利斯，重新統一上下埃及。
西奈半島
赫爾莫波里斯
紅海
雅赫摩斯一世的進軍路線
雅赫摩斯一世即位時的第十七王朝領土
阿蒙荷太普一世即位時的第十八王朝領土
圖特摩斯一世的領土擴張
底比斯
南方擴張至尼羅河第三瀑布的東伯斯。
象島

雅赫摩斯一世重新統一上下埃及後，第十八王朝的諸王均積極出兵西亞。此一時期對外政策就是攻擊性的防禦。

最後繁盛期的新王國時代序幕。

將希克索人勢力從埃及國內驅逐出去的第十八王朝諸王，和希克索的公主締結婚姻關係，自稱為「亞洲之王」。並藉此正當化對亞洲的軍事行動，不斷對敘利亞、巴勒斯坦等地進行軍事遠征。同時也遠征南方的努比亞，透過對其他國家展示武力來守護埃及國土。

於是埃及的宗主權有段時間曾經擴及敘利亞、巴勒斯坦等地，到了圖特摩斯一世更確立對努比亞的統治，一直維持到新王國時代末期。

第18王朝
馬其頓支配 托勒密王朝
後王朝
第三中間期
新王國
第二中間期
A.D.1
B.C.1000

09 哈特謝普蘇特女王

經由攝政努力充實內政的男裝法老

第十八王朝系譜

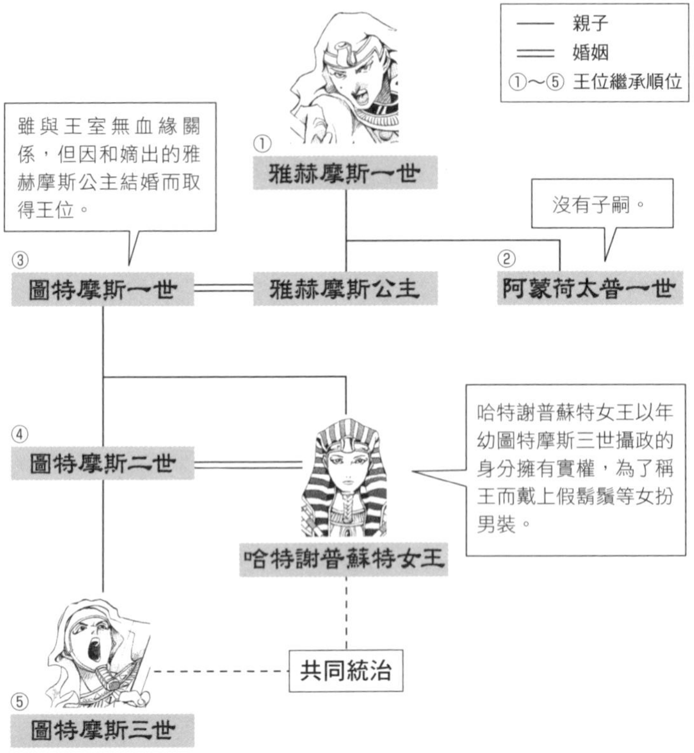

—— 親子
＝＝ 婚姻
①～⑤ 王位繼承順位
① 雅赫摩斯一世
雖與王室無血緣關係，但因和嫡出的雅赫摩斯公主結婚而取得王位。
沒有子嗣。
③ 圖特摩斯一世
雅赫摩斯公主
② 阿蒙荷太普一世
④ 圖特摩斯二世
哈特謝普蘇特女王以年幼圖特摩斯三世攝政的身分擁有實權，為了稱王而戴上假鬍鬚等女扮男裝。
哈特謝普蘇特女王
共同統治
⑤ 圖特摩斯三世

繼承雅赫摩斯一世的阿蒙荷太普一世沒有子嗣，而由軍人圖特摩斯一世接任王位。圖特摩斯一世的嫡子為哈特謝普蘇特女王。

以攝政之姿踏上政治舞台

由於雅赫摩斯一世之後的第四任法老圖特摩斯二世早逝，使得繼任的圖特摩斯三世年僅四歲便得登基。

這時擔任監護人和攝政，掌有實權的是幼王圖特摩斯三世的繼母哈特謝普蘇特（Hatshepsut）。

她是圖特摩斯一世的女兒，也是異母兄弟圖特摩斯二世的妻子，並是圖特摩斯三世正妃涅弗魯利（Neferure）的母親。

扮男裝的女王，哈特謝普蘇特女王

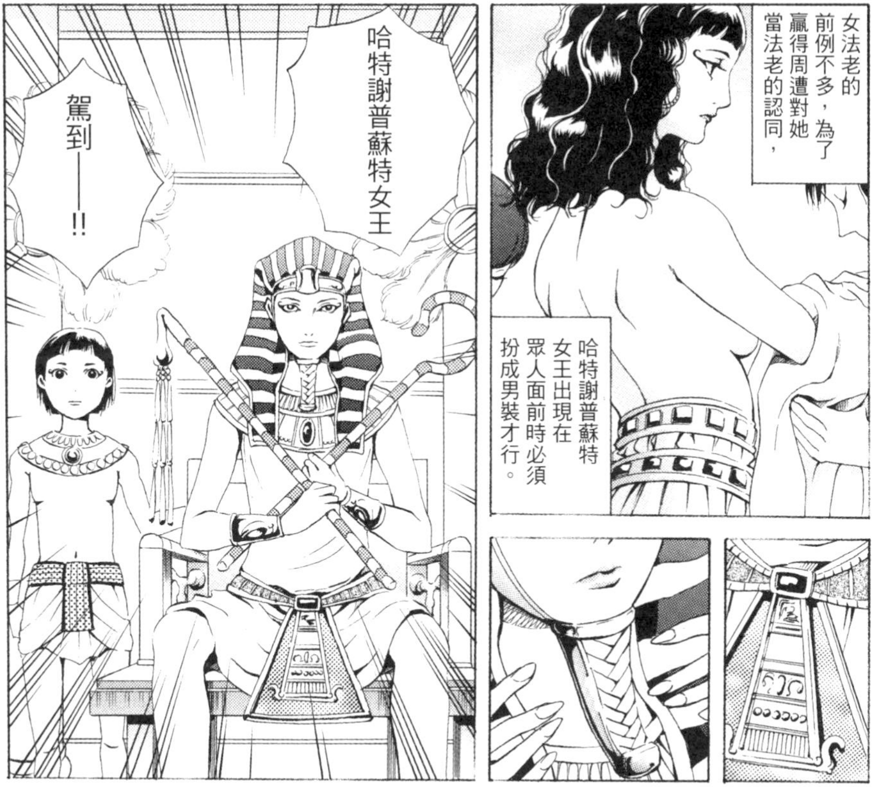
女法老的前例不多，為了贏得周遭對她當法老的認同，
哈特謝普蘇特女王出現在眾人面前時必須扮成男裝才行。
哈特謝普蘇特女王
駕到——!!

原為先王圖特摩斯二世王妃的哈特謝普蘇特，表面上和繼子圖特摩斯三世共同統治，實則坐上女王寶座。但女王的前例畢竟不多，因此為保持權威煞費苦心。

丈夫圖特摩斯二世早逝，年紀輕輕就成了未亡人的哈特謝普蘇特一當上繼子圖特摩斯三世的攝政，執政的野心便熊熊燃起。

身為女性卻執意當法老的哈特謝普蘇特，強行進行加冕儀式，之後的二十二年和圖特摩斯三世共同統治掌握實權。

由於當時只能由男性當法老，周遭有很多人反對。因此哈特謝普蘇特刻意穿男裝，並戴上假鬍鬚，扮演成男人。

致力整頓內政以充實國力

她的執政特徵在於致力整頓內政。當時的埃及幾乎一年到頭都在跟外國打仗，她主張和平外交，積極以非洲為中心進行貿易。

中王國時代以來中斷和蓬特國（Punt）的交易也重新恢復。

蓬特國應該位於蘇丹南部到衣索比亞北部的紅海沿岸地區，是交易香料、象牙、黑檀、黃金、動物毛皮等非洲特產的集散地。和蓬特國交易能為埃及帶來莫大的利益。

她還修建了因戰爭損壞的神廟、建設新的建築等，積極復興國土。

或許這是無法跟男性法老一樣帶兵出征的哈特謝普蘇特所做的選擇，但也因為這樣，促進了埃及的藝術發展，和平治世中也充實了國力。

女王留下的建築當中，以她命令公共事務大臣賽納穆特（Senenmut）建造的三層階梯式哈特謝普蘇特女王祭廟造型最為獨特。

哈特謝普蘇特女王還在孟菲斯近郊建造王宮，於孟菲斯和底比斯兩個都市各設一名宰相，採「雙宰相制度」。讓埃及南北兩大據點的存在由曖昧轉為確立，並發揮功能。

然而留下許多功績的哈特謝普蘇特女王，對圖特摩斯三世而言仍是眼中釘般的存在。

在位第十一年，她的女兒，也是圖特摩斯三世正妃的涅弗魯利過世後，圖特摩斯三世的影響力開始增強，女王身邊的人紛紛失

哈特謝普蘇特女王稱號的演變

圖特摩斯二世統治時
「阿蒙神的妻子」

▼

圖特摩斯三世即位後
「兩國的女主人」

▼

圖特摩斯三世在位第七年
「法老」

成為女王的哈特謝普蘇特雖然在壁畫上被畫成男性法老，但在教科書中則是用女性名詞和女性動詞表現。

隨著哈特謝普蘇特的權利越大，稱號也跟著改變。

中王國	第一中間期	古王國	早王朝	前王朝
B.C.2000			B.C.3000	B.C.5000

新王國時代埃及的貿易關係

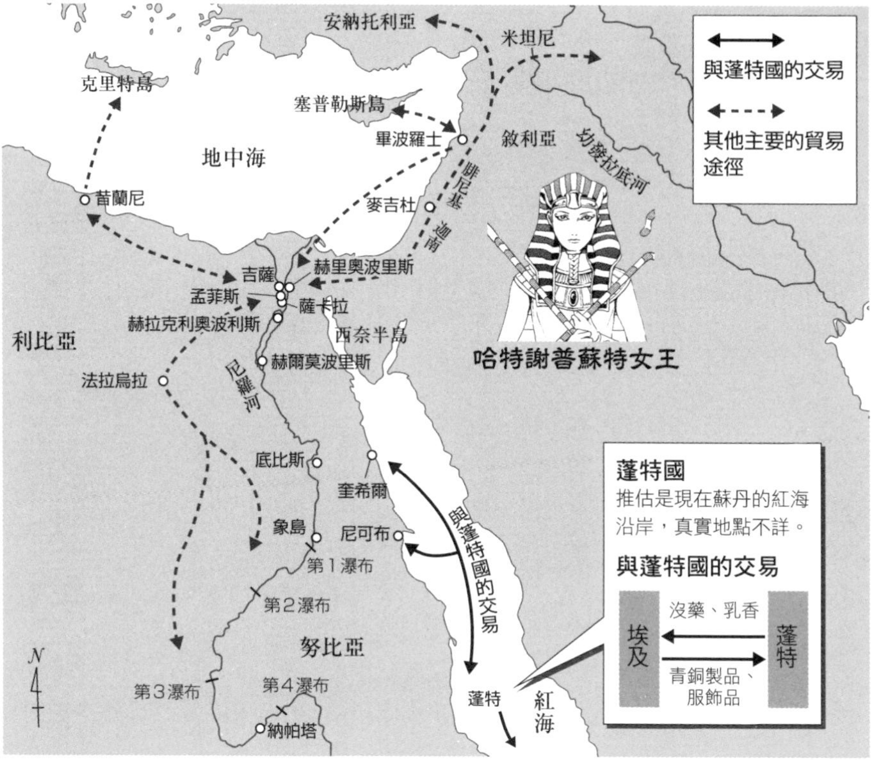
與蓬特國的交易
其他主要的貿易途徑
安納托利亞
米坦尼
克里特島
塞普勒斯島
畢波羅士
敘利亞
幼發拉底河
地中海
昔蘭尼
麥吉杜
腓尼基
迦南
吉薩
赫里奧波里斯
孟菲斯
薩卡拉
赫拉克利奧波利斯
西奈半島
利比亞
哈特謝普蘇特女王
赫爾莫波里斯
法拉烏拉
尼羅河
底比斯
奎希爾
象島
尼可布
與蓬特國的交易
第1瀑布
第2瀑布
努比亞
第3瀑布
第4瀑布
納帕塔
蓬特
紅海
N
蓬特國
推估是現在蘇丹的紅海沿岸，真實地點不詳。
與蓬特國的交易
埃及
沒藥、乳香
青銅製品、服飾品
蓬特

新王國時代的埃及除了南方的努比亞、蓬特國以外，也跟敘利亞、小亞細亞、地中海沿岸等其他文明進行貿易。

古埃及的新發現！

被發現的哈特謝普蘇特女王

關於哈特謝普蘇特女王，只發現裝有內臟的壺罐和裝有臼齒的木盒。至於女王的木乃伊則無法斷定是哪一具。

然而二〇〇六年所做的鑑定結果，確定在KV60號墓發現的女性木乃伊就是哈特謝普蘇特女王的木乃伊。

哈特謝普蘇特女王的推估年齡是五十歲，身材肥胖。

利。

在位第二十二年，哈特謝普蘇特女王因為死亡或退位而銷聲匿跡，圖特摩斯三世單獨統治的時代到來。

第18王朝
馬其頓支配 托勒密王朝 | 後王朝 | 第三中間期 | 新王國 | 第二中間期
A.D.1　B.C.1000

10

圖特摩斯三世
拓展埃及史上最大的版圖

活在繼母哈特謝普蘇特女王政權陰影下的圖特摩斯三世，隨著女王的過世終於掌握實權後，立刻摧毀了女王祭廟的浮雕、破壞許多雕像，試圖將有關她的記憶從紀念建築物中消除。

過去沒有機會展現，但其實圖特摩斯三世擅長武術，也很有政治能力，是擔任法老的優秀人才。

他剛開始單獨統治時，埃及的國際情勢陷入危機。原來在哈特謝普蘇特女王採行和平政策期間，北美索不達米亞強國米坦尼王國的勢力範圍已擴及敘利亞、巴勒斯坦，成為威脅埃及的存在。

圖特摩斯三世立刻對西亞出兵，首先在麥吉杜打敗造反的對埃及同盟軍，之後共計遠征十七次，逐一擴大版圖。

圖特摩斯三世每征服一地，就將該首長的兒子當作人質帶回，在埃及王宮施以埃及式教育。等到他們的父親過世後便遣送回國，讓他們成為忠於埃及的新任統治者。

由此可見圖特摩斯三世的外交方針已由過去的軍事遠征，轉換成殖民地支配體制。

在圖特摩斯三世統治下的埃及，北從幼發拉底河、南到尼羅河的第四瀑布，有著埃及史上最廣大的版圖。

古埃及小知識！

圖特摩斯三世與獵象

古埃及的法老們都很喜歡狩獵獅、豹等猛獸。他們是為了顯示自身的武勇而積極從事狩獵活動。

不過圖特摩斯三世的情況卻大不相同。在他遠征米坦尼王國的歸途中，曾在北敘利亞奧龍特斯河畔的尼亞以狩獵大象為樂。當時捕獲的象隻數量高達一百二十頭。

征服王圖特摩斯三世的遠征

圖特摩斯三世遠征米坦尼王國的歸途中，曾在敘利亞的尼亞狩獵大象。

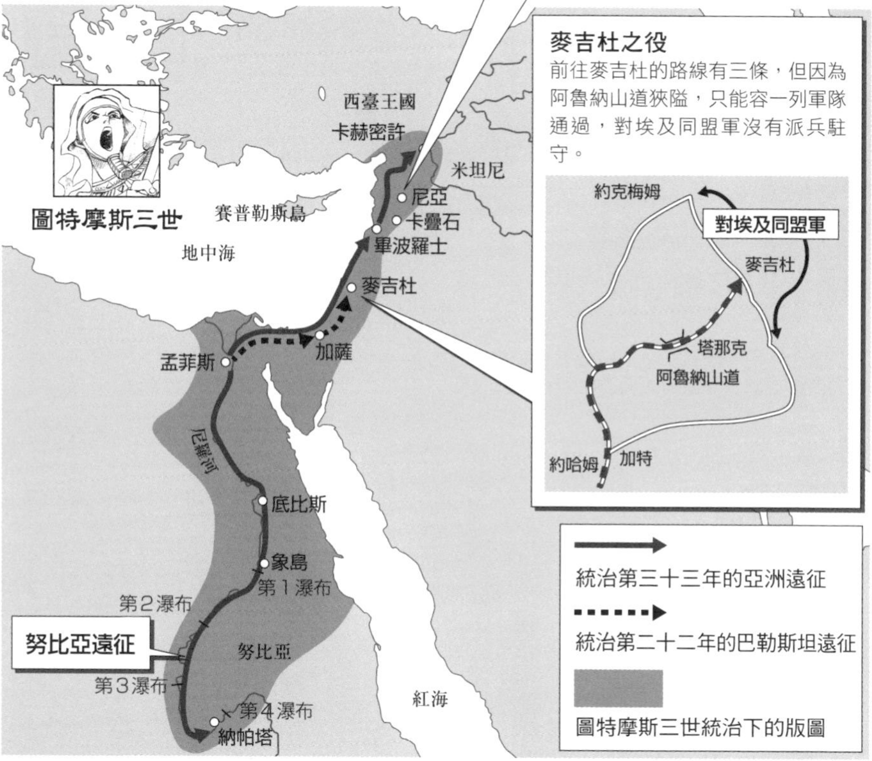

圖特摩斯三世
西臺王國
卡赫密許
米坦尼
賽普勒斯島
尼亞
卡疊石
地中海
畢波羅士
麥吉杜
孟菲斯
加薩
尼羅河
底比斯
象島
第１瀑布
第２瀑布
努比亞遠征
努比亞
第３瀑布
第４瀑布
納帕塔
紅海
麥吉杜之役
前往麥吉杜的路線有三條，但因為阿魯納山道狹隘，只能容一列軍隊通過，對埃及同盟軍沒有派兵駐守。
約克梅姆
對埃及同盟軍
麥吉杜
塔那克
阿魯納山道
約哈姆
加特
統治第三十三年的亞洲遠征
統治第二十二年的巴勒斯坦遠征
圖特摩斯三世統治下的版圖

圖特摩斯三世共計遠征亞洲十七次，擊退敘利亞的米坦尼勢力後，又出征努比亞，版圖拓展至第四瀑布的納帕塔。

11

阿肯那頓
牽制阿蒙神祭司階層與阿頓信仰的誕生

迎向鼎盛期的第十八王朝

新王國時代｜第十八王朝

圖特摩斯三世

埃及版圖擴張至最大

將戰果獻給阿蒙神
→使得底比斯的阿蒙神祭司團勢力大增

阿蒙荷太普二世
圖特摩斯四世

鎮壓各地叛亂，維持勢力

阿蒙荷太普三世

以愛琴海、西亞和埃及為中心的太平盛世
→阿馬納文書

第十八王朝到達鼎盛期

王權和祭司團產生對立

↓

阿蒙荷太普四世
（阿肯那頓）

奉太陽神阿頓為唯一真神，實施宗教改革

耽溺宗教疏於外政

↓

第十八王朝開始衰退

由於第十八王朝歷代法老的輝煌戰果都奉獻給阿蒙神，使得阿蒙神祭司團的勢力大增，導致阿蒙荷太普四世發動宗教改革。

從圖特摩斯三世到阿蒙荷太普二世、圖特摩斯四世，繁榮的時代持續不斷，卻也浮現出一個問題。

負責祭祀國家神阿蒙的祭司團勢力明顯高漲。祭司團因為收受奉獻而擁有強大的經濟力，進而開始干涉王位繼承與國家政策，造成法老和祭司團的對立。

挺身而出排除祭司團影響力的是阿蒙荷太普四世。他為了抑制祭司團的勢力，實施埃及史上首見的宗教改革，奉太陽神阿頓為唯一真神。自己也改名為阿肯那頓（對阿頓神有益的），並將

對抗阿蒙神祭司團的阿蒙荷太普四世（阿肯那頓）

阿蒙神信仰日益興盛。
阿蒙神祭司團勢力高漲。
娜芙蒂蒂，這樣下去不行呀！
國王……
阿蒙荷太普四世決定實施宗教改革。
首先引入一神教，奉太陽神阿頓為唯一真神。
接著自己也改名。
我的名字是阿肯那頓！
將首都從底比斯遷往埃赫塔頓。
埃赫塔頓（阿馬納）
遷都
底比斯

阿蒙荷太普四世認為應該對抗阿蒙神祭司團，實施了包含遷都、改名等措施的宗教改革。

首都遷至埃赫塔頓（現在的阿馬納）。

然而一神教的阿頓神信仰自然無法被多神教世界的埃及人所接受。加上阿肯那頓過於熱衷宗教改革，忽略了國事的治理。結果臣服於埃及統治下的敘利亞、巴勒斯坦地區，因為城市國家間的抗爭和異族入侵而陷入混亂。

古埃及小知識！

阿馬納藝術

阿肯那頓在藝術上也開創了「阿馬納風格」的獨特路線。

他命令宮廷雕刻師製作王室的塑像或浮雕時，必須以眼見為憑。埃及過去為王室造像時有嚴格的理想形式規定。

阿馬納藝術則是追求寫實。結果阿肯那頓的圖像就出現了體型肥胖、後腦勺異常突出的奇形怪狀。

12 圖坦卡門 重新遭受宗教擺佈的少年法老與王位繼承騷動

圖坦卡門統治時期的特色

- 宰相艾伊和將軍霍倫赫布擔任攝政掌有實權
- 阿頓神信仰→恢復成阿蒙神信仰
  …名字也從圖坦阿頓→改為圖坦阿蒙（圖坦卡門）
- 遠征西亞、努比亞
  …重新恢復因為阿肯那頓疏於外政而變得不穩定的殖民地秩序

圖坦卡門的統治主要是將阿肯那頓的宗教改革恢復原狀。

阿肯那頓統治十六年後去世，共同統治者的斯門卡拉（Smenkhkara）在幾個月後也死亡。之後繼任王位的是阿肯那頓的兒子、當時年僅十歲的圖坦阿頓。

因為圖坦阿頓太過年幼，實際治理國事的是阿肯那頓時代的重臣——宰相艾伊和將軍霍倫赫布。兩人將首都遷回孟菲斯以恢復原來的阿蒙神信仰，並將法老和王妃名字後面的「阿頓」改為「阿蒙」。

於是圖坦阿頓變成圖坦阿蒙，也就是圖坦卡門。

可是圖坦卡門在位僅九年就離奇身故。圖坦卡門沒有子嗣，他的妻子安克姍海娜曼（Ankhesenamun）只好跟當時國力漸強的敵對勢力西臺王國要求送一名王子過來當作結婚的條件，不料王子在前往埃及的途中被暗殺了。

有一種說法是霍倫赫布反對接受鄰國王子而下此毒手。

失去結婚對象的王后最後嫁給高齡家臣，也就是宰相艾伊，並由艾伊繼任王位。

圖坦卡門死後的王位之爭

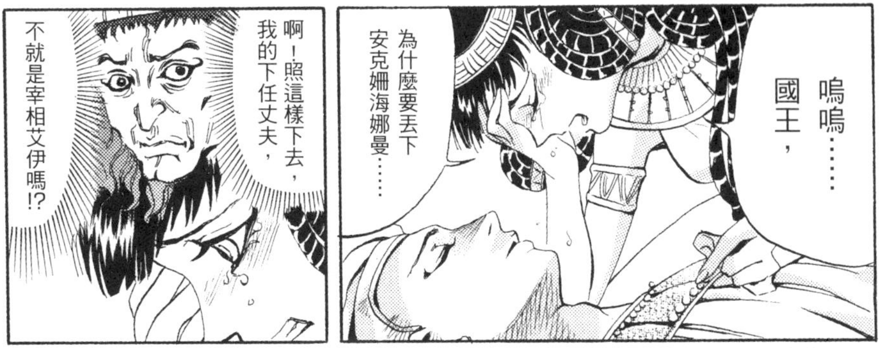

圖坦卡門在位第九年過世，年紀還不到二十，為爭奪王位，連大國西臺王國也捲入騷動之中。

▼

安克姍海娜曼周遭開始了爭奪王位的騷動

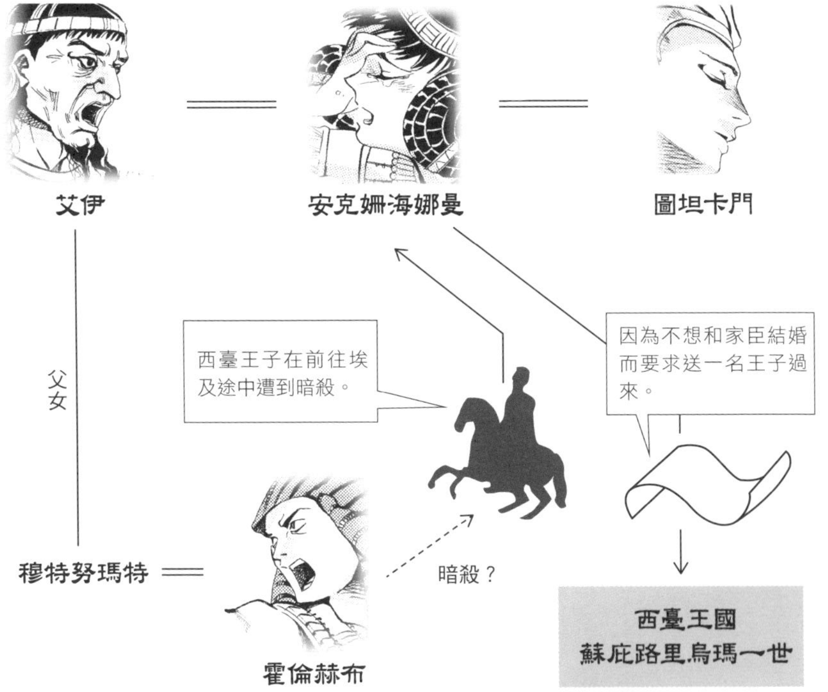

圖坦卡門不到二十歲便因不明原因死亡。王后安克姍海娜曼和宰相艾伊結婚，也都是迫於延續王位的選擇。

第18王朝

馬其頓支配 托勒密王朝	後王朝	第三中間期	新王國	第二中間期

A.D.1　B.C.1000

13

軍人出身的法老收拾改革混亂

霍倫赫布

第十八王朝末期，由臣子變成法老的兩人

霍倫赫布	艾　伊

阿肯那頓統治時	**阿肯那頓統治時**
身為將軍擁有軍事實權。	身為宰相擁有政治實權。
▼	▼
圖坦卡門統治時	**圖坦卡門統治時**
成為「法老代理人」，試圖從「阿馬納革命」中恢復原狀。	成為攝政，試圖從「阿馬納革命」中恢復原狀。
▼	▼
艾伊死後成為法老	**法老**

艾伊、霍倫赫布兩人都是從阿蒙荷太普三世到圖坦卡門時代為止，在法老手下服侍的家臣，之後掌握實權成為法老。

圖坦卡門死後，成為法老的艾伊因為年事已高，統治僅四年便畫下句點。接著繼任王位的是軍隊總司令霍倫赫布。

艾伊死後，娶了其女穆特努瑪特（Mutnedjmet）而獲得王位繼承權的霍倫赫布，重整官僚機構，試圖恢復埃及原有的秩序。

他同時也徹底進行阿蒙神信仰的復原事業，任命值得信賴的軍隊部下擔任祭司。恢復拉神、卜塔神等阿蒙神以外神祉的原有地位，讓埃及的多神教復活，至於太陽神阿頓也回歸到多神教中眾神之一的地位。

試圖抹去阿馬納時代痕跡的霍倫赫布

拆除阿頓神廟

卡納克的阿頓神廟 → 卡納克的阿蒙大神廟

阿馬納的阿頓神廟 → 赫爾莫波里斯的托特神廟

拆除卡納克、阿馬納的神廟，將石材拿去改建卡納克的阿蒙大神廟和赫爾莫波里斯的托特神廟。

霍倫赫布

霸占紀念建築

○兩尊圖坦卡門的巨像
→被艾伊霸占
→之後又被霍倫赫布霸占
○艾伊的祭廟
→被霍倫赫布霸占

霍倫赫布習慣霸占前任法老們的紀念建築，然後冠上自己的名字當成自己的功績。

抹去阿馬納時代的痕跡

消除四位法老的紀錄

霍倫赫布將跟阿馬納革命有關的四位法老從列表上刪除。

⋮
阿蒙荷太普三世
▼
阿肯那頓
▼
斯門卡拉
▼
不知名女王
▼
圖坦卡門
▼
艾伊
▼
霍倫赫布
⋮

從王名表上抹去名字 ➡

⋮
阿蒙荷太普三世
▼
霍倫赫布
⋮

艾伊死後，成為法老的霍倫赫布開始拆除阿頓神廟，消除阿馬納時代的痕跡。也因此直到近代為止，有四位法老的存在被人們遺忘了。

霍倫赫布似乎也嘗試抹去阿馬納時代的歷史紀錄。為了完全銷毀痕跡，他將阿頓神廟徹底拆除，轉而改建阿蒙大神廟等其他建築。並為了將阿肯那頓到艾伊為止的四代法老從歷史上抹去，直接從王名表上將阿蒙荷太普三世的繼任者改為霍倫赫布。

關於這一點，有學者認為他可能是想將他們統治期間的功績納為己有。

霍倫赫布統治埃及長達二十七年，之後將王位交給同樣是軍人出身的心腹普拉美斯（Paramessu）才撒手人寰。

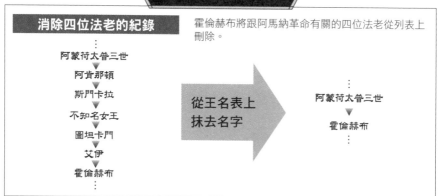

14 拉美西斯二世 再與西臺王國奮戰的偉大建築王

第十九王朝的法老們

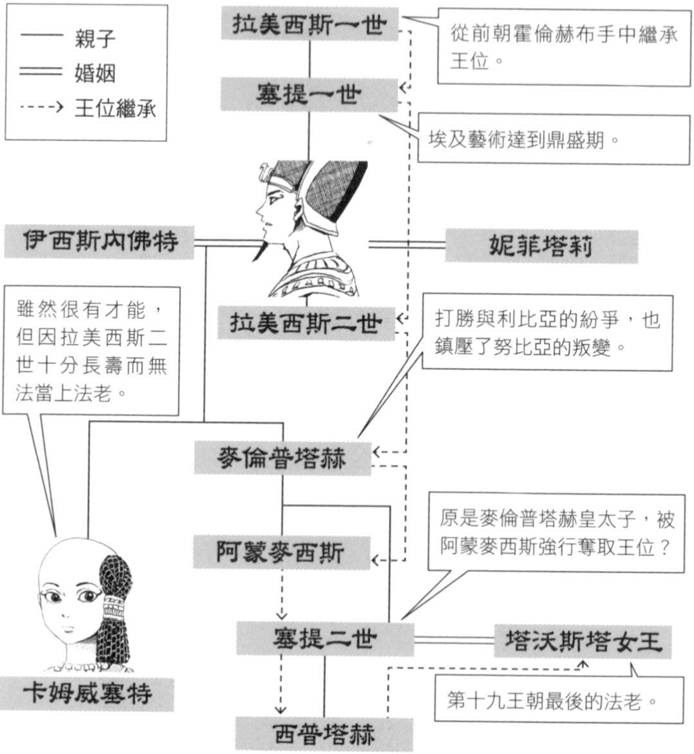

親子
婚姻
王位繼承
拉美西斯一世
從前朝霍倫赫布手中繼承王位。
塞提一世
埃及藝術達到鼎盛期。
伊西斯內佛特
妮菲塔莉
拉美西斯二世
雖然很有才能，但因拉美西斯二世十分長壽而無法當上法老。
打勝與利比亞的紛爭，也鎮壓了努比亞的叛變。
麥倫普塔赫
原是麥倫普塔赫皇太子，被阿蒙麥西斯強行奪取王位？
阿蒙麥西斯
塞提二世
塔沃斯塔女王
卡姆威塞特
第十九王朝最後的法老。
西普塔赫

第十九王朝由拉美西斯一世開創。該王朝於拉美西斯二世時代進入繁榮期，在塔沃斯塔女王的統治下走下歷史的舞台。

父子二代都是建築狂

從霍倫赫布手中繼承王位的將軍普拉美斯，登基成為拉美西斯一世，也是第十九王朝的首任法老。

但因為拉美西斯一世年事已高，在位兩年後便讓給兒子塞提一世（Seti I）接任。

塞提一世在拉美西斯一世時代的身分是宰相兼指揮官，十分活躍。

塞提一世在位十三年，這段期間埃及的藝術和文化成熟度大躍

卡疊石戰役

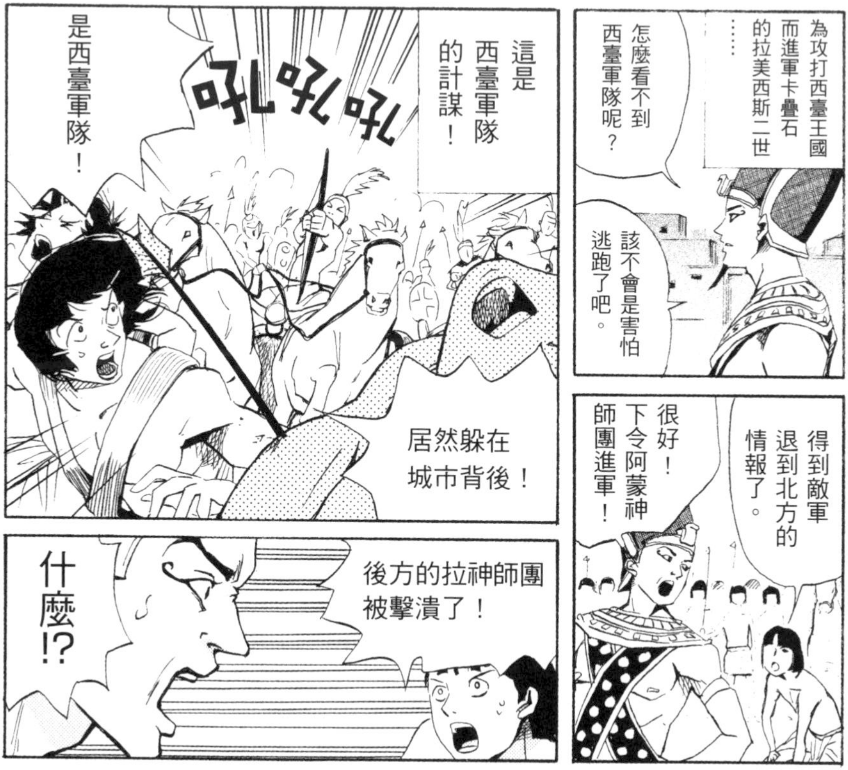
為攻打西臺王國而進軍卡疊石的拉美西斯二世……
怎麼看不到西臺軍隊呢？
該不會是害怕逃跑了吧。
得到敵軍退到北方的情報了。
很好！下令阿蒙神師團進軍！
這是西臺軍隊的計謀！
是西臺軍隊！
吼吼吼
居然躲在城市背後！
後方的拉神師團被擊潰了！
什麼!?

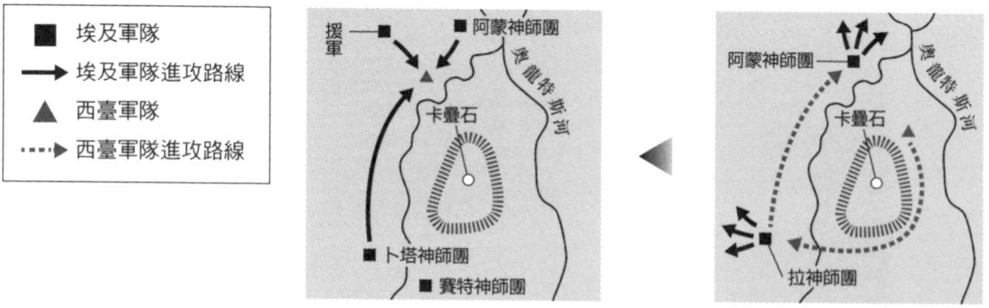
埃及軍隊
埃及軍隊進攻路線
西臺軍隊
西臺軍隊進攻路線
阿蒙神師團
奧龍特斯河
卡疊石
拉神師團
援軍
卜塔神師團
賽特神師團

埃及軍隊中了計謀，拉神師團敗走，阿蒙神師團也被擊潰。

等到走其他路線的援軍、後衛的卜塔神師團趕上後，情勢逆轉，進而打敗西臺軍隊。

拉美西斯二世雖於B.C.1275年的卡疊石戰役獲勝，但兩國情勢依然劍拔弩張，直到十六年後才簽訂互不侵犯條約。

進，洗鍊度大增。他所建造的神廟和裝飾墳墓的壁畫令人嘆為觀止，尤其為建於歐西里斯信仰中心地阿比多斯的塞提一世祭廟所作的裝飾，被譽為古埃及神殿建築之最。

塞提一世也很積極對外用兵，攻打了利比亞、敘利亞、黎巴嫩等地。他遠征時都會帶著兒子同行，也就是繼任的拉美西斯二世。

拉美西斯二世從王子時代就非常的勇敢果斷，即位後更因為氣度恢宏，而擁有「拉美西斯大王」的綽號。

拉美西斯二世的建築事業擴及全埃及，最具代表性的建築是位於埃及最南部的阿布辛貝神廟和底比斯西岸的祭廟拉美西姆（Ramesseum）等。

阿布辛貝神廟是挖掘山壁而建，兩座神廟中的大神廟，有四尊拉美西斯巨大坐像分成兩隊，並列在正門入口的兩側。

他甚至大剌剌地將自己的名字刻在其他法老的紀念碑上，以至於今天在埃及各處都留有刻著他即位名號「烏塞爾馬特拉」（拉神的正義強大）的建築物。

令人意外的是，拉美西斯二世的建築事業也出現在某處，那就是舊約聖經中有名的《出埃及記》。

摩西的《出埃及記》說的是淪為拉美西斯二世建築事業奴隸之以色列人民逃亡的故事。

卡疊石戰役

拉美西斯二世時代，擁有敘利亞南部領土的埃及和統治敘利亞北部的西臺王國，為了敘利亞的支配權，彼此已陷入一觸即發的危機。

就在拉美西斯二世在位的第五年，他組織了埃及史上最大規模的兩萬人軍團攻打西臺王國。每一師團約五千人，編制成四個師團，各以神祇的名字命名：阿蒙神、拉神、卜塔神、賽特神。

進攻敘利亞北部卡疊石的埃及軍隊，與埋伏的西臺軍隊發生激戰。當時西臺軍隊分為一萬八千人和一萬九千人的兩支，加上兩千五百人的戰車隊，兵力是埃及

建築王拉美西斯二世遺留下來的主要遺跡

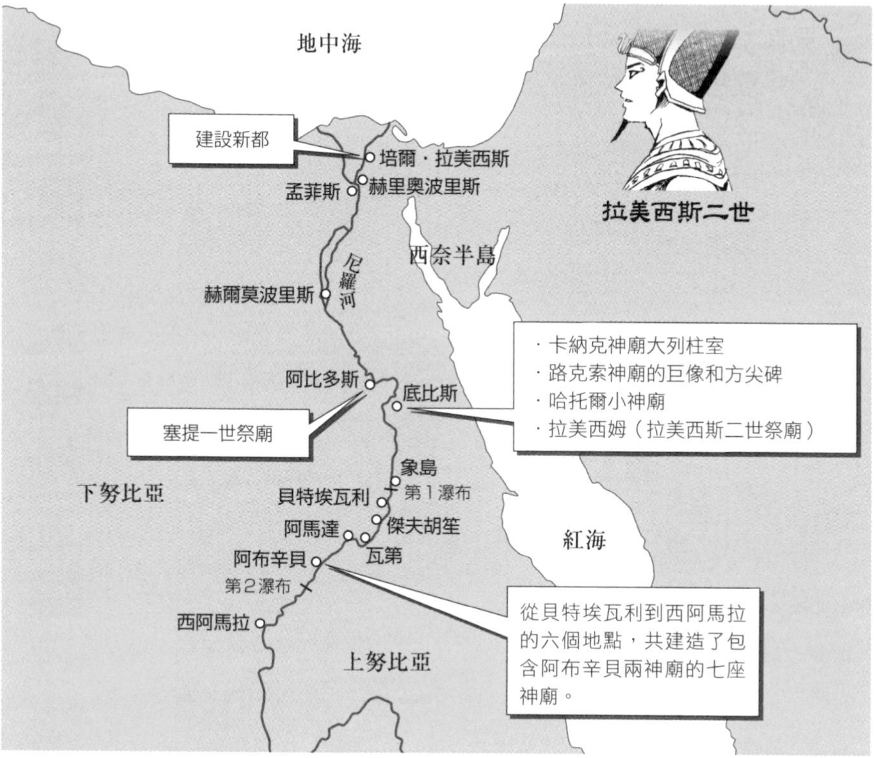
地中海
建設新都
培爾·拉美西斯
孟菲斯
赫里奧波里斯
拉美西斯二世
西奈半島
尼羅河
赫爾莫波里斯
·卡納克神廟大列柱室
·路克索神廟的巨像和方尖碑
·哈托爾小神廟
·拉美西姆（拉美西斯二世祭廟）
阿比多斯
底比斯
塞提一世祭廟
象島
第1瀑布
下努比亞
貝特埃瓦利
傑夫胡笙
阿馬達
紅海
阿布辛貝
瓦第
第2瀑布
從貝特埃瓦利到西阿馬拉的六個地點，共建造了包含阿布辛貝兩神廟的七座神廟。
西阿馬拉
上努比亞

拉美西斯二世被稱為建築王，不只是建造了新都培爾·拉美西斯、拉美西姆、阿布辛貝大神廟，也霸占了以前法老的建築。

軍隊的兩倍之多。

兩軍之間不斷地激戰，始終難以決出勝負，之後兩國締結了世界最早的議和條約。

對敘利亞的土地依然眷戀，卻又壯志難伸的拉美西斯二世於九十歲那年辭世，共統治了六十六年又十個月。

繼任王位的是第十三個兒子麥倫普塔赫（Merneptah）。

古埃及小知識！

最早的埃及學者卡姆威塞特

被稱為世界最早的學者乃是拉美西斯二世和側室伊西斯內佛特所生的卡姆威塞特王子。他奉父親拉美西斯二世之令挖掘沙漠中的古王國時代紀念碑，並負責調查原主的身分。

從小擔任卜塔神祭司，二十多歲便成為卜塔神大祭司的王子，是個擁有豐富古埃及歷史和宗教知識的智者。

15

拉美西斯三世

海上民族入侵新王國最後的繁榮期

古埃及史上出現的海上民族

拉美西斯二世時代
→作為埃及傭兵加入卡疊石戰役

▼

麥倫普塔赫時代
→和利比亞人一起侵略西三角洲

▼

海上民族最早是以傭兵姿態出現在埃及史上。之後又以武裝集團從敘利亞往埃及大舉移動。

拉美西斯三世時代出現的海上民族，被拉美西斯三世趕出了埃及。

第十九王朝在拉美西斯二世兒子麥倫普塔赫之後，歷任的法老中皆缺乏出色的人物，最後在女王塔沃斯塔的統治下畫下句點。

接續的第二十王朝由塞特納赫特（Setnakhte）繼任王位開始。塞特納赫特登基的經過不詳，在短暫的統治期間之後由拉美西斯三世接手。

拉美西斯三世雖以拉美西斯二世時代的繁榮為目標勵精圖治，但當時的埃及經常遭到異族的侵略。在他統治的第五年有利比亞人入侵、第八年則受到號稱「海上民族」的勢力威脅。

拉美西斯三世統治第八年海上民族來襲

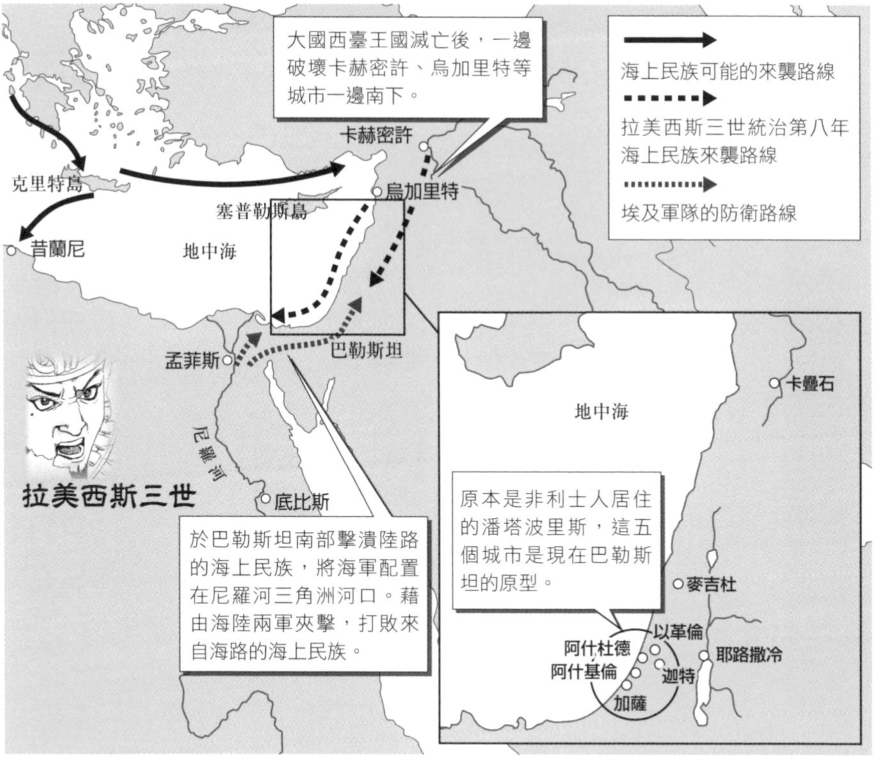

大國西臺王國滅亡後，一邊破壞卡赫密許、烏加里特等城市一邊南下。
海上民族可能的來襲路線
拉美西斯三世統治第八年海上民族來襲路線
埃及軍隊的防衛路線
卡赫密許
烏加里特
克里特島
塞普勒斯島
昔蘭尼
地中海
孟菲斯
巴勒斯坦
尼羅河
底比斯
拉美西斯三世
於巴勒斯坦南部擊潰陸路的海上民族，將海軍配置在尼羅河三角洲河口。藉由海陸兩軍夾擊，打敗來自海路的海上民族。
卡疊石
地中海
原本是非利士人居住的潘塔波里斯，這五個城市是現在巴勒斯坦的原型。
麥吉杜
以革倫
阿什杜德
耶路撒冷
阿什基倫
迦特
加薩

海上民族源起於地中海，之後移動到利比亞、敘利亞。其勢力在入侵埃及時被拉美西斯三世擊退，從此定居在巴勒斯坦。

海上民族的大移動發生在地中海世界時代的轉換期，西亞的強國西臺王國滅亡。海上民族由敘利亞南下，試圖從海陸侵略埃及，但都被拉美西斯三世擊退了。

此一事件也給東方世界帶來極大的影響。古代社會正式閉幕，西亞、東地中海地區由青銅器時代邁向鐵器時代。

被拉美西斯三世擊退的海上民族，之後到南部巴勒斯坦沿岸地區殖民，建立了現在巴勒斯坦的雛型。海上民族的入侵並非只是以掠奪為目的，而是要尋求定居土地的移動。

16

赫里霍爾
底比斯祭司出身的法老確立了宗教的權威

南北分裂的埃及

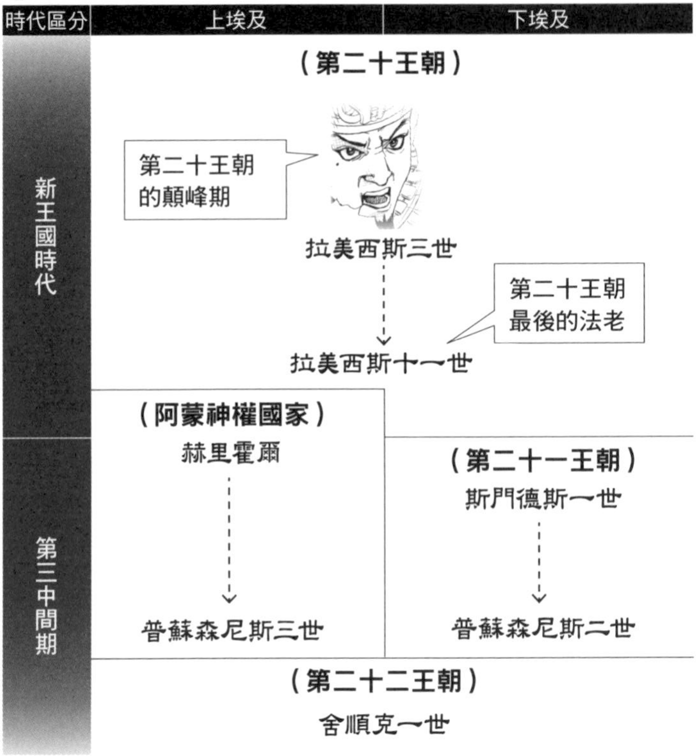

時代區分
上埃及
下埃及
新王國時代
第三中間期
（第二十王朝）
第二十王朝
的顛峰期
拉美西斯三世
第二十王朝
最後的法老
拉美西斯十一世
（阿蒙神權國家）
赫里霍爾
普蘇森尼斯三世
（第二十一王朝）
斯門德斯一世
普蘇森尼斯二世
（第二十二王朝）
舍順克一世

第二十王朝在拉美西斯三世的時代邁入巔峰期。到了末期，底比斯樹立阿蒙神權國家，下埃及則另行開創第二十一王朝。

阿美西斯三世過世之後，以拉美西斯為名的法老從四世到十一世，連續有八人之多。

第二十王朝的國力和王權威信已開始式微，治安日益混亂，底比斯不斷發生王室、貴族墳墓被洗劫事件。

於是拉美西斯十一世派遣努比亞總督潘內赫西前往底比斯，並暫時統治底比斯。但因和阿蒙神祭司團對立，被以謀反的罪名從底比斯放逐。

之後全埃及軍的總司令赫里霍爾（Hrihor）擔任阿蒙神的大祭司。軍事力量加上當時阿蒙神祭

新王國時代末期盜墓事件頻傳

第二十王朝的末期，因為政情不穩使得治安開始敗壞

▼

盜墓事件頻傳

▼

從「盜墓者莎草紙」中可看到審判的情形

第二十王朝末期頻起的盜墓事件留下了歷史紀錄。該紀錄被稱為「盜墓者莎草紙」，記錄對盜墓者的審判。

司團的龐大財力，及擁有超越王室權力的赫里霍爾，將埃及南半部納入祭司團的支配下，建立阿蒙神權國家。從此埃及實質上已南北分裂。

另一方面，北方由拉美西斯十一世的女婿，也是下埃及宰相的斯門德斯（Smendes）將首都遷往塔尼斯，開創了第二十一王朝。第三中間期就此開始。

古埃及小知識！

塔尼斯王墓的特徵

在第二十一王朝首都塔尼斯發現了可能是埋葬第二十一、二十二王朝法老的陵墓。其中第二十一王朝普蘇森尼斯一世的墓室是塔尼斯最古老的王墓。

塔尼斯王墓的一大特徵是埋葬者的頭位方向。一般在古埃及的墳墓，埋葬頭位都是朝北。但塔尼斯的頭位不是朝南就是朝西。為何會有如此差異，原因至今仍是謎。

17 攻打巴勒斯坦、掠奪伊斯蘭文明的利比亞人王朝

舍順克一世

舍順克一世的巴勒斯坦遠征

舍順克一世
統合阿蒙神權王國和第二十一王朝，開創第二十二王朝的首位利比亞人法老。

猶大王國落入我手了，
如果他們想要守護耶路撒冷，
得先交出所羅門王的寶藏才行！

舍順克一世在舊約聖經中被稱為示撒（Shishak），掠奪了耶路撒冷城。

開創第二十二王朝的舍順克一世在遠征巴勒斯坦時，打敗了猶大王國、以色列王國，贏得第二十王朝拉美西斯三世以來最大的勝利。

第二十一王朝在埃及南北分裂的情況下結束，緊接著第二十二王朝興起。

開創王朝的是舍順克一世（Sheshonk I）。他原是布巴斯提斯出身的利比亞傭兵，在第二十一王朝最後法老普蘇森尼斯二世的時代身居將軍的地位。

舍順克一世一即位便立刻成功統合了阿蒙神權王國，他讓兒子伊烏普特（Iuput）擔任底比斯的阿蒙神大司祭和軍隊總司令，負責管理南部的政治，自己則負責統治中東。

紀元前九二五年，打敗猶大

日趨分裂的第二十二王朝

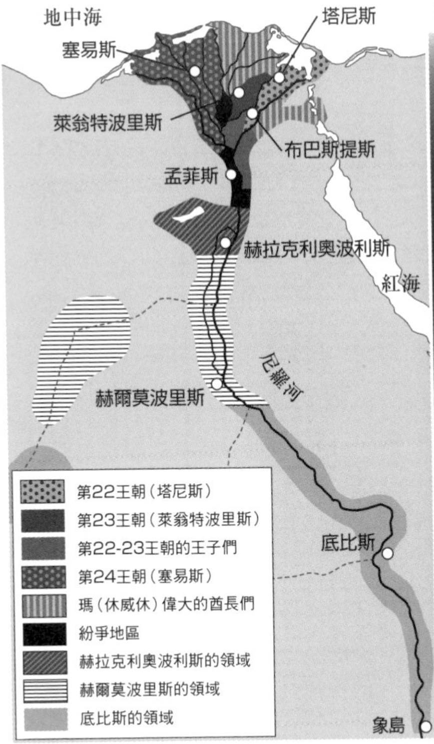
地中海
塞易斯
塔尼斯
萊翁特波里斯
布巴斯提斯
孟菲斯
赫拉克利奧波利斯
紅海
尼羅河
赫爾莫波里斯
底比斯
象島
第22王朝（塔尼斯）
第23王朝（萊翁特波里斯）
第22-23王朝的王子們
第24王朝（塞易斯）
瑪（休威休）偉大的酋長們
紛爭地區
赫拉克利奧波利斯的領域
赫爾莫波里斯的領域
底比斯的領域

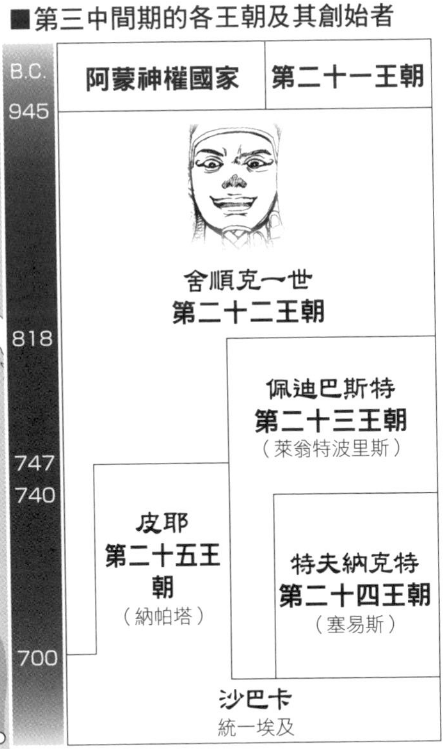
■第三中間期的各王朝及其創始者
B.C.
945
818
747
740
700
阿蒙神權國家
第二十一王朝
舍順克一世
第二十二王朝
佩迪巴斯特
第二十三王朝
（萊翁特波里斯）
皮耶
第二十五王朝
（納帕塔）
特夫納克特
第二十四王朝
（塞易斯）
沙巴卡
統一埃及

邁向第二十二王朝後，埃及便陷入諸勢力分割統治的狀態。南方努比亞興起的第二十五王朝趁機擴展勢力。

王國、以色列王國，贏得第二十王朝拉美西斯三世以來最大的勝利。

然而到了第六代的舍順克三世時代，佩迪巴斯特（Pedibastet）王子宣布獨立，於萊翁特波里斯自立為王，開創第二十三王朝。埃及再度陷入一分為二的狀態。

這兩個王朝的關係複雜，統治時期和各法老之間的關係也很不明確。

唯一能確定的是，埃及處於混亂狀態，中央集權的力量衰頹，各地有力的諸侯群起。一時之間竟有四人同時自立為王，使得埃及國內從第二十二王朝到第二十五王朝，四個王朝林立。

18 皮耶 重新統一埃及、努比亞出身的黑人法老

☥回歸美好的古代？庫施王國的目的何在

有重建舊宗主國（埃及）秩序和阿蒙神信仰的必要。
VS
第二十五王朝
創始者皮耶

■分裂的利比亞人王朝

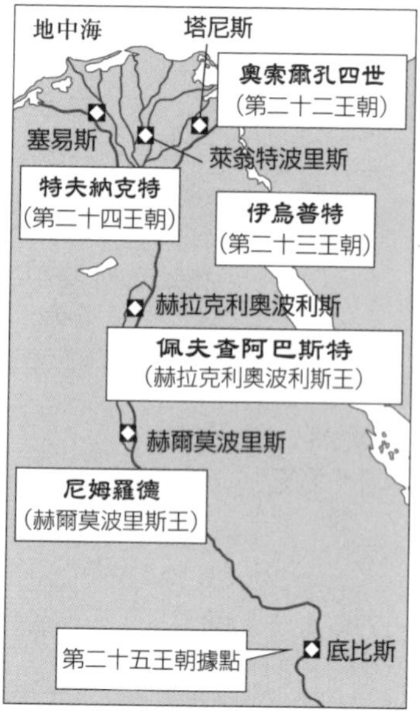
地中海
塔尼斯
奧索爾孔四世
（第二十二王朝）
塞易斯
萊翁特波里斯
特夫納克特
（第二十四王朝）
伊烏普特
（第二十三王朝）
赫拉克利奧波利斯
佩夫查阿巴斯特
（赫拉克利奧波利斯王）
赫爾莫波里斯
尼姆羅德
（赫爾莫波里斯王）
第二十五王朝據點
底比斯

皮耶將勢力伸展至南部時，中部以北則是由利比亞人王朝第二十二王朝分裂出來的諸王朝進行分割統治。

紀元前八世紀左右，由努比亞人創立的庫施王國於遙遠的埃及南方誕生了。

該王國的早期歷史不詳，已知在卡施塔王時代已入侵埃及領土的最南端。繼任的皮耶（Piye）更率領軍隊越過亞斯旺北上，將上埃及納入支配。

據說這一次的出兵並非侵略埃及，而是為了重建舊宗主國埃及因諸侯群起被破壞的秩序與阿蒙神的權威。

實際上皮耶在擊敗埃及聯軍後並沒有處罰埃及諸王，還保全他們執政官的身分。

亞述帝國統治下的埃及

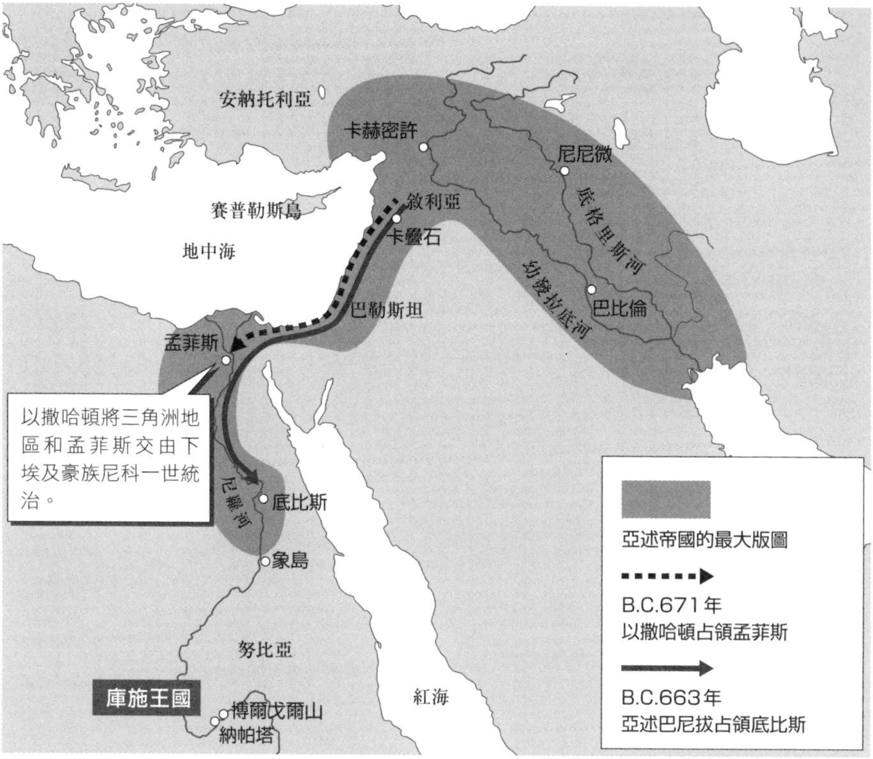
安納托利亞
卡赫密許
尼尼微
賽普勒斯島
敘利亞
卡爾石
地中海
底格里斯河
幼發拉底河
巴比倫
巴勒斯坦
孟菲斯
以撒哈頓將三角洲地區和孟菲斯交由下埃及豪族尼科一世統治。
尼羅河
底比斯
象島
努比亞
庫施王國
博爾戈爾山
納帕塔
紅海
亞述帝國的最大版圖
B.C.671年
以撒哈頓占領孟菲斯
B.C.663年
亞述巴尼拔占領底比斯

第二十二到二十四王朝時期，亞述帝國的勢力已入侵埃及東方的敘利亞。之後又逐漸侵略埃及國內，迫使第二十五王朝退回祖國努比亞。

但是埃及聯軍中唯一逃往三角洲北部的特夫納克特（Tefnakht），於三角洲重整勢力後繼續向南攻，幾乎降伏了上埃及第十八州以北的所有地方豪族，因此於紀元前七四〇年，建立了埃及第二十四王朝。

另一方面，庫施王國於紀元前七一六年皮耶過世後，王弟沙巴卡為了奪回埃及的支配權而進軍埃及，打倒了特夫納克特繼任者波科里斯（Bocchoris），再度征服埃及。

就這樣，埃及再一次被統一，也開始了努比亞人建立的第一個王朝——第二十五王朝。

19

遭受波斯阿契美尼德王朝的支配

岡比西斯二世

後王朝時代的推移

埃及王朝獨立時代

第二十八王朝
（B.C.404～B.C.399）
創立者：**阿米爾塔尼烏斯**
僅維持一代的王朝。

第二十九王朝
（B.C.399～B.C.380）
創立者：**尼斐利提斯一世**

第三十王朝
（B.C.380～B.C.342）
創立者：**內克塔內布一世**
內克塔內布二世為
最後一任的埃及人法老。

第三十一王朝
（B.C.342～B.C.332）
創立者：**阿爾塔薛西斯三世**
第二次被波斯統治。

第二十六王朝
（B.C.664～B.C.525）
創立者：**普薩美提克一世**
普薩美提克一世脫離亞述獨立。

第二十七王朝
（B.C.525～B.C.404）

創立者：**岡比西斯二世**
第二十七王朝的法老們均未離開本國波斯首都蘇薩，而是設總督於埃及進行統治。

第二十六王朝被波斯阿契美尼德王朝擊敗後，進入第一次被波斯統治時代。
第三十王朝的內克塔內布二世是最後一任的埃及人法老。

第一個努比亞人王朝的第二十五王朝，遭到來自東方的亞述人入侵，於紀元前六五六年隨著坦沃塔瑪尼王（Tanwetamani）的過世而宣告結束。

接著統治埃及的是下埃及豪族尼科一世的兒子普薩美提克一世（Psammetichus I）。他趁著亞述帝國的勢力衰退即位，成為第二十六王朝的始祖。

第二十六王朝到了第三任國王普薩美提克三世之時，被波斯阿契美尼德王朝打敗，讓埃及淪為波斯的行政區之一。在那段期間，法老由波斯王兼任，因此埃

世界帝國波斯阿契美尼德王朝的版圖

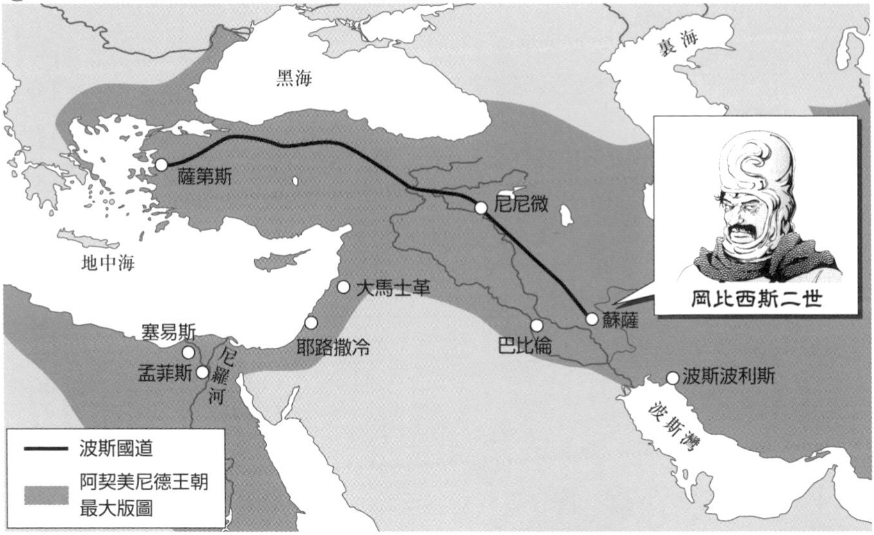
黑海
裏海
薩第斯
尼尼微
地中海
大馬士革
塞易斯
耶路撒冷
巴比倫
蘇薩
孟菲斯
尼羅河
波斯波利斯
波斯灣
岡比西斯二世
波斯國道
阿契美尼德王朝最大版圖

波斯阿契美尼德王朝的鼎盛期擁有從希臘到埃及、印度西北部的廣大領土，並利用國道和總督制度管理版圖。

最後的埃及人法老內克塔內布二世後來怎麼樣了呢？根據中世紀傳說「亞歷山大大帝的羅曼史」，他成了阿契美尼德王朝宮廷裡的埃及魔術師，而且還是亞歷山大大帝的親生父親。

卡姆威塞特
小提醒

及國內沒有法老，而由派任過來的總督代理法老統治埃及。第二十七王朝就是像這樣，由波斯間接統治的王朝。

第二十七王朝利用波斯與其他國家戰爭的空檔，不斷在國內叛變。

終於在紀元前四〇四年，塞易斯的豪族阿米爾塔尼烏斯叛變成功，建立第二十八王朝，之後一直到第三十王朝都是由埃及人統治埃及。

然而到了第三十王朝第三任君主內克塔內布二世（Nectanebo II）時，又再度遭到波斯入侵與統治，也讓埃及人統治埃及的時代正式畫下句點。

第27～30王朝
馬其頓支配 托勒密王朝
後王朝
第三中間期
新王國
第二中間期
A.D.1
B.C.1000

20

亞歷山大大帝
來自馬其頓的征服王建立了亞歷山大帝國

廣受埃及人民歡迎的亞歷山大大帝

在伊蘇斯戰役打敗波斯的亞歷山大大帝，
之後順利進入埃及。
感謝您！
大王！
救世主亞歷山大！
救世主萬歲——!!

埃及人民尊崇亞歷山大大帝為解放他們脫離波斯統治的救世主。

埃及最後的埃及人王朝第三十王朝之後，埃及再度被波斯帝國統治，並進入第三十一王朝，但統治期間僅十年。

崛起於希臘北部馬其頓的亞歷山大三世（Alexander III），在敘利亞北部的伊蘇斯戰役中擊潰大流士三世（Darius III）統領的波斯軍後，立刻進軍埃及。

照理說應該算是侵略者的亞歷山大卻受到埃及人民的莫大歡迎。亞歷山大被視為解放他們脫離波斯暴政統治的救世主。

實際上亞歷山大也很有心重建埃及，努力整修遭到波斯攻擊毀

亞歷山大大帝的東征軌跡

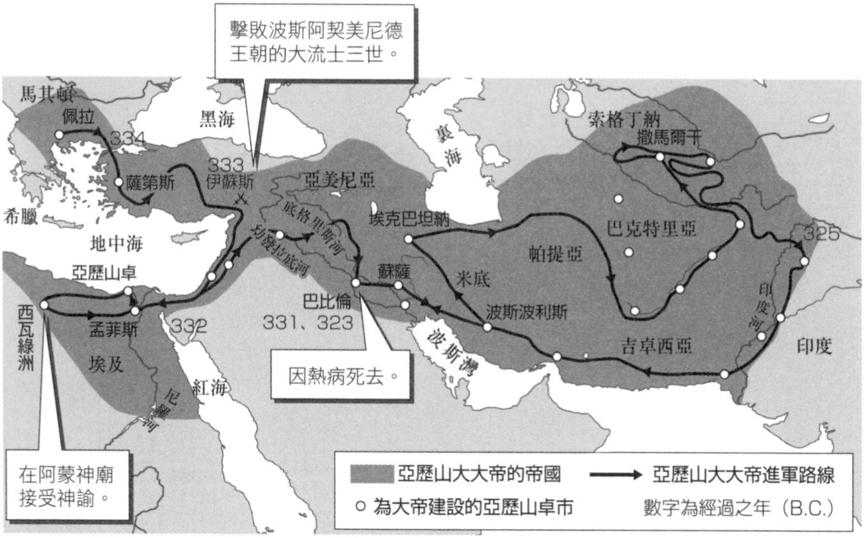
擊敗波斯阿契美尼德王朝的大流士三世。
馬其頓
佩拉
334
黑海
333
伊蘇斯
薩第斯
希臘
地中海
亞美尼亞
底格里斯河
幼發拉底河
裏海
索格丁納
撒馬爾干
埃克巴坦納
巴克特里亞
帕提亞
米底
蘇薩
巴比倫
331、323
波斯波利斯
亞歷山卓
西瓦綠洲
孟菲斯
332
埃及
紅海
尼羅河
波斯灣
吉卓西亞
印度河
325
印度
因熱病死去。
在阿蒙神廟接受神諭。
亞歷山大大帝的帝國
亞歷山大大帝進軍路線
○ 為大帝建設的亞歷山卓市
數字為經過之年（B.C.）

B.C.334年從馬其頓出發，開始東征的亞歷山大大帝於B.C.326年建立了遠達印度河西岸的龐大帝國。

西瓦綠洲有第二十六王朝的雅赫摩斯二世和第三十王朝的內克塔內布二世等兩位法老建造的阿蒙神廟。至於亞歷山大大帝是在哪座神廟接受神諭則不得而知。

卡姆威塞特
小提醒

壞的神廟。並在三角洲西部的羅哈克提斯建設新都亞歷山卓，於西方的西瓦綠洲阿蒙神廟接受成為「阿蒙神之子」的神論。

基於此一神論，亞歷山大成為法老，在孟菲斯舉行加冕典禮。

就這樣，埃及完全被納為地中海文化圈的一份子。

之後亞歷山大大帝雖將帝國擴大至印度河，卻在紀元前三二三年病死於巴比倫。

21 托勒密一世 打勝繼業者戰爭贏得埃及的武將大王

打勝繼業者戰爭，贏得埃及王位的托勒密一世

亞歷山大大帝過世

▼

繼業者戰爭（B.C.308～B.C.301左右）

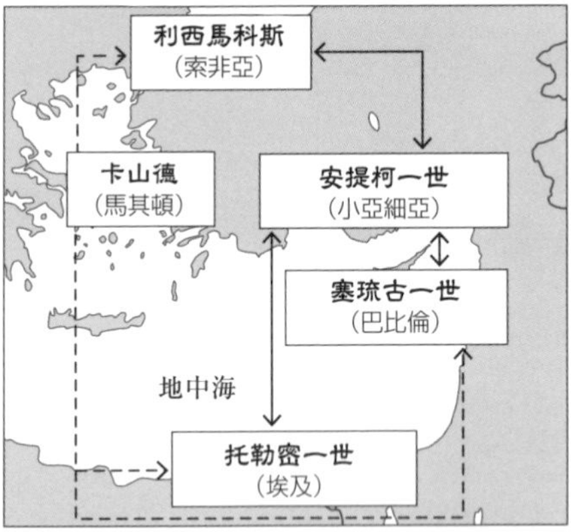

↔ 對立關係

⇢ 號召聯軍對抗安提柯

安提柯一世雖然在繼業者中最具實力，卻敗在對安提柯聯軍手下。

▼

對安提柯聯軍獲勝後，
托勒密一世將埃及和塞普勒斯納為領土，
開創了托勒密王朝。

亞歷山大大帝過世後，為了爭奪其廣大的版圖，爆發了繼業者戰爭。贏得埃及統治權的是埃及總督托勒密一世。

亞歷山大大帝一過世後，就爆發家族和將軍們的內戰。自稱為繼業者的眾人之中，贏得埃及的是曾為大王旗下武將的托勒密一世（Ptolemy I）。

他一方面宣稱主導大王葬禮以強調自身的權威，同時又和同樣主張自己是大王繼業者的利西馬科斯（Lysimachus）和卡山德（Cassander）聯手，對抗馬其頓中央軍總司令的安提柯一世（Antigonus I）。

結果托勒密一世除了埃及外，也獲得巴勒斯坦和敘利亞南部的統治權，並在紀元前三〇五年宣

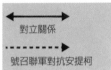

托勒密王朝時代興建的主要神廟

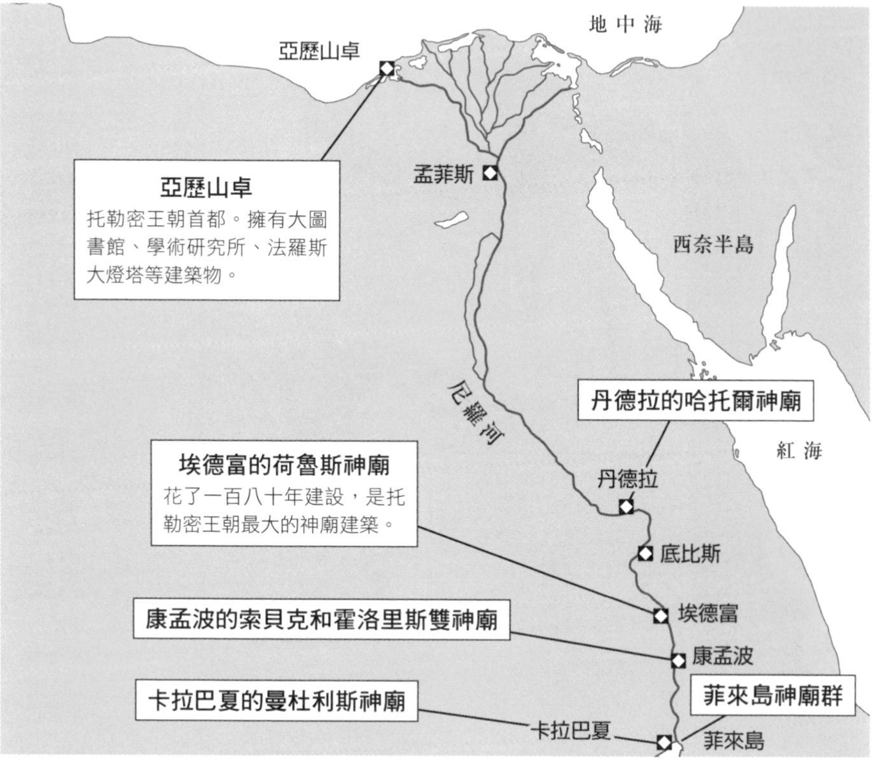
地中海
亞歷山卓
亞歷山卓
托勒密王朝首都。擁有大圖書館、學術研究所、法羅斯大燈塔等建築物。
孟菲斯
西奈半島
尼羅河
丹德拉的哈托爾神廟
紅海
埃德富的荷魯斯神廟
花了一百八十年建設，是托勒密王朝最大的神廟建築。
丹德拉
底比斯
埃德富
康孟波的索貝克和霍洛里斯雙神廟
康孟波
卡拉巴夏的曼杜利斯神廟
菲來島神廟群
卡拉巴夏
菲來島

托勒密王朝雖是外來王朝，卻很重視埃及固有的傳統，並以法老的身分統治埃及。其對宗教也很寬容，積極興建與擴建祭祀埃及眾神的神廟。

布自己是埃及王。從此開啟了希臘人王朝，也是古埃及最後一個王朝——托勒密王朝。

托勒密王朝的法老們積極採行古埃及文化，興建新的神廟。他們的樣貌也以傳統的法老形式出現在壁畫和雕像上。

托勒密王朝的首都亞歷山卓是從地中海到印度的貿易據點，也是希臘化文化的中心，十分繁榮。因為多次打敗塞琉古王朝（Seleucid Empire）的敘利亞，到了托勒密三世的時代，埃及的領土已拓展至利比亞的昔蘭尼到腓尼基、塞普勒斯和小亞細亞的一部分。

托勒密王朝

馬其頓支配 托勒密王朝 | 後王朝 | 第三中間期 | 新王國 | 第二中間期

A.D.1 B.C.1000

22 克麗奧佩脫拉七世

被羅馬帝國玩弄於股掌間的古埃及落幕悲劇

克麗奧佩脫拉七世的最後

克麗奧佩脫拉七世試圖振興已然傾頹的托勒密王朝，卻被羅馬的屋大維打敗，自殺身亡。

名列世界三大美女的克麗奧佩脫拉七世是托勒密十二世的女兒。紀元前五十一年，她父王過世後，克麗奧佩脫拉七世跟弟弟托勒密十三世結婚，共同統治埃及。

不料兩人日後關係對立，克麗奧佩脫拉七世被迫流亡巴勒斯坦。之後為了尋求靠山，而接近打敗了政治對手龐貝將軍（Gnaeus Pompeius Magnus），成為羅馬帝國絕對權力者的凱撒（Caesar）。

托勒密十三世與羅馬軍隊作戰陣亡後，克麗奧佩脫拉七世立刻

克麗奧佩脫拉七世的人際關係

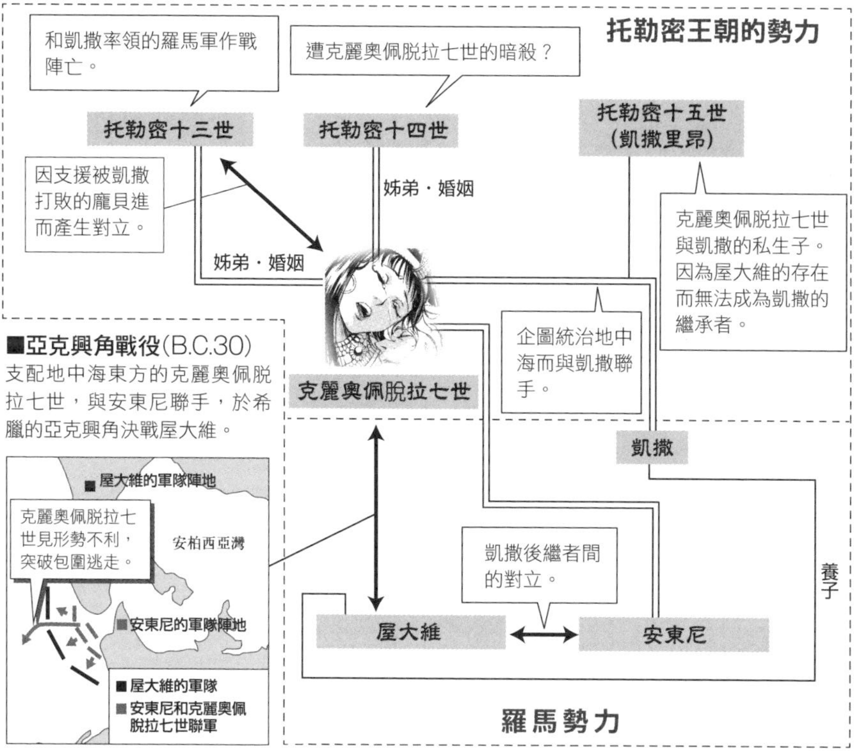
托勒密王朝的勢力
和凱撒率領的羅馬軍作戰陣亡。
遭克麗奧佩脫拉七世的暗殺？
托勒密十三世
托勒密十四世
托勒密十五世（凱撒里昂）
因支援被凱撒打敗的龐貝進而產生對立。
姊弟・婚姻
姊弟・婚姻
克麗奧佩脫拉七世與凱撒的私生子。因為屋大維的存在而無法成為凱撒的繼承者。
企圖統治地中海而與凱撒聯手。
克麗奧佩脫拉七世
■亞克興角戰役(B.C.30)
支配地中海東方的克麗奧佩脫拉七世，與安東尼聯手，於希臘的亞克興角決戰屋大維。
屋大維的軍隊陣地
克麗奧佩脫拉七世見形勢不利，突破包圍逃走。
安柏西亞灣
安東尼的軍隊陣地
屋大維的軍隊
安東尼和克麗奧佩脫拉七世聯軍
凱撒
凱撒後繼者間的對立。
養子
屋大維
安東尼
羅馬勢力

托勒密王朝末期，和弟弟共同統治而取得王位的克麗奧佩脫拉七世，為了延續日益衰退的埃及王國而主動接近凱撒及安東尼。

重新成為埃及的統治者。

但由於凱撒遭到刺殺，克麗奧佩脫拉七世和埃及又失去了羅馬的後盾。

於是克麗奧佩脫拉七世轉而跟羅馬後三頭同盟之一的馬克．安東尼（Marcus Antonius）結婚，再度建立跟羅馬的關係。然而安東尼後來和凱撒的繼承人，同時也在羅馬確立獨裁體制的屋大維（Octavius）發生決裂，於紀元前三十年的亞克興角戰役敗北。克麗奧佩脫拉七世逃回亞歷山卓後自殺身亡。

隨著她的死，獨立自主的古埃及王國實質上已從歷史上消失，埃及淪為羅馬旗下的行政單位。

第二部

第二章

集古埃及技術薈萃的巨大建築

阿布辛貝大神廟在每年二月和十月的特定日子，
晨光會照射進神廟最深處的至聖所。
至聖所四座神像之中只有卜塔神照射不到陽光。
據說這是當初設計的失誤。
嗚嗚嗚♪
在唱歌嗎？
嗚嗚嗚♪

有助於理解本章的幾個重點

1. 重要遺跡都集中在新王國時代的首都底比斯。
2. 強烈受到太陽信仰影響的古王國時代建築。
3. 從馬斯塔巴墓到帝王谷，陵墓形式隨著時代變遷而異。
4. 建造巨大建築時也有誇示法老權力的目的。

01 古埃及遺跡地圖

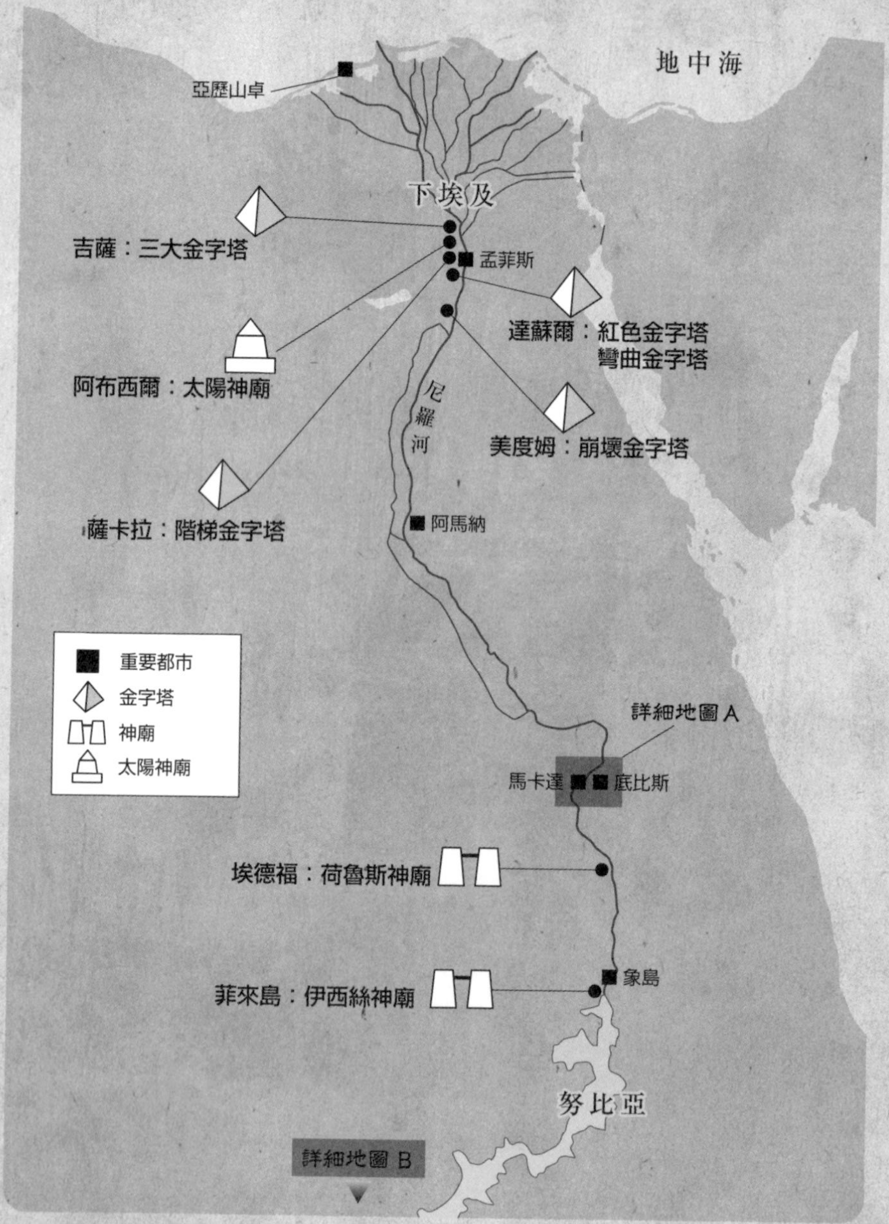
地中海
亞歷山卓
下埃及
吉薩：三大金字塔
孟菲斯
達蘇爾：紅色金字塔
彎曲金字塔
阿布西爾：太陽神廟
尼羅河
美度姆：崩壞金字塔
薩卡拉：階梯金字塔
阿馬納
重要都市
金字塔
神廟
太陽神廟
詳細地圖 A
馬卡達
底比斯
埃德福：荷魯斯神廟
象島
菲來島：伊西絲神廟
努比亞
詳細地圖 B

詳細地圖 A

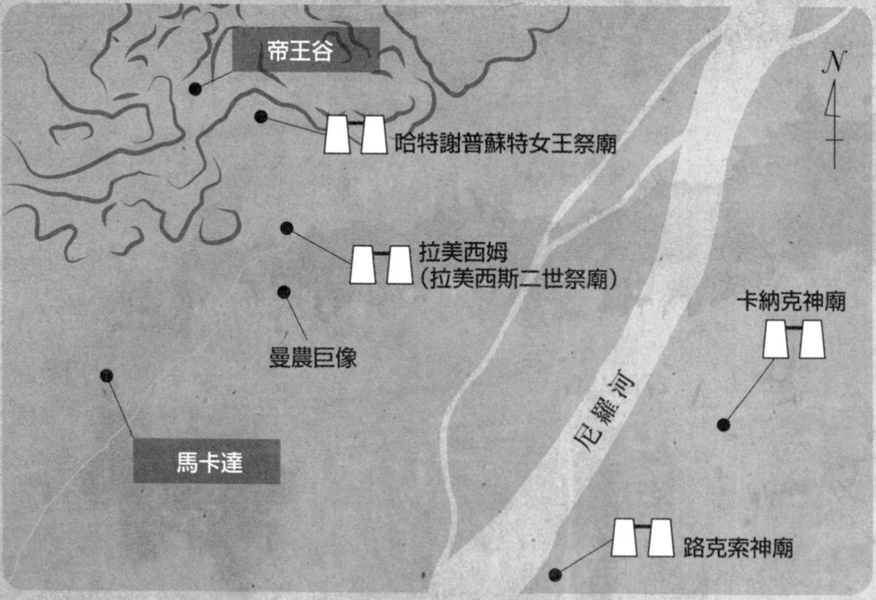
帝王谷
哈特謝普蘇特女王祭廟
拉美西姆
(拉美西斯二世祭廟)
曼農巨像
馬卡達
卡納克神廟
尼羅河
路克索神廟
N

詳細地圖 B

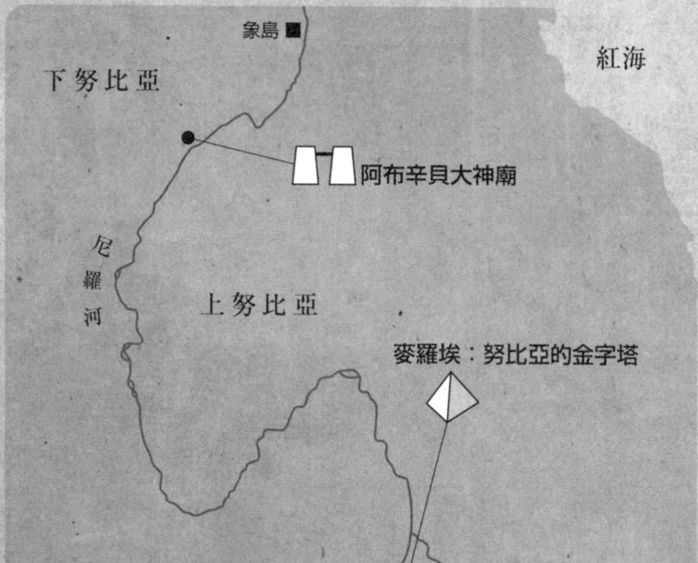
象島
紅海
下努比亞
阿布辛貝大神廟
尼羅河
上努比亞
麥羅埃：努比亞的金字塔

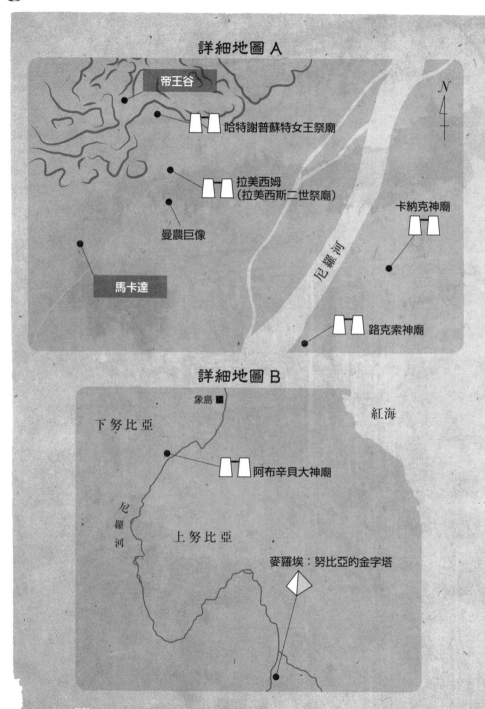

02

孟菲斯 位居尼羅河三角洲頂點的下埃及中心都市

古埃及的中心都市1：孟菲斯

埃及兩大中心都市

孟菲斯　底比斯

孟菲斯的五大特徵

① **對亞洲的經營**
- 前往西亞的軍事遠征據點。
- 管理和西亞的貿易活動。

② **行政據點**
- 早王朝時代以來，經常成為首都。

③ **宗教中心地**
- 祭祀卜塔神的卜塔大神廟。
- 近郊的赫里奧波里斯是太陽信仰的聖地。

④ **工匠、工人集團的中心地**
- 以附屬於卜塔大神廟、王宮的形式經營工作坊。

⑤ **宰相的居住地**
- 基於「雙宰相制」，為北宰相的居住地。

孟菲斯是古埃及最古老的都市之一，也是早王朝、古王國時代的首都，十分繁榮。

埃及統一王朝最早的首都是孟菲斯。

據說其濫觴是從上埃及出身，第一個統一上、下埃及的納爾邁王在此興建王宮開始的。

孟菲斯和底比斯並列為古埃及史上最重要的都市之一。

孟菲斯不只從早王朝時代到古王國時代都是首都外，即便從第十一王朝首都遷往底比斯，她依然身為下埃及的中心都市發揮其功能。

新王國時代的哈特謝普蘇特女王將首都設在底比斯之餘，也在孟菲斯另設宰相，建立了兩大行

第1王朝

中王國	第一中間期	古王國	早王朝	前王朝

B.C.2000　B.C.3000　B.C.5000

孟菲斯的位置和遺跡

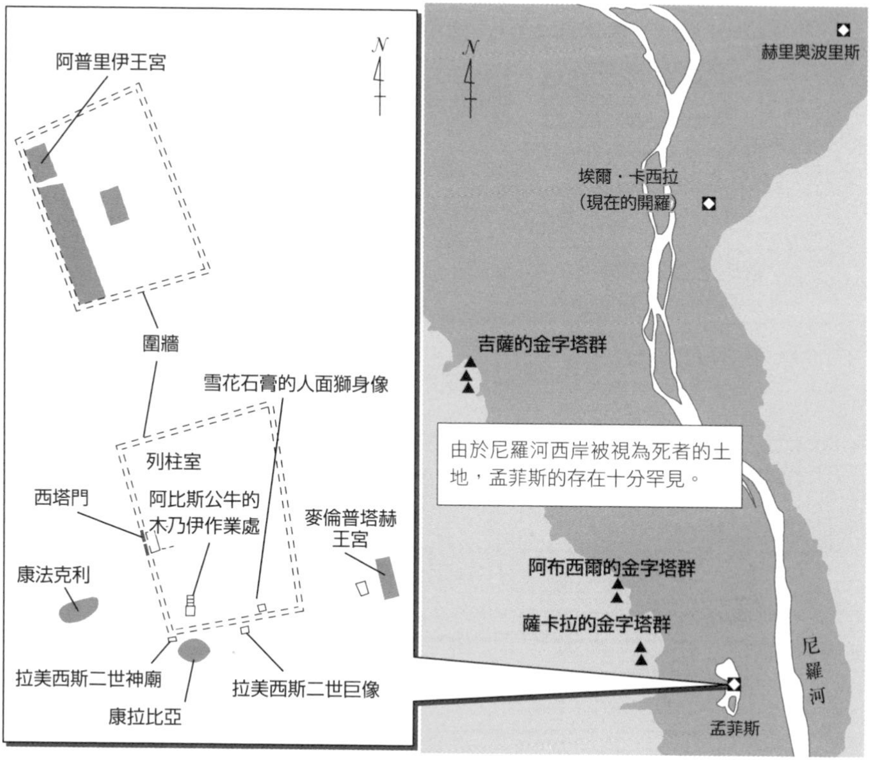

孟菲斯位居尼羅河三角洲的頂點。孟菲斯最具代表性的遺跡是卜塔大神廟，現在已看不到建築物，僅剩下遺址。

政中心都市的制度。

古埃及人如此重視孟菲斯的理由之一在於她的地理條件。孟菲斯位居尼羅河三角洲的頂點，剛好是上、下埃及的分界處，十分適合統治者監視南北狹長的埃及全土。因此孟菲斯被稱為「兩國的天秤」。

現在的孟菲斯少有可以窺見過往的建設，其中之一是卜塔大神廟的遺跡。

卜塔神是孟菲斯的創造神，這座卜塔大神廟是全埃及卜塔神信仰的中心。

03 祭祀阿蒙神的埃及中心都市

底比斯

古埃及的中心都市2：底比斯

埃及兩大中心都市

孟菲斯	底比斯

底比斯的五大特徵

① **對努比亞的經營**
・統治埃及南方努比亞的據點。

② **王室的埋葬地**
・新王國時代，從哈特謝普蘇特女王起的法老們都葬於帝王谷。

③ **宗教中心地**
・底比斯的地方神阿蒙和太陽神拉合而為一，成為國家神阿蒙・拉。

④ **工匠、工人集團的中心地**
・聚集了跟建造神廟、帝王谷有關的工人們。

⑤ **宰相的居住地**
・基於「雙宰相制」，為南宰相的居住地。

底比斯和孟菲斯同是古埃及最重要的都市之一，也是升格為國家神的阿蒙神信仰的中心地。

一如孟菲斯在古代是下埃及的中心，長久以來底比斯也是上埃及的中心都市。

底比斯此一城市的發跡源自於古王國時代，當時僅是地方都市。不過到了群雄割據的第一中間期，隨著以赫拉克利奧波利斯為據點的北方勢力和以底比斯為據點的南方勢力彼此爭戰，底比斯的重要性日益增長。

之後以底比斯為出身地的第十一王朝重新統一埃及，諸法老以此為首都，建立了統治埃及全土的中央集權體制。

說起底比斯，就不能不提到

第11王朝
中王國
第一中間期
古王國
早王朝
前王朝
B.C.2000
B.C.3000
B.C.5000

底比斯的重要性

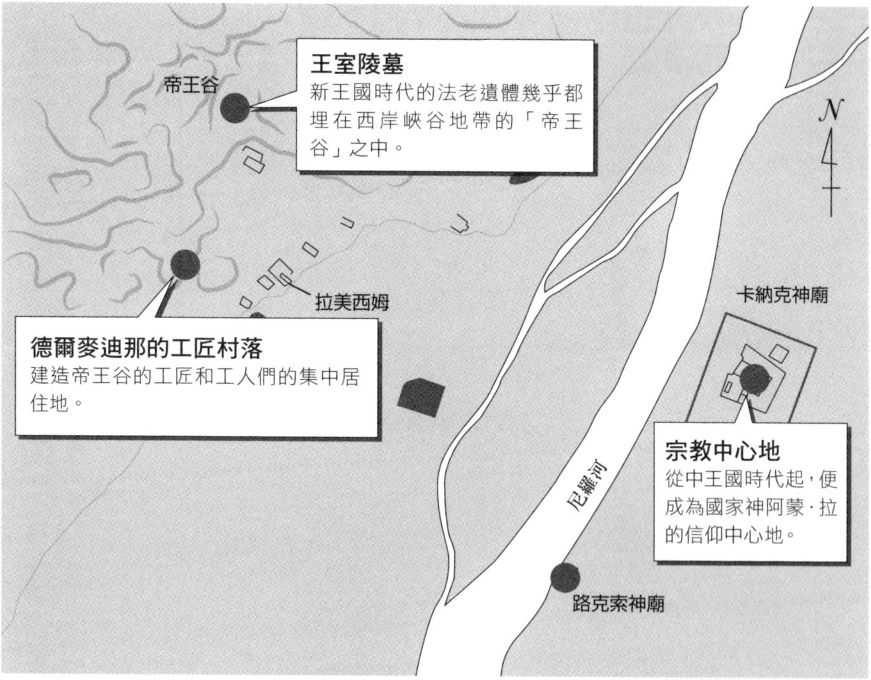
王室陵墓
新王國時代的法老遺體幾乎都埋在西岸峽谷地帶的「帝王谷」之中。
帝王谷
N
拉美西姆
卡納克神廟
德爾麥迪那的工匠村落
建造帝王谷的工匠和工人們的集中居住地。
宗教中心地
從中王國時代起，便成為國家神阿蒙·拉的信仰中心地。
尼羅河
路克索神廟

底比斯於尼羅河東岸設有一般住家和神廟，西岸設立許多歷代法老的紀念建築物、沙漠地帶為法老陵墓的帝王谷，具有各式各樣的建築物。

她是阿蒙神信仰中心地的宗教面相。原本阿蒙神只是底比斯的地方神，到了第十一王朝時代和太陽神拉合而為一，變成了國家神阿蒙·拉。在尼羅河東岸的卡納克建有阿蒙神廟，之後又不斷擴建成為大神廟。

底比斯的鼎盛期是在新王國時代。此一時期的底比斯西岸建造了王宮、祭廟等大大小小的各式建築，使得其遺跡之多也是埃及各都市之冠。

從哈特謝普蘇特女王起，由於西岸內陸地帶建造了諸法老的陵墓「帝王谷」，使得底比斯又增添了死者之地（necropolis）的特質。

04
阿馬納 阿肯那頓理想中的宗教改革都市

阿馬納地理位置的意義

孟菲斯有卜塔神的勢力，底比斯有阿蒙神的勢力呀。
阿肯那頓王
那就選擇兩者之間的地方如何？
阿肯那頓擔心現存的祭司勢力會影響到新都的運作。

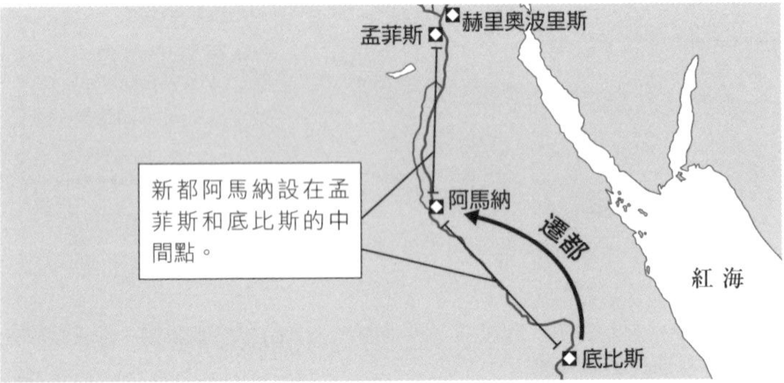
赫里奧波里斯
孟菲斯
阿馬納
遷都
紅海
底比斯
新都阿馬納設在孟菲斯和底比斯的中間點。

阿肯那頓為避免舊宗教的影響，將新都設在孟菲斯和底比斯的中間點。

第十八王朝阿肯那頓王建設的新都是阿馬納。那是阿肯那頓為了宗教改革而建造的城市。就人工建造這一點來看，在古埃及的都市之中算是很特殊的例子。

其特殊性也能從地理位置看出來。阿馬納正好位在孟菲斯和底比斯的中間，和赫里奧波里斯也有些距離。目的是為了避免受到這些現有的大宗教影響。

阿馬納有一條名叫「王者之道」（Royal Road）的大馬路如脊椎般貫穿市中心，街區以「王者之道」為界分為東西，功能互異。東側為倉庫群、政府機關、

以王者之道為基準線重現的計劃都市

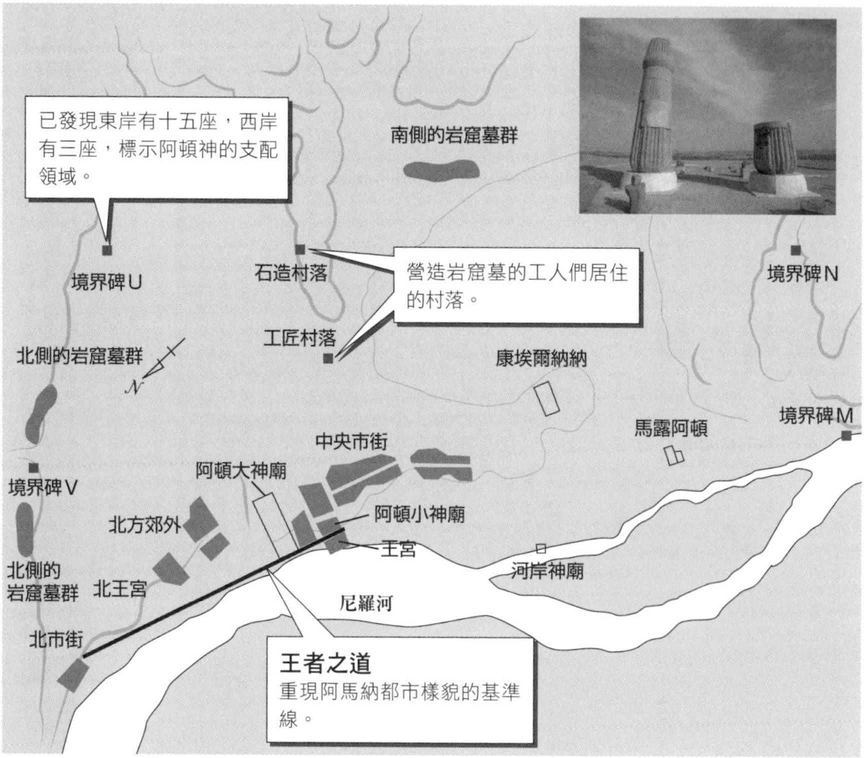
已發現東岸有十五座，西岸有三座，標示阿頓神的支配領域。
南側的岩窟墓群
境界碑U
石造村落
營造岩窟墓的工人們居住的村落。
境界碑N
工匠村落
北側的岩窟墓群
N
康埃爾納納
境界碑M
馬露阿頓
中央市街
阿頓大神廟
境界碑V
北方郊外
阿頓小神廟
王宮
北側的
岩窟墓群
北王宮
河岸神廟
尼羅河
北市街
王者之道
重現阿馬納都市樣貌的基準線。

阿馬納的建設是根據都市計畫而建，當時的基準就是「王者之道」。

王室府邸、阿頓小神廟等。西側則有庭園、王宮、後宮、列柱大廳。由此可見阿肯那頓為實現自己的理想，事先已作好綿密的都市計劃。

市區北端的阿頓大神廟是阿馬納最大的建築物，外面蓋有東西寬七百五十公尺、南北長三百公尺的圍牆，幾乎沒有屋頂，跟傳統的埃及建築也大異其趣，十分獨特。

阿肯那頓死後，阿馬納就被遺棄，目前幾乎沒有留存任何遺跡。

第18王朝
馬其頓支配　托勒密王朝 | 後王朝 | 第三中間期 | 新王國 | 第二中間期
A.D.1　B.C.1000

05

馬卡達 阿蒙荷太普三世建造的華麗慶典都市

阿蒙荷太普三世的王宮都市？

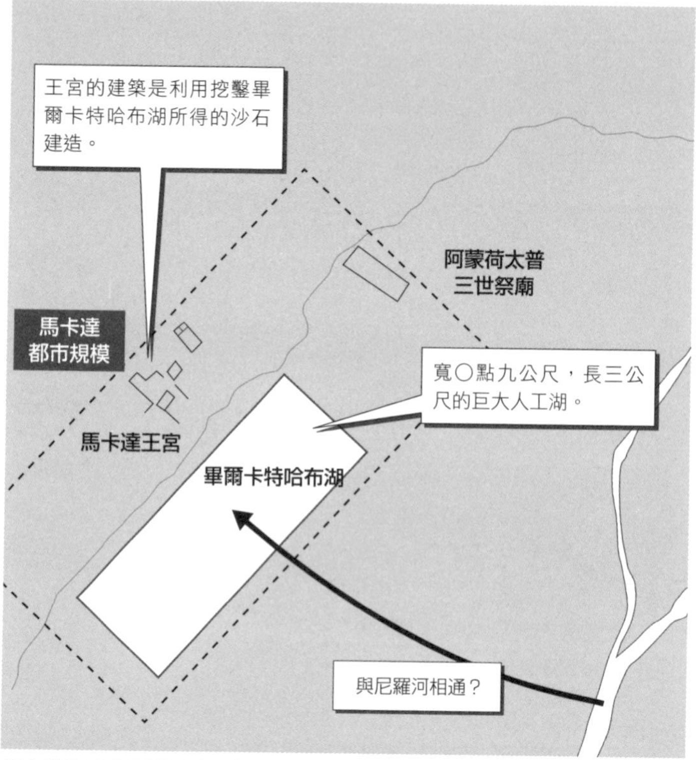

王宮的建築是利用挖鑿畢爾卡特哈布湖所得的沙石建造。
阿蒙荷太普三世祭廟
馬卡達都市規模
寬〇點九公尺，長三公尺的巨大人工湖。
馬卡達王宮
畢爾卡特哈布湖
與尼羅河相通？

馬卡達的都市規模是由阿蒙荷太普三世建造完成，包含了阿蒙荷太普三世祭廟、畢爾卡特哈布湖和馬卡達王宮遺址等巨大規模。

馬卡達（Malkata）留有第十八王朝阿蒙荷太普三世在底比斯西岸建造的王宮遺跡。

「馬卡達」的阿拉伯語意義是「可拾獲東西的場所」，因為有很多古代遺物在此出土，故有此名。

街區的最北端是阿蒙神廟，往南依序排列著「北宮」、「主王宮」、「西住居」等建築。

「主王宮」有法老的寢宮、後宮和庭園等，裝飾刻有跳舞的女子、跪地覲見的外國使節、蓮花、莎草紙等圖案的壁畫。

「西住居」應該是高官們的

馬卡達王宮是為了什麼建設的？

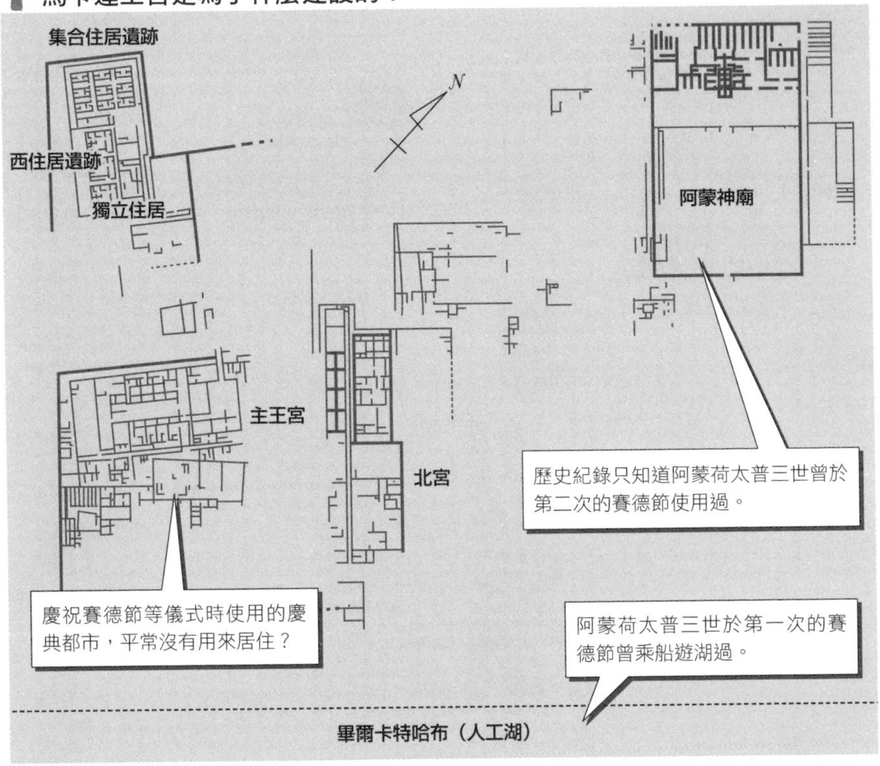
集合住居遺跡
西住居遺跡
獨立住居
N
阿蒙神廟
主王宮
北宮
歷史紀錄只知道阿蒙荷太普三世曾於第二次的賽德節使用過。
慶祝賽德節等儀式時使用的慶典都市，平常沒有用來居住？
阿蒙荷太普三世於第一次的賽德節曾乘船遊湖過。
畢爾卡特哈布（人工湖）

有關馬卡達王宮的歷史資料很少，使得它的存在充滿了謎。僅有阿蒙荷太普三世於賽德節使用過的紀錄，因此有可能是慶典儀式用的王宮之說法。

官邸，由獨立住居和集合住居組成。

馬卡達跟其他都市最大的不同處在於擁有寬〇點九公尺，長三公尺的巨大人工湖畢爾卡特哈布。根據紀錄，在慶祝王位更新的賽德節（Sed Festival）時，法老乘坐的御用船曾遊過此湖。畢爾卡特哈布也是連接尼羅河的港口，應該有來自外國的大型船隻進港過。

關於馬卡達的都市性格，最有力的說法認為是法老實際居住的王宮都市，但也有人覺得是慶祝賽德節等儀式時使用的慶典都市，因此還有深入檢討的必要。

第18王朝
馬其頓支配 托勒密王朝 | 後王朝 | 第三中間期 | 新王國 | 第二中間期
A.D.1　B.C.1000

06

亞歷山卓
深受希臘文化影響的國際都市

塞拉皮斯神廟祭祀的新主神？

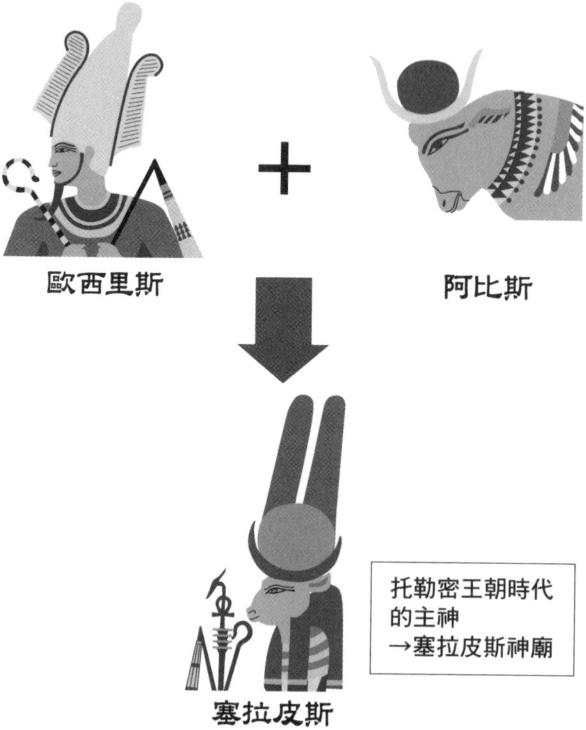

將亞歷山卓定為首都的托勒密王朝，把傳統的二神歐西里斯和阿比斯結合成新神，創造出塞拉皮斯主神加以崇拜。

亞歷山卓顧名思義是由亞歷山大大帝建造的都市。大帝在征服埃及後發現此地，根據天然良港的條件加以整建，奠定其港灣和都市的基礎。

大帝死後，埃及進入托勒密王朝的統治時代，到了紀元前三〇五年，亞歷山卓成為首都。亞歷山卓除了埃及獨自的文化外，也強烈受到希臘文化的影響，是象徵希臘世界與東方世界融合的國際都市。

儘管身為埃及的一部分，看起來又像是獨立國家的亞歷山卓，甚至被形容是「埃及旁邊的亞歷

亞歷山卓全景

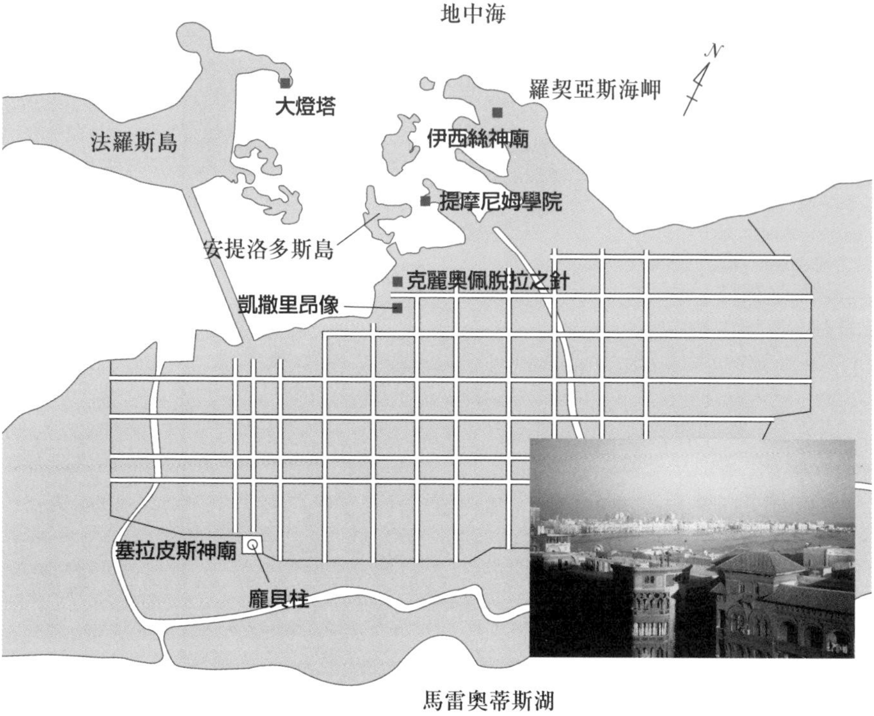
地中海
羅契亞斯海岬
大燈塔
法羅斯島
伊西絲神廟
提摩尼姆學院
安提洛多斯島
克麗奧佩脫拉之針
凱撒里昂像
塞拉皮斯神廟
龐貝柱
馬雷奧蒂斯湖

南北夾在地中海和馬雷奧蒂斯湖之間所建造的亞歷山卓，留有凱撒里昂、塞拉皮斯神廟等托勒密王朝時代以來的遺跡。

山卓」。

主要建築有收集許多歷史文獻的大圖書館、學術研究所、塞拉皮斯神廟、被列入古代七大奇蹟的法羅斯大燈塔等。

同時也是繁榮的學術都市，孕育出歐基里德（Euclid）、阿基米德（Archimedes）等許多學者。

古埃及新發現！

沉入海底的伊拉克里歐和克諾珀斯

根據一九九六年起在亞歷山卓近郊的阿布奎爾灣進行的海底調查，發現沉於海底的兩個都市——伊拉克里歐和克諾珀斯。

兩者都是在古文獻中能找到名字，但實際上還未被發現遺跡的都市。

不過早在一九三三年，英國的空軍機師就已經目擊阿布奎爾灣有遺跡存在的事實。

托勒密王朝

馬其頓支配　托勒密王朝｜後王朝｜第三中間期｜新王國｜第二中間期

A.D.1　B.C.1000

07

方尖碑 獻給太陽神的紀念碑

象徵太陽神信仰的巨大石柱

頂端貼有金箔用來反射陽光。
一座方尖碑由一整塊花崗岩切割而成，高度大多為二十～三十公尺。
表面刻有跟建造法老有關的事蹟等浮雕。

方尖碑是跟太陽神信仰有關的石造建築物，在古王國時代設於太陽神廟內部，到了新王國時代則設於神廟入口。

新王國時代於神廟的塔門前立有尖端如金字塔的方錐形巨大柱狀建築物，這種柱狀物叫作方尖碑（obelisk）。例如最知名的有哈特謝普蘇特女王建於卡納克神廟中的方尖碑。

一般而言，新王國時代的方尖碑高度為二十～三十公尺。亞斯旺採石場遺跡目前留有當時仍在切割中的方尖碑，推估其長度為四十公尺以上，重量超過一千公噸。

通常一座方尖碑是由一整塊石塊切割而成。因此切割方尖碑必須極其慎重，加上其巨大性，所

建造方尖碑的方法？

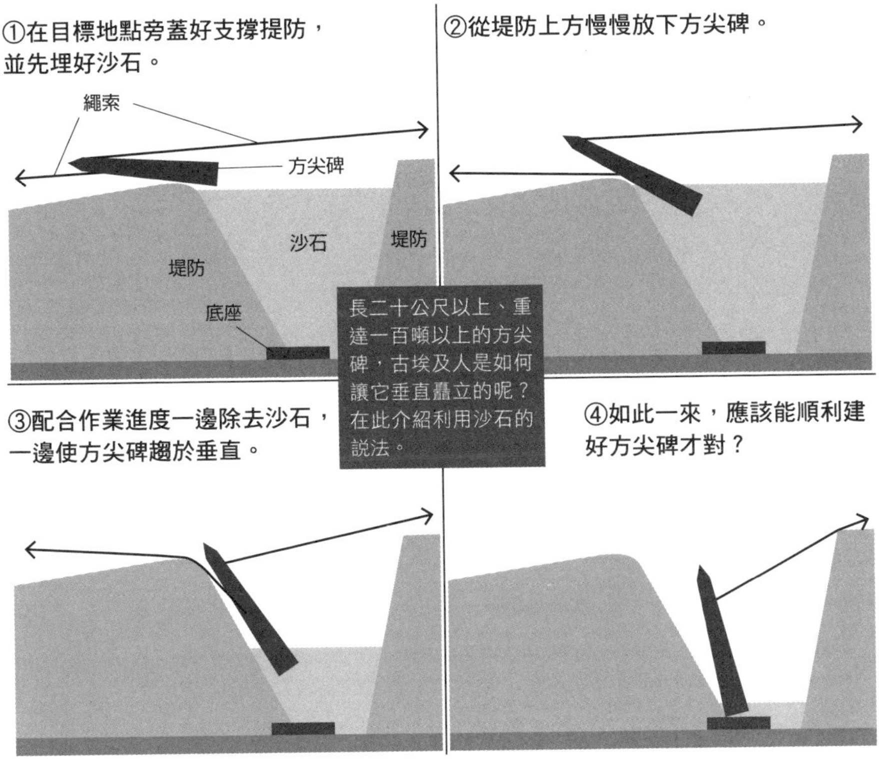
①在目標地點旁蓋好支撐提防，並先埋好沙石。
繩索
方尖碑
沙石
堤防
堤防
底座
②從堤防上方慢慢放下方尖碑。
長二十公尺以上、重達一百噸以上的方尖碑，古埃及人是如何讓它垂直矗立的呢？在此介紹利用沙石的說法。
③配合作業進度一邊除去沙石，一邊使方尖碑趨於垂直。
④如此一來，應該能順利建好方尖碑才對？

以建造方尖碑便成為國家性的事業。

方尖碑的由來應該跟太陽神信仰中心地赫里奧波里斯的本本石（Benben Stone）有關。一如顯示它和太陽神信仰的關聯，方錐形的頂端部分貼有可反射太陽光線的金箔。

此外古王國時代建造的太陽神廟也設置有方尖碑，跟新王國時代相比，其形狀較為矮胖，而且是由石塊堆積而成。

第 18 王朝
馬其頓支配　托勒密王朝
後王朝
第三中間期
新王國
第二中間期
A.D.1
B.C.1000

08

卡納克神廟

耗費兩千年建設的阿蒙神信仰聖地

祭祀於卡納克神廟的三大主神

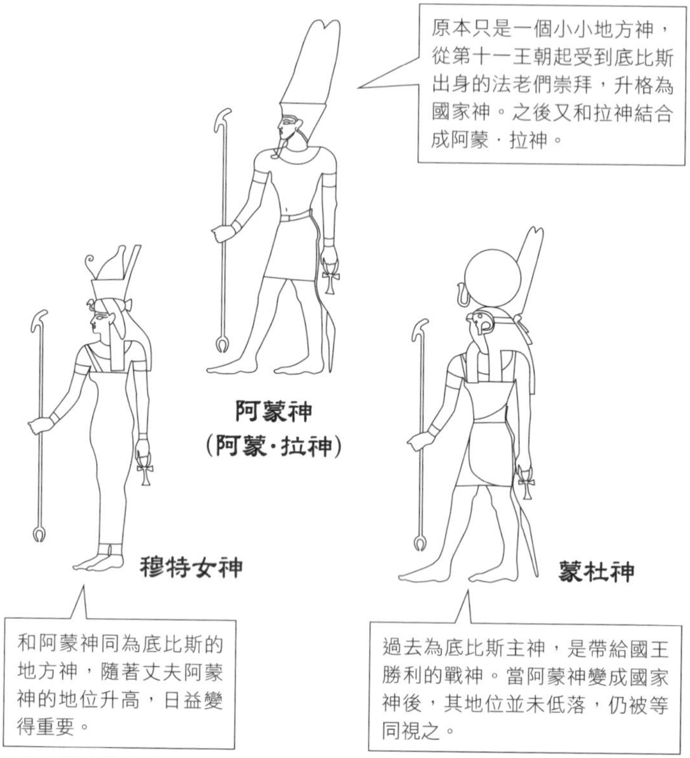
原本只是一個小小地方神，從第十一王朝起受到底比斯出身的法老們崇拜，升格為國家神。之後又和拉神結合成阿蒙・拉神。
阿蒙神
（阿蒙・拉神）
穆特女神
蒙杜神
和阿蒙神同為底比斯的地方神，隨著丈夫阿蒙神的地位升高，日益變得重要。
過去為底比斯主神，是帶給國王勝利的戰神。當阿蒙神變成國家神後，其地位並未低落，仍被等同視之。

卡納克神廟複合體是由阿蒙大神廟、穆特神廟和蒙杜神廟構成，該三神被視為底比斯的三大主神。

卡納克神廟位於底比斯東岸，擁有十八萬平方公尺的廣大範圍，是埃及最大的神殿。

卡納克神廟是由三個主神廟組成的神廟複合體，分別是底比斯三大主神的阿蒙・拉神、穆特女神（Mut）、蒙杜神（Montu），外側各自有梯形的圍牆，裡面見有祭祀其他神祇的小神廟群。

其中最重要的是祭祀阿蒙・拉神的阿蒙大神廟。卡納克神廟是從中王國時代起開始盛行的阿蒙神信仰中心。

阿蒙大神殿的建設始於中王國時代，歷代法老也多有增建，之

第11王朝
中王國
第一中間期
古王國
早王朝
前王朝
B.C.2000
B.C.3000
B.C.5000

阿蒙神信仰的聖地卡納克神廟

■底比斯周邊圖

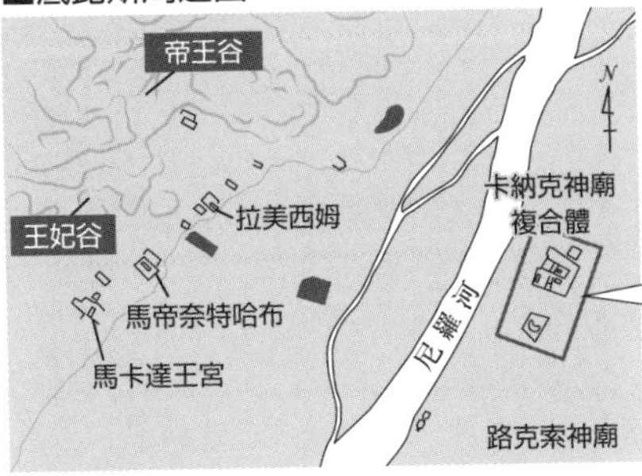
帝王谷
王妃谷
拉美西姆
馬帝奈特哈布
馬卡達王宮
卡納克神廟
複合體
尼羅河
路克索神廟
N

■卡納克神廟複合體

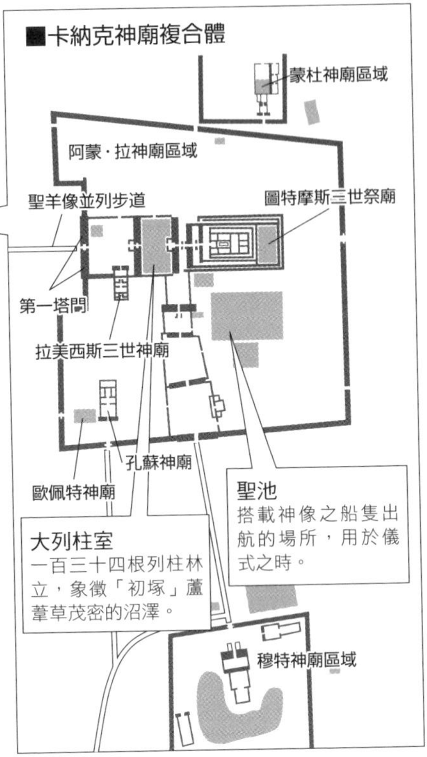
蒙杜神廟區域
阿蒙・拉神廟區域
聖羊像並列步道
圖特摩斯三世祭廟
第一塔門
拉美西斯三世神廟
孔蘇神廟
歐佩特神廟
聖池
搭載神像之船隻出航的場所，用於儀式之時。
大列柱室
一百三十四根列柱林立，象徵「初塚」蘆葦草茂密的沼澤。
穆特神廟區域

古埃及的神廟越往內部，地板會越高，天花板則相對變矮，最後面的至聖所則祭祀有神像和浮雕。

卡姆威塞特
小提醒

卡納克神廟複合體位於底比斯東岸，其中心為阿蒙大神廟。阿蒙大神廟經由歷代法老的不斷增建，使其神廟規模變得極其廣大。

後到羅馬統治時代為止，綿延兩千年仍繼續建設。

目前留存的建築物大部分是新王國時代所建，算是埃及遺跡中保存狀態比較完好的。

入口第一塔門前的方尖碑是圖特摩斯一世所設；第四塔門和第五塔門之間的方尖碑則是哈特謝普蘇特女王所設立的。

兩者原先都是成對的，但因為各自都倒掉一座並毀壞，因此目前各自都只剩下一座。

09 路克索神廟
卡納克阿蒙大神廟的副殿

歐佩特大祭典的行進路線

一年一度的歐佩特大祭典，是阿蒙大神廟的阿蒙神造訪路克索神廟的穆特女神的祭典，此一行進路線依時代不同而有若干不同。

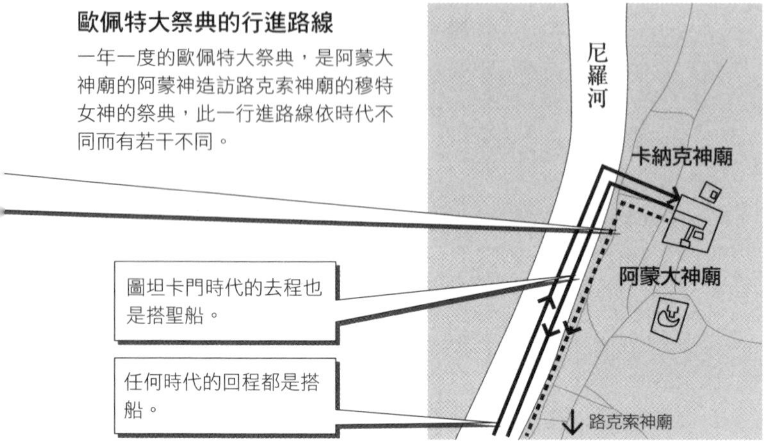
尼羅河
卡納克神廟
阿蒙大神廟
圖坦卡門時代的去程也是搭聖船。
任何時代的回程都是搭船。
路克索神廟

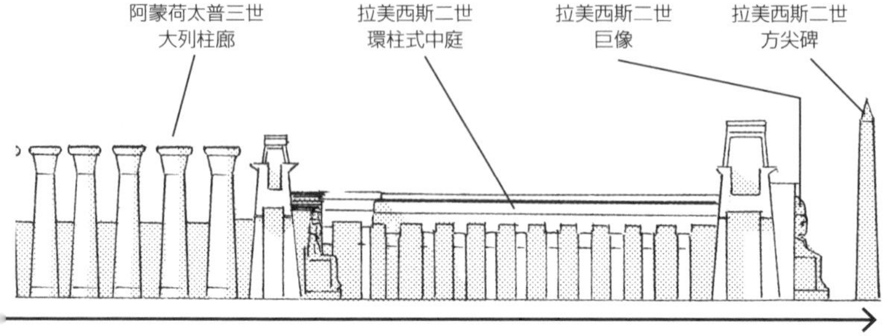
阿蒙荷太普三世
大列柱廊
拉美西斯二世
環柱式中庭
拉美西斯二世
巨像
拉美西斯二世
方尖碑

位於底比斯東岸，距離卡納克阿蒙大神廟以南三點五公里的路克索神廟，其建設目的是作為卡納克神廟的副殿。

雖說是副殿，但整座神廟寬二百公尺，長二百六十公尺，規模很大。

該神廟有許多拉美西斯二世所建的建築物。

正面第一塔門上的浮雕內容是拉美西斯二世和西臺人奮戰的「卡疊石戰役」，第一塔門前並留下一座也是拉美西斯二世矗立的巨大方尖碑。

路克索神廟是新王國時代在底

歐佩特大祭典的目的地・路克索神廟

哈特謝普蘇特女王時起的年度大事，慶典行列以徒步遊行方式進行。

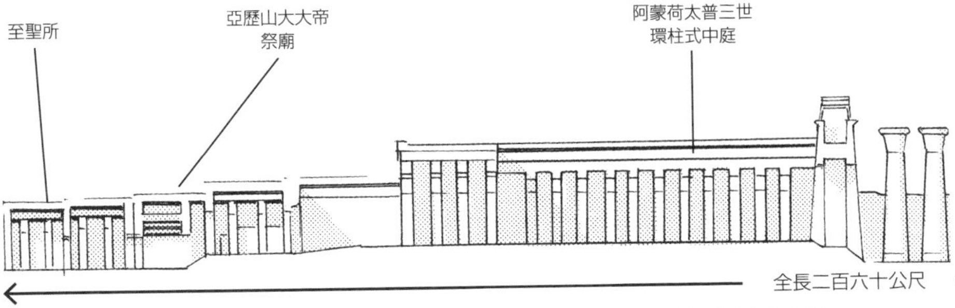

至聖所
亞歷山大大帝
祭廟
阿蒙荷太普三世
環柱式中庭
全長二百六十公尺

阿蒙神跟妻子穆特女神一年見面一次所造訪的路克索神廟，造形狹長，全長二百六十公尺。

比斯舉行最重要之「歐佩特大祭典」（Opet Festival）的場所。這一天阿蒙神會到路克索神廟和妻子穆特女神見面。阿蒙神、穆特女神和他們的兒子孔蘇神（Khonsu）從卡納克神廟搭乘聖船，接著坐上由祭司們抬的神轎造訪路克索神廟，停留幾天後再回到卡納克神廟。

古埃及小知識！

重現底比斯遺跡的重要性

隔著尼羅河，坐落在和卡納克神廟對峙位置的是德埃爾・巴哈里。

連結卡納克神廟和德埃爾・巴哈里的路線，是中王國時代起舉行「山谷祭典」時，阿蒙神行經的重要路線。

由此路線向西延伸蓋有「帝王谷」，近年來認為重現底比斯內遺跡和祭典路線之間具有重大關聯性。

10 阿布辛貝大神廟

向努比亞誇示法老力量的大神廟

向努比亞展現拉美西斯二世王威的神廟群

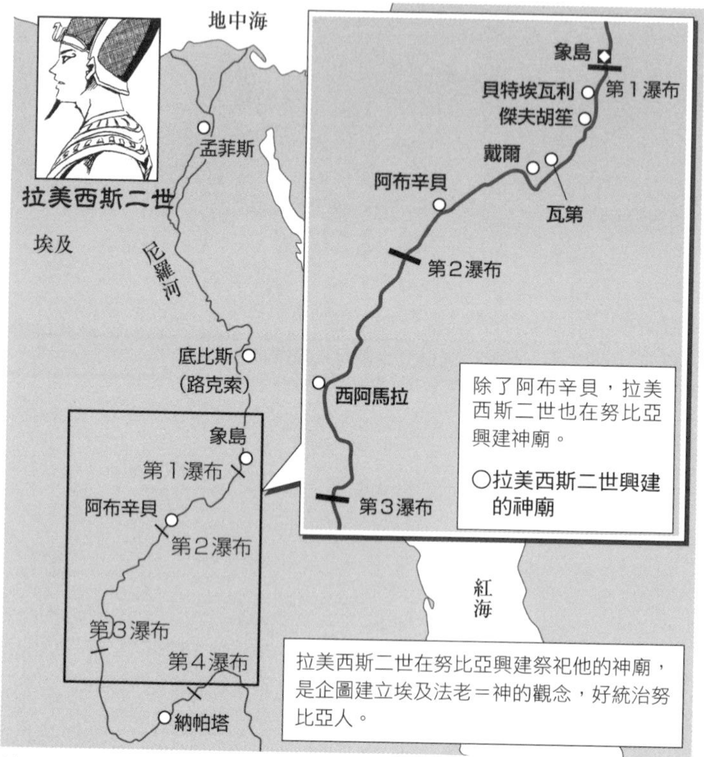
地中海
拉美西斯二世
埃及
孟菲斯
尼羅河
底比斯
（路克索）
象島
第1瀑布
阿布辛貝
第2瀑布
第3瀑布
第4瀑布
納帕塔
紅海
象島
第1瀑布
貝特埃瓦利
傑夫胡笙
戴爾
瓦第
阿布辛貝
第2瀑布
西阿馬拉
第3瀑布
除了阿布辛貝，拉美西斯二世也在努比亞興建神廟。
○拉美西斯二世興建的神廟
拉美西斯二世在努比亞興建祭祀他的神廟，是企圖建立埃及法老＝神的觀念，好統治努比亞人。

拉美西斯二世在努比亞共建造七座神廟。這些神廟祭祀拉美西斯二世本人，目的是要對努比亞展現他的王威。

清晨射向神像的第一道曙光

阿布辛貝神廟聳立在埃及最南端，距離亞斯旺南方約二百八十公里的努比亞，由大小兩座神廟組成。

新王國時代的拉美西斯二世進行許多建設，其中以阿布辛貝大神廟最為壯麗。

大神廟的規模正面寬三十八公尺，高三十三公尺，神廟入口處附近的左右兩邊，分別矗立共四座巨大的拉美西斯坐像，一字排開迎接參拜者。

一年有兩次陽光射入大神廟

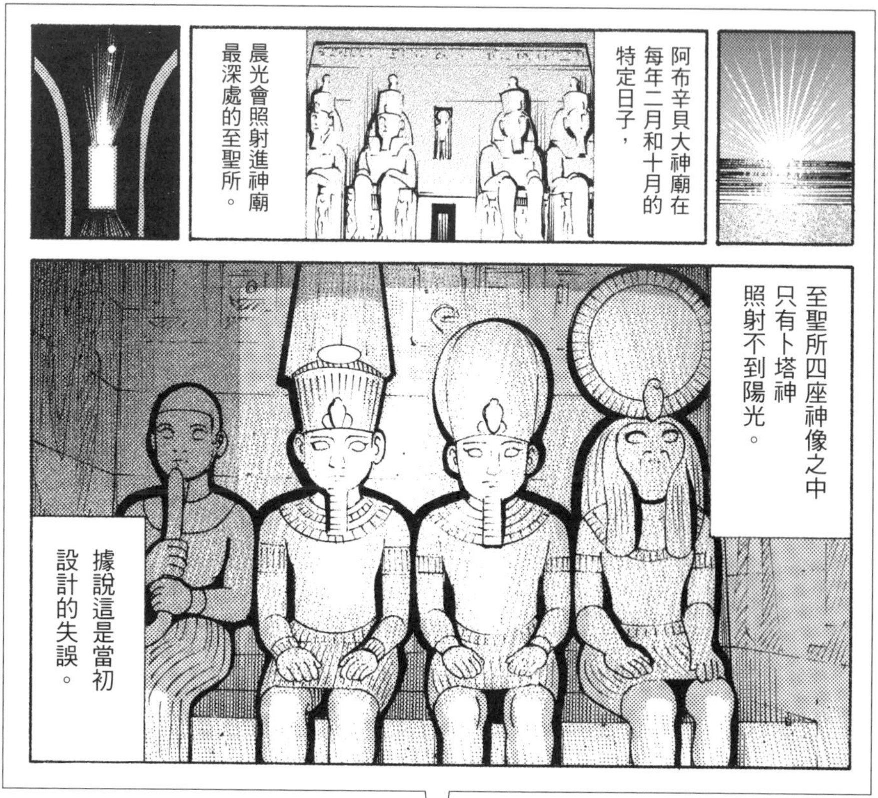
阿布辛貝大神廟在每年二月和十月的特定日子，
晨光會照射進神廟最深處的至聖所。
至聖所四座神像之中只有卜塔神照射不到陽光。
據說這是當初設計的失誤。

■阿布辛貝大神廟平面圖

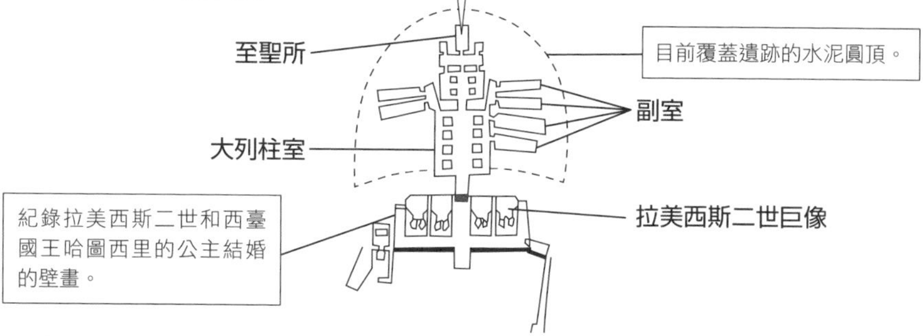
至聖所
目前覆蓋遺跡的水泥圓頂。
副室
大列柱室
拉美西斯二世巨像
紀錄拉美西斯二世和西臺國王哈圖西里的公主結婚的壁畫。

阿布辛貝大神廟的構造，於一年中二月和十月的特定日子裡，晨光會照射進神廟最深處的至聖所。

阿布辛貝大神廟乍看之下會以為是石頭砌成的，其實不管是大神廟或小神廟，都是鑿通整座山壁建成的。

據說拉美西斯二世之所以在遙遠的尼羅河上游建造大神廟，其背景因素是要藉此顯示拉美西斯二世強大的力量，好讓努比亞人對埃及抱有畏懼之心。

因此在神廟內到處設置了大大小小、型態各異的拉美西斯二世雕像。

從大神廟入口踏入內部來到後段，會經由列柱室來到至聖所。那裡設置了四座並列在一起的神像，自右而左依序是阿蒙・拉神、拉荷魯阿克提神、被神格化的拉美西斯二世和卜塔神。

令人驚訝的是，該神殿的構造在一年當中二月和十月的特定日子，朝陽的曙光會照進至聖所，直接照亮神像的正面。

然而四座神像之中只有卜塔神照不到曙光。民間傳說那是因為卜塔神是黑暗之神的緣故，但未必正確。

設置在大神廟北邊的小神廟，是祭祀拉美西斯二世妻子妮菲塔莉（Nefertari）和哈托爾（Hathor）女神。

神廟即將淹沒的危機

一九五九年亞斯旺大水壩開始興建後，神廟面對的納賽爾湖水位上升，神廟明顯即將遭到淹沒，於是以聯合國教科文組織為主，發起了拯救此一貴重文化遺產的國際性計劃。

挖鑿脆弱砂岩建造的神廟已產生許多龜裂的縫隙，再加上風化、劣化等作用，以及地基部分遭到地下水侵蝕，可想而知遷移工程極其困難。

從來自世界各地的救援計畫中，雀屏中選的方法是將神廟連同周遭的岩壁分割成小塊直接切下，然後運送至不會有淹沒危險的高地。

切割下來的岩塊各重約十～三十公噸，總數將近一萬個。利用卡車將岩塊往西搬至距離原來位置一百八十公尺，高度六十二公尺的地點，再根據原貌重新組裝。

這些沙岩岩塊都已做過化學性補強，並在新的神廟背後覆蓋上

讓阿布辛貝大神廟免於被淹沒的拯救大作戰

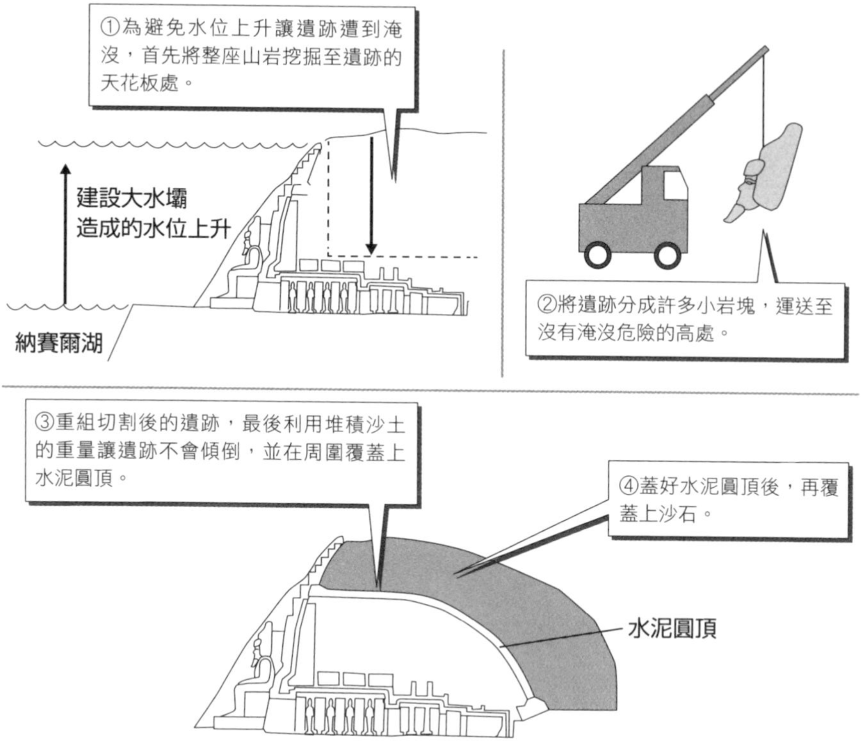
①為避免水位上升讓遺跡遭到淹沒，首先將整座山岩挖掘至遺跡的天花板處。
建設大水壩造成的水位上升
納賽爾湖
②將遺跡分成許多小岩塊，運送至沒有淹沒危險的高處。
③重組切割後的遺跡，最後利用堆積沙土的重量讓遺跡不會傾倒，並在周圍覆蓋上水泥圓頂。
④蓋好水泥圓頂後，再覆蓋上沙石。
水泥圓頂

阿布辛貝大小神廟，因為一九五九年開始興建的亞斯旺大水壩而面臨淹沒危機，為守護神廟而實施了搬遷計畫。

水泥圓頂。透過現代技術，好讓阿布辛貝大神廟在往後的長久歲月中都能夠維持下去。

搬遷工程於一九六八年完成，所有大小神廟都按照從前的高低差配置。

古埃及小知識！

發現阿布辛貝大神廟的瑞士旅行者

於十九世紀發現阿布辛貝大神廟的，是瑞士東洋學者布魯克哈特（Johann Ludwig Burckhardt）。擅長阿拉伯語的布魯克哈特喬裝成回教徒進行探險之旅，他發現了半掩藏在沙堆中的阿布辛貝大神廟。

但因為害怕一不小心太過興奮敗露形跡，會被其他回教徒殺害，只能扼腕離開現場無法挖掘。

11 太陽神廟 僅餘兩座的太陽神信仰象徵

獻給太陽神拉的太陽神廟

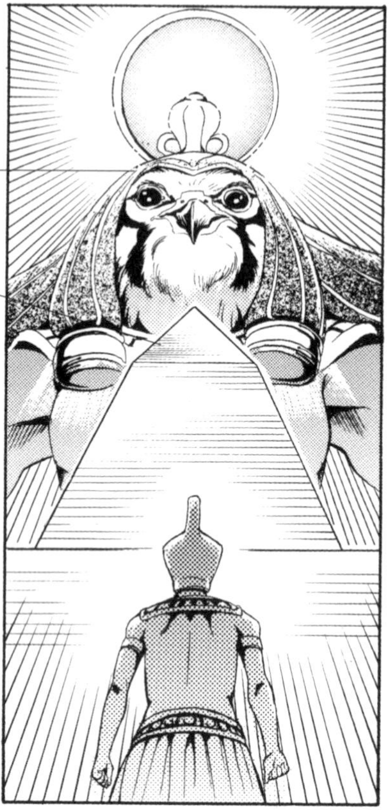

所謂太陽神廟：

- 為表示對太陽神拉的信仰，由第五王朝的法老們開始建造的神廟。
- 神廟核心的方尖碑為太陽神的象徵。

太陽神廟是第五王朝法老們對太陽神信仰的建築物，其核心的方尖碑為太陽神拉的象徵。

位在孟菲斯北方的阿布西爾（Abusir）和阿布古羅布（Abu Ghurab）發現了兩座太陽神廟。

根據文獻記載，第五王朝的六位法老們各自都建造了太陽神廟。但目前發現的只有烏塞卡夫王（Userkaf）和紐塞拉王（Nyuserre Ini）建造的兩座。因此今日對於是否存在六座的說法存疑。

太陽神廟跟一般神廟最明顯的不同，在於設有不具屋頂的寬闊中庭，目的是為了不要阻擋陽光的照射。整體構造與其說是神

太陽神廟的構造

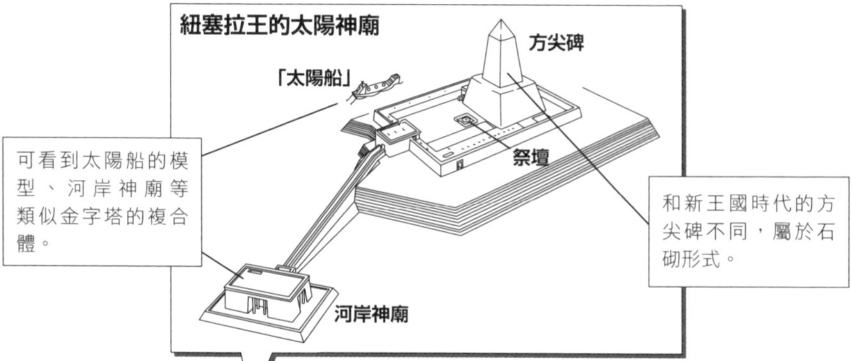
紐塞拉王的太陽神廟
方尖碑
「太陽船」
祭壇
河岸神廟
可看到太陽船的模型、河岸神廟等類似金字塔的複合體。
和新王國時代的方尖碑不同，屬於石砌形式。

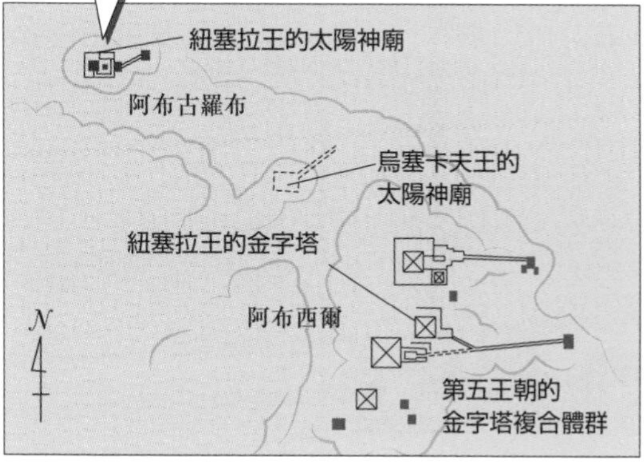
紐塞拉王的太陽神廟
阿布古羅布
烏塞卡夫王的太陽神廟
紐塞拉王的金字塔
阿布西爾
N
第五王朝的金字塔複合體群

包含阿布西爾周邊現存的兩座太陽神廟，第五王朝的建築物集中於此。

太陽神廟的構造是以神廟最深處的方尖碑為核心，和一般神廟不同的特徵在於沒有天花板。

廟，更像是金字塔的複合體。

首先，在太陽神廟的最深處設置方尖碑（形狀和材質都和新王國時代以後的不同），其定位類似金字塔複合體裡的金字塔。另外擺置太陽神船的模型和軸線採東西走向，也都和金字塔複合體一樣。

太陽神廟建造的目的至今仍不詳，顧名思義，應該和太陽信仰有關的可能性很高。

這個時代的太陽信仰十分盛行，拉神祭司的權力也跟著增大。建造太陽神廟的第五王朝法老們，也都是拉神祭司的出身。

12

埃德富的荷魯斯神廟
建於眾神爭戰之地的神廟

花了一百八十年才完成的荷魯斯神廟

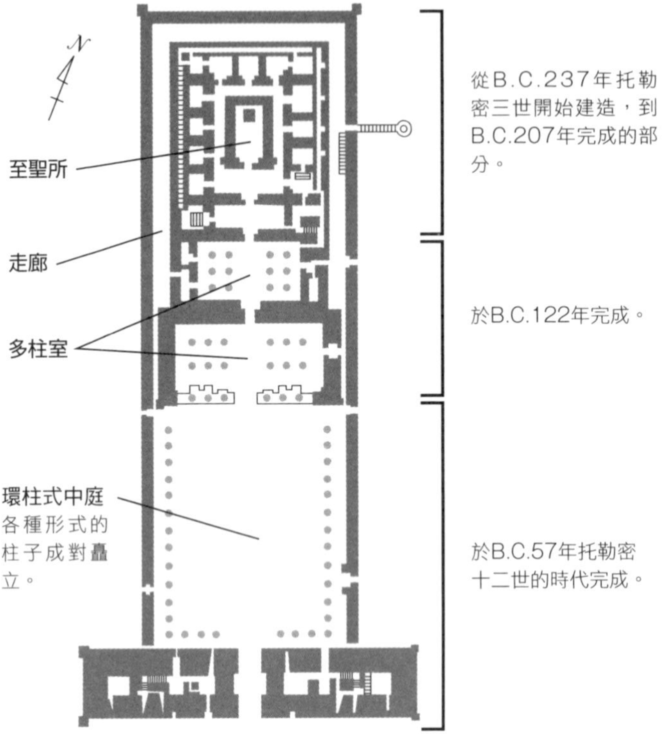
N
至聖所
走廊
多柱室
環柱式中庭
各種形式的柱子成對矗立。
從B.C.237年托勒密三世開始建造，到B.C.207年完成的部分。
於B.C.122年完成。
於B.C.57年托勒密十二世的時代完成。

荷魯斯神廟從托勒密三世的時代開始動工，整體完工是在一百八十年後托勒密十二世的時代。

位在底比斯和象島中間的埃德富（Edfu），在古埃及神話中被當作是荷魯斯神和賽特神交戰的地方，城市中央建有讚頌荷魯斯神的荷魯斯神廟。

入口前立有兩座獵鷹型態的荷魯斯神像，高大雄偉的塔門僅次於卡納克的阿蒙大神廟。

走廊上記錄了荷魯斯神話中荷魯斯神和賽特神交戰的情況。上面寫著「荷魯斯神轉變成有翅膀的圓盤打敗敵人，拉荷魯阿克提神為了回報其戰績，將有翅膀的太陽圓盤置於埃及神廟之中」，說明了埃及各地遺跡中經常可看

荷魯斯神和賽特神的交戰

荷魯斯！
颯！
喀！
喀！
長久之後，在交戰之地的埃德富，
興建了讚頌荷魯斯神的荷魯斯神廟。

荷魯斯神廟走廊描述了過去荷魯斯神和賽特神在埃德富交戰的神話場面。神話中提到變成河馬的賽特神被荷魯斯神打敗的場面。

見有翼圓盤符號的緣由。

現存的荷魯斯神廟於紀元前二三七年的托勒密三世時代開始興建。來自希臘的托勒密王朝，視荷魯斯神和希臘神話的阿波羅一樣加以崇拜。

神廟完工於紀元前五十七年，克麗奧佩脫拉七世的父親托勒密十二世的時代。實際上則花了一百八十年不斷在建設中。

荷魯斯神廟的保存狀況良好，除了保留埃及神廟建築的傳統結構，也是美感永世長存的珍貴遺跡。

托勒密王朝

馬其頓支配 托勒密王朝 | 後王朝 | 第三中間期 | 新王國 | 第二中間期

A.D.1 ▲ B.C.1000

伊西絲神廟 建於菲來島的巨大神廟

整個遷移過去的菲來島

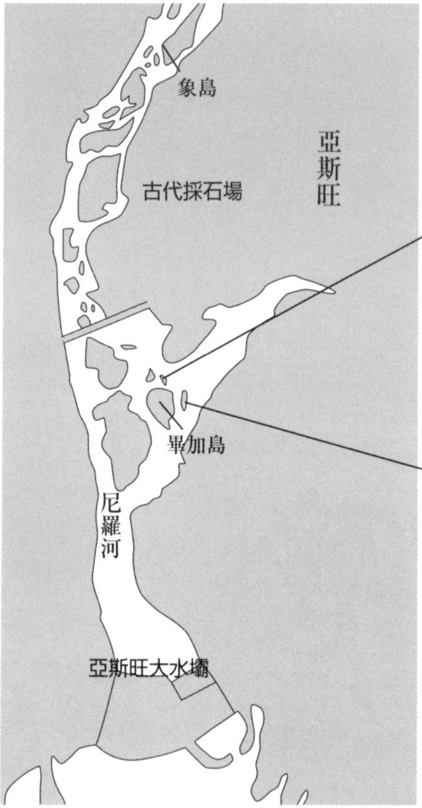

阿吉爾奇亞島

菲來島的遺跡搬遷過去後，連島的形狀也加以重整。

菲來島

原本建有伊西絲神廟等遺跡，現在小島已經淹沒。

伊西絲神廟原建於菲來島上，目前移至阿吉爾奇亞島。由於興建亞斯旺大水壩，使得該島遭到淹沒而進行搬遷，讓菲來島的風情在阿吉爾奇亞島上重現。

亞斯旺第一瀑布南方的菲來島，自後王朝時代起建有許多建築物。其中規模最大的建築物是伊西絲（Isis）神廟。

歷史悠久的伊西絲女神最早出現在創世紀神話中，也是三角洲地帶信奉的神祇。

菲來島的伊西絲信仰開始於第二十五王朝。進入希臘羅馬時代後，伊西絲信仰變成是一種密教，就連埃及國外也很盛行。對於伊西絲信仰充分滲透的希臘化世界和羅馬世界，菲來島的伊西絲神廟是很有名的伊西絲信仰中心地。儘管基督教成為羅馬帝國

菲來島（阿吉爾奇亞島）的遺跡群

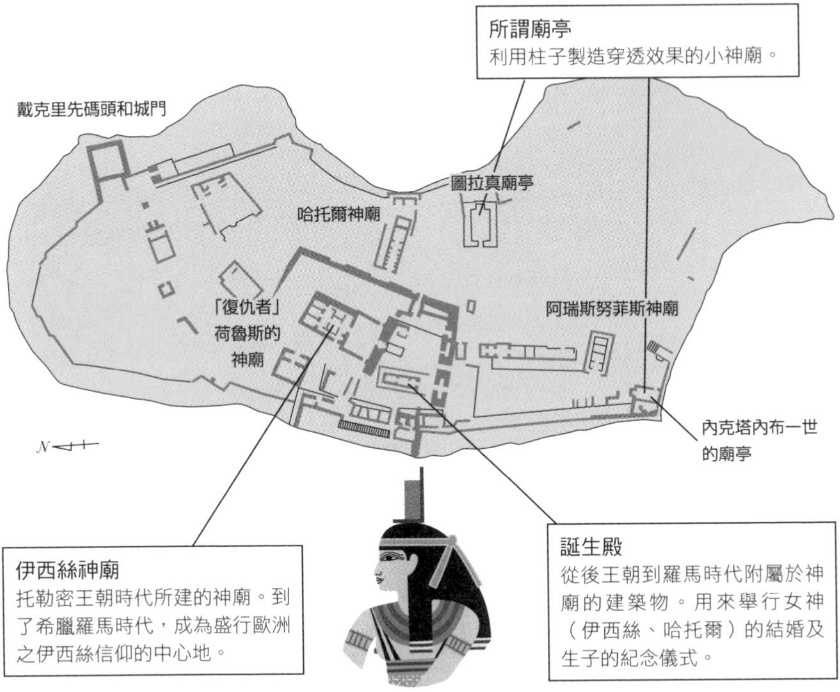
所謂廟亭
利用柱子製造穿透效果的小神廟。
戴克里先碼頭和城門
圖拉真廟亭
哈托爾神廟
「復仇者」
荷魯斯的
神廟
阿瑞斯努菲斯神廟
內克塔內布一世
的廟亭
N
伊西絲神廟
托勒密王朝時代所建的神廟。到了希臘羅馬時代，成為盛行歐洲之伊西絲信仰的中心地。
誕生殿
從後王朝到羅馬時代附屬於神廟的建築物。用來舉行女神（伊西絲、哈托爾）的結婚及生子的紀念儀式。

伊西絲女神

菲來島上除了主要遺跡伊西絲神廟外，還有很多神廟。大多是托勒密王朝到羅馬時代的建築物，最古老的是第三十王朝時代所建。

的國教後，菲來島上的伊西絲信仰仍破例被認同。

菲來島被讚頌是「尼羅河的珍珠」、「浮現在尼羅河上的海市蜃樓」，除了伊西絲神廟，還建有荷魯斯神廟、哈托爾神廟和羅馬皇帝圖拉真的廟亭（kiosk）等建築物。其中還有祭祀努比亞神祇的阿瑞斯努菲斯神廟（Temple of Arensnuphis），那是埃及和努比亞共同建造的特殊神廟。

不過現在已經無法到菲來島欣賞這些遺跡了。為了配合興建亞斯旺大水壩的保存作業，所有遺跡都已搬遷至附近的阿吉爾奇亞島（Agilkia Island）上。

托勒密王朝
馬其頓支配　托勒密王朝｜後王朝｜第三中間期｜新王國｜第二中間期
A.D.1　B.C.1000

擁有廣大中庭之特徵的三層建築祭廟

哈特謝普蘇特女王祭廟

德埃爾．巴哈里的哈特謝普蘇特女王祭廟

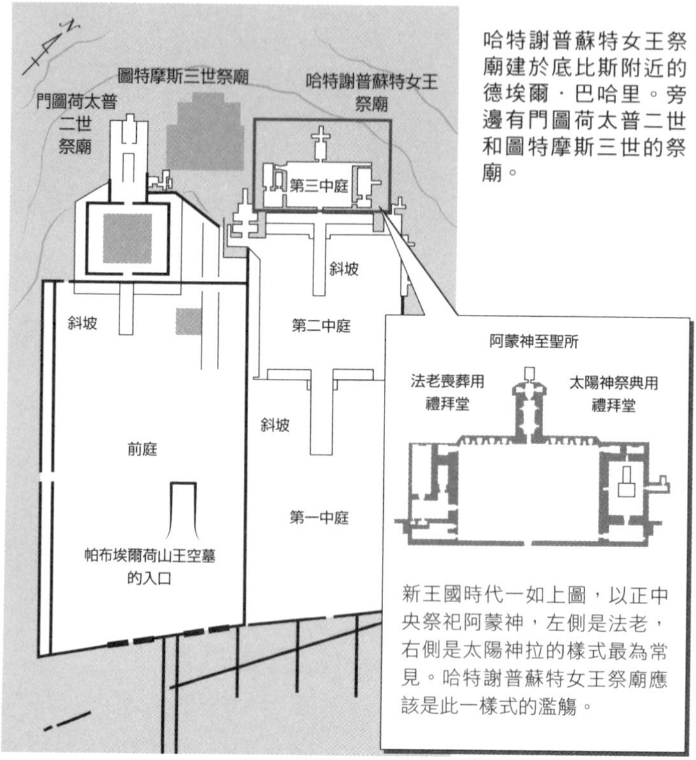
N
圖特摩斯三世祭廟
哈特謝普蘇特女王祭廟
門圖荷太普二世祭廟
第三中庭
斜坡
第二中庭
斜坡
斜坡
前庭
第一中庭
帕布埃爾荷山王空墓的入口
阿蒙神至聖所
法老喪葬用禮拜堂
太陽神祭典用禮拜堂
新王國時代一如上圖，以正中央祭祀阿蒙神，左側是法老，右側是太陽神拉的樣式最為常見。哈特謝普蘇特女王祭廟應該是此一樣式的濫觴。

哈特謝普蘇特女王祭廟建於底比斯附近的德埃爾．巴哈里。旁邊有門圖荷太普二世和圖特摩斯三世的祭廟。

底比斯西北方、帝王谷之東，有一個名為德埃爾．巴哈里的區域。其中最具代表性的建築物就是哈特謝普蘇特女王祭廟。

祭廟是指法老死後，人們聚集以祈禱法老於來世復活、獻上祭品的神廟。

哈特謝普蘇特女王祭廟的特徵在於三層疊起的中庭。

這種樣式應該是參考了鄰接在旁的第十一王朝門圖荷太普二世祭廟。

但因為設計巧妙的哈特謝普蘇特女王祭廟貼近背後斷崖而建，產生一種祭廟和高聳斷崖合為一

描繪在祭廟壁畫上的哈特謝普蘇特女王功績

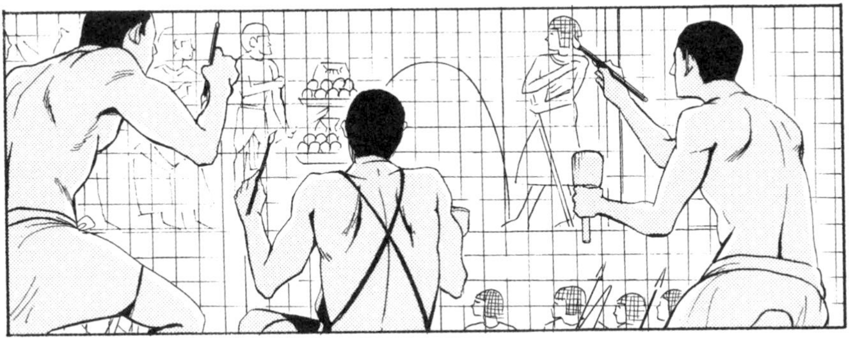

中段柱廊上雕刻了女王遠征蓬特國、和蓬特王交易等場面。

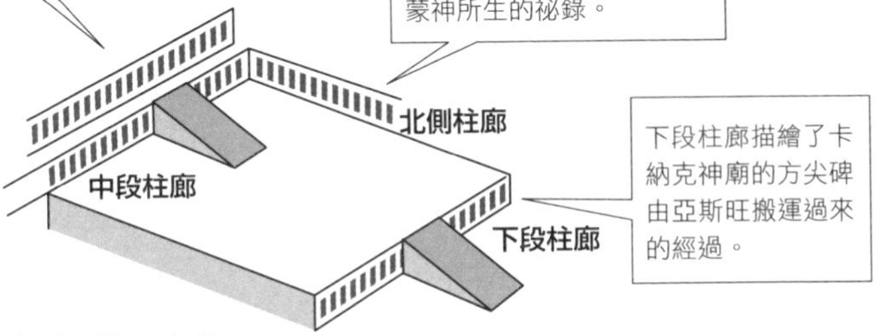
北側柱廊描繪了女王由阿蒙神所生的祕錄。
北側柱廊
中段柱廊
下段柱廊
下段柱廊描繪了卡納克神廟的方尖碑由亞斯旺搬運過來的經過。

■哈特謝普蘇特女王祭廟　第二中庭
哈特謝普蘇特女王將自己的功績記錄在祭廟的柱廊上。

體的氣勢。

哈特謝普蘇特女王將祭廟獻給國家神阿蒙，每次獻祭都高呼「我的父王阿蒙神」，顯示自己是身為神祇的父親所生，所以是正統的王位繼承者。

露台柱廊上的壁畫描繪了搬運方尖碑、遠征蓬特國、哈特謝普蘇特女王誕生等女王的功績。

女王死後，她的祭廟遭到嚴重破壞成為廢墟，直到近代才開始進行修復作業，逐漸恢復昔日風華。

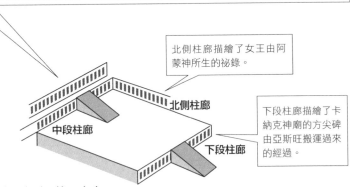

15

拉美西斯二世祭廟

長達兩百六十公尺，為埃及最大的祭廟

拉美西斯二世建造個人祭廟地拉美西姆，位在底比斯西岸。

那是一個擁有東西寬二百六十公尺、南北長一百七十公尺圍牆的巨大建築，並非正確的長方形，而是有些歪斜的平行四邊形。

這座祭廟很早就遭到破壞。第二十二王朝時代，還用來埋葬底比斯的聖職者。

到了後王朝時代以後，甚至連牆壁、石柱等，都被拆除用作其他建築的石材。

加上地基部分遭到水蝕損毀，第一塔門傾頹，高十七公尺的拉美西斯二世巨像傾倒，只剩殘骸。

目前僅留下第一塔門、第二塔門和拉美西斯二世巨像，可緬懷當年的壯麗風光。

第一塔門、第二塔門上留有用浮雕描繪和西臺王國對打的卡疊石戰役壁畫。另外在第二中庭的牆上也刻有卡疊石戰役後，和西臺王國締結的議和條約內容。

祭廟內應該設有祭司學校、圖書館、大規模的穀倉等設施，因為祭廟不僅在政治、宗教方面很重要，也是經濟和文化的中心。

古埃及小知識！

拉美西姆的莎草紙

一八九六年在拉美西姆的地下直穴中，發現了用石膏封存的木箱。

箱中有女性木雕人像、眼鏡蛇杖等第十三王朝時期，巫師兼醫師的工作道具和許多莎草紙。莎草紙的文書除了醫學和咒術外，也包含了文學、典章制度、道德、會計報告、平面圖等各種內容。

這些文書讓埃及考古學更往前跨出一大步。

巨大的祭廟複合體・拉美西姆

龐大的倉庫是為蓄養受雇於國家或神廟的百姓，作為儲存、配給系統的一部分。

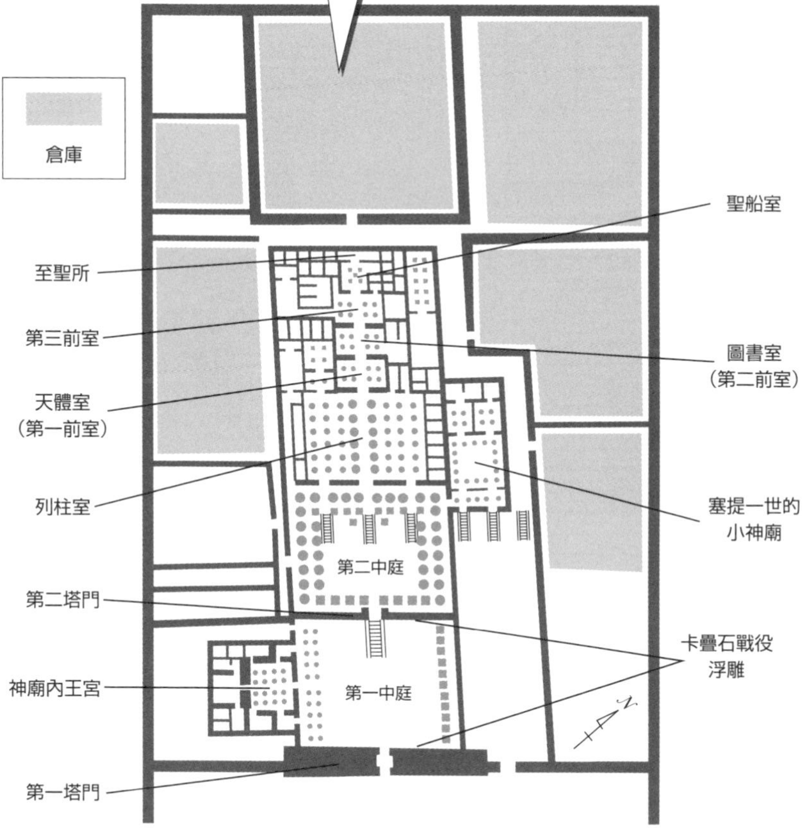
倉庫
聖船室
至聖所
第三前室
圖書室
（第二前室）
天體室
（第一前室）
列柱室
塞提一世的
小神廟
第二中庭
第二塔門
卡疊石戰役
浮雕
神廟內王宮
第一中庭
第一塔門

拉美西姆雖是拉美西斯二世的祭廟，但其中還包含兩座神廟、王宮、倉庫群，其規模堪稱是祭廟複合體。

不只是神廟，還設置有王宮、倉庫群的拉美西姆祭廟複合體，應該也設有培育書記的學校才對。實際上也發現了顯示此一事實文字記錄的陶片。

卡姆威塞特
小提醒

第19王朝

馬其頓支配　托勒密王朝　後王朝　第三中間期　新王國　第二中間期

A.D.1　B.C.1000

16

曼農巨像

矗立入口，守護已消失祭廟的兩尊巨像

佇立在廢墟上的兩座巨像

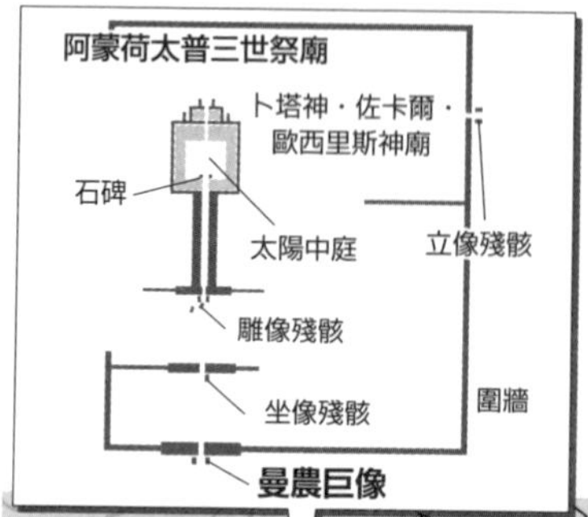
阿蒙荷太普三世祭廟
卜塔神・佐卡爾・歐西里斯神廟
石碑
太陽中庭
立像殘骸
雕像殘骸
坐像殘骸
圍牆
曼農巨像

阿蒙荷太普三世在當時的底比斯西岸興建了規模最大的祭廟。曼農巨像是該建築物的一部分，安置在入口前方。

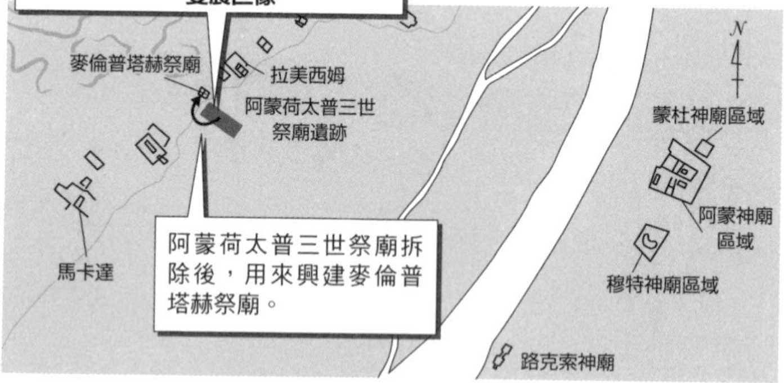
麥倫普塔赫祭廟
拉美西姆
阿蒙荷太普三世祭廟遺跡
N
蒙杜神廟區域
阿蒙神廟區域
穆特神廟區域
馬卡達
阿蒙荷太普三世祭廟拆除後，用來興建麥倫普塔赫祭廟。
路克索神廟

僅留下兩座曼農巨像佇立在沙漠中。

曼農巨像本是阿蒙荷太普三世祭廟的一部分，但祭廟本身已消失無蹤，只留下兩座巨像佇立遺址前。

底比斯西岸有了兩座彷彿遺世孤立的石像，叫做曼農巨像。

那是根據阿蒙荷太普三世坐姿所作的石像，原本安置在阿蒙荷太普三世祭廟的入口處。在建造當時的新王國時代，阿蒙荷太普三世祭廟是底比斯西岸最大的建築物。

然而現在只剩下曼農巨像可以緬懷阿蒙荷太普三世祭廟曾經存在過的軌跡。

因為第十九王朝的麥倫普塔赫王，將所有石材拿去興建自己的祭廟了。

古埃及的希臘、羅馬旅人把

「會唱歌的曼農」之謎

B.C.27年，因地震造成其中一座石像產生損傷。

▼

▼

三世紀時，經由當時羅馬皇帝的修復，從此曼農巨像不再發出聲音。

受損以來，其中一座石像每天清晨會發出如口哨般的聲音，古希臘人聽見後，將之稱為「會唱歌的曼農」。

左側的石像稱為「會唱歌的曼農」。

曼農是出現在荷馬史詩中的人物，習慣在黎明時唱歌。不可思議的是，這座石像每到黎明也會發出如口哨般的聲音。

關於這一點，有風聲或熱膨脹等各種解釋的說法，許多旅行者還專程為聽這歌聲而來。

西元三世紀的羅馬皇帝塞維魯（Severus）加以修復後，石像便不再發出聲音了。

很可能是發出聲音的縫隙被填滿的緣故吧。

17

薩卡拉的金字塔

原型為馬斯塔巴的階梯金字塔

薩卡拉是古都孟菲斯的主要陵墓區。從早王朝到古王國時代，許多法老的墳墓都安置在那裡，之後則成了貴族和高官的陵墓區。

薩卡拉的階梯金字塔是認識金字塔歷史的重要古蹟。

階梯金字塔源自於馬斯塔巴墓。馬斯塔巴墓是用曬乾的磚頭或石塊堆砌而成的長方型墳墓。在薩卡拉台地東北部有許多第十一王朝留下來的馬斯塔巴墓。

第三王朝時代，宰相兼建築家的印何闐為左塞爾王設計了階梯金字塔。

階梯金字塔一開始是建造成傳統的馬斯塔巴墓，之後在上面不斷擴建一層又一層的馬斯塔巴墓，最後就成了階梯金字塔。

想來是因為左塞爾王階梯金字塔建造當時，薩卡拉已存在太多的馬斯塔巴墓，難以分辨。鶴立雞群的階梯金字塔便成為足以顯示王威、紀念葬禮、具有革新意義的建築物。

☥聚集孟菲斯各法老陵墓的薩卡拉

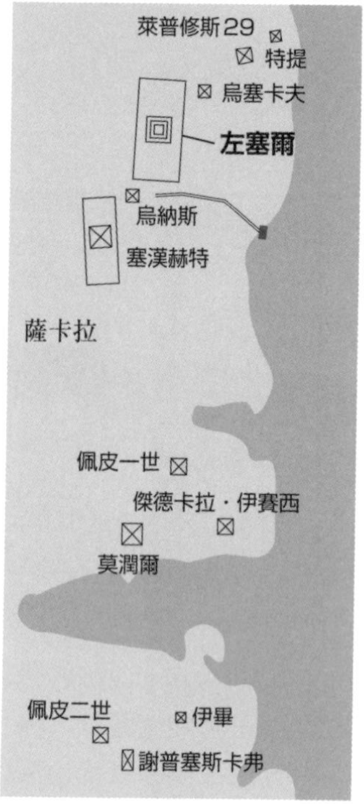
萊普修斯29
特提
烏塞卡夫
左塞爾
烏納斯
塞漢赫特
薩卡拉
佩皮一世
傑德卡拉・伊賽西
莫潤爾
佩皮二世
伊畢
謝普塞斯卡弗

薩卡拉是早王朝到古王國時代許多王墓集中的區域。

第3王朝
中王國
第一中間期
古王國
早王朝
前王朝
B.C.2000
B.C.3000
B.C.5000

階梯金字塔平面圖

左塞爾王

當時認為法老的生命力是全世界所有生命的源頭，法老必須對周遭展現自己的生命力才行。走路標誌是賽德節時表示法老走路所用。壁畫上記錄了左塞爾王走了三圈（實際上只是擺個樣子吧）。

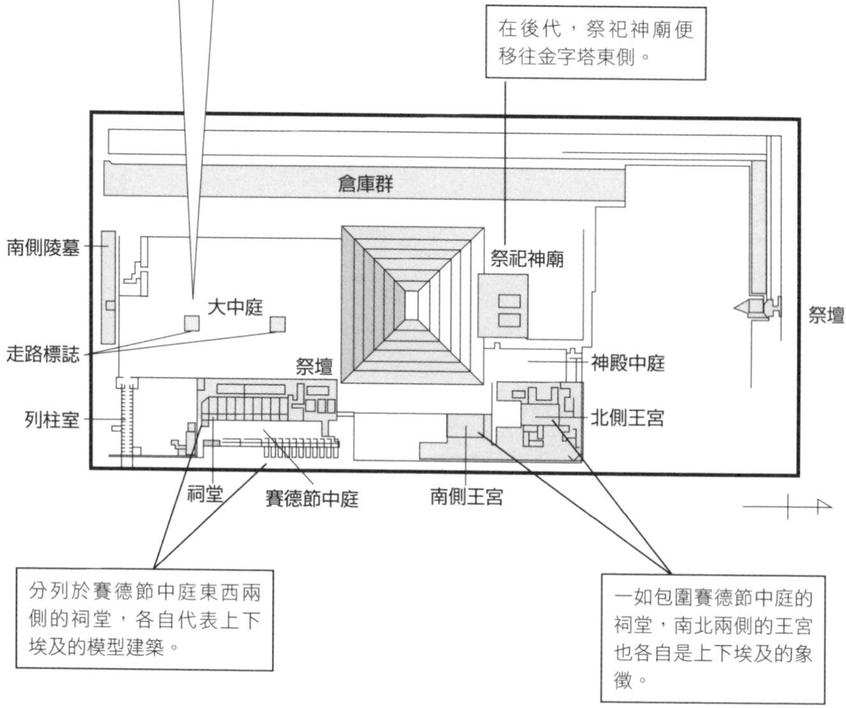
在後代，祭祀神廟便移往金字塔東側。
倉庫群
南側陵墓
祭祀神廟
大中庭
祭壇
走路標誌
祭壇
神殿中庭
列柱室
北側王宮
祠堂
賽德節中庭
南側王宮
分列於賽德節中庭東西兩側的祠堂，各自代表上下埃及的模型建築。
一如包圍賽德節中庭的祠堂，南北兩側的王宮也各自是上下埃及的象徵。

左塞爾王的階梯金字塔是包含了祭祀神廟、倉庫等各種要素的複合建築物，建築物中充滿了許多王權的象徵。

金字塔並非只存在於埃及。這種堆疊岩石或泥土的金字塔狀建築物全世界都看得到。例如墨西哥馬雅文明的階梯式神廟、印尼的婆羅浮屠寺廟、中國秦始皇的陵墓等，都可說是金字塔。

卡姆威塞特
小提醒

18 達蘇爾的金字塔
顯示進化過程的三種金字塔

達蘇爾及其周遭的金字塔

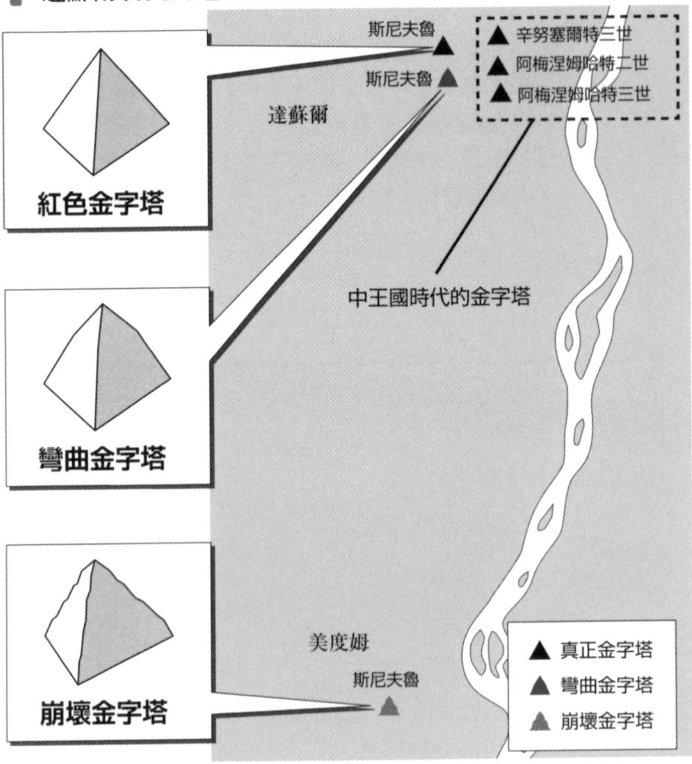

斯尼夫魯
斯尼夫魯
辛努塞爾特三世
阿梅涅姆哈特二世
阿梅涅姆哈特三世
達蘇爾
紅色金字塔
中王國時代的金字塔
彎曲金字塔
美度姆
斯尼夫魯
崩壞金字塔
真正金字塔
彎曲金字塔
崩壞金字塔

達蘇爾有古王國時代斯尼夫魯王建造的兩座金字塔，另外在南方的美度姆也有同一位法老建造的崩壞金字塔。

達蘇爾是孟菲斯僅次於薩卡拉的陵墓遺跡。從第四王朝創始者斯尼夫魯王在此建造的金字塔，便可窺見金字塔構造的演變過程。

首先，真正金字塔的前身可說是位在達蘇爾南邊美度姆的「崩壞金字塔」。那是第三王朝最後一任法老胡尼所建造的埃及最古老的真正金字塔，之後由斯尼夫魯王完成。但因為五十一度五十一分的角度太過傾斜，使得外側的石頭塌落，變成現在所見的三層塔狀。

達蘇爾還有兩座斯尼夫魯王建

第4王朝
中王國
第一中間期
古王國
早王朝
前王朝
B.C.2000
B.C.3000
B.C.5000

建造出真正金字塔之前，斯尼夫魯王面臨的挑戰

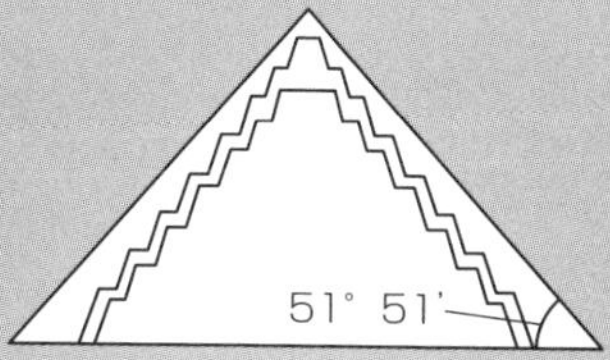

崩壞金字塔

一開始是七層，之後變為八層的金字塔，表層原本覆蓋上平整的石頭，但後來塌落了。

▼

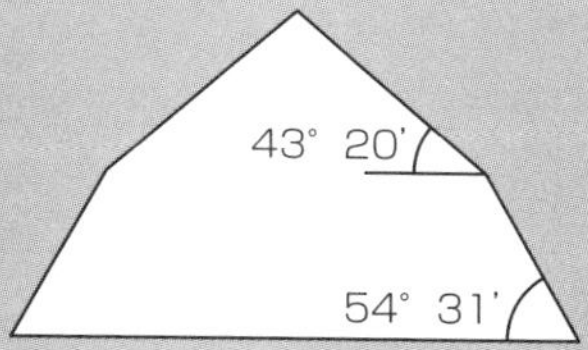

彎曲金字塔

包含傾斜角度的中途變更，設計一改再改。變更後的傾斜角度為之後的紅色金字塔沿用。

▼

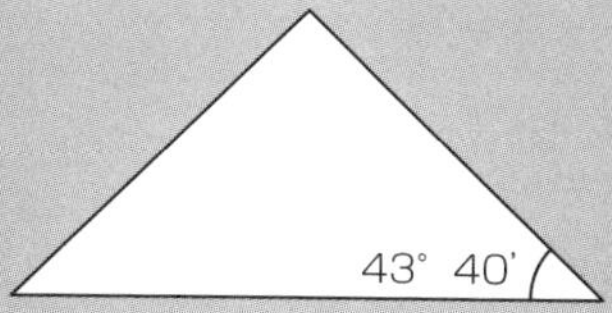

紅色金字塔

沿用彎曲金字塔上半部的傾斜角度，建造出最古老的真正金字塔。

從存在於達蘇爾的兩座金字塔和美度姆的崩壞金字塔，可窺見斯尼夫魯王如何蓋出真正金字塔的過程。

造的「彎曲金字塔」和「紅色金字塔」。

「彎曲金字塔」建到一半時曾改變傾斜角度，所以下半部的斜角是五十四度三十一分，上半部為四十三度二十分。

關於傾斜角度的修改，有人認為是受到「崩壞金字塔」傾頹的影響所致，但也有人說傾頹是發生在回教時代，至今尚無定論。

「紅色金字塔」大概是運用了「彎曲金字塔」建造時的經驗，因此一開始便以四十三度四十分的角度建造。

斯尼夫魯王經過幾次的錯誤摸索，終於蓋出了真正的金字塔。

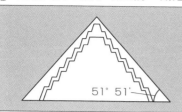

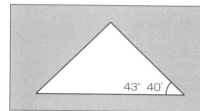

19

吉薩的金字塔
充滿謎樣色彩的世界最大金字塔

古埃及的金字塔建造演變

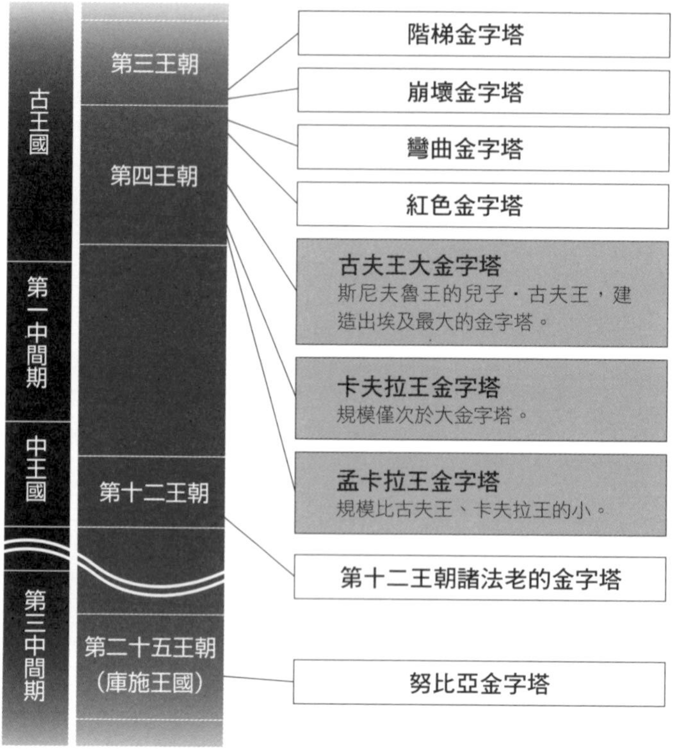

古王國
第一中間期
中王國
第三中間期
第三王朝
第四王朝
第十二王朝
第二十五王朝（庫施王國）
階梯金字塔
崩壞金字塔
彎曲金字塔
紅色金字塔
古夫王大金字塔
斯尼夫魯王的兒子．古夫王，建造出埃及最大的金字塔。
卡夫拉王金字塔
規模僅次於大金字塔。
孟卡拉王金字塔
規模比古夫王、卡夫拉王的小。
第十二王朝諸法老的金字塔
努比亞金字塔

金字塔的建造始於第三王朝，第四王朝進入鼎盛期，建造出吉薩三大金字塔。

三大金字塔的個性

吉薩台地上有被稱為「吉薩三大金字塔」的金字塔群。分別是由第四王朝的古夫王、卡夫拉王和孟卡拉王建造的。

其中被稱為第一金字塔的是古夫王金字塔。底座部分的單邊長度是二三〇公尺，建造當時的高度為一四六點五公尺（現在是一三六公尺）。擁有全世界最大的規模，又被稱為「大金字塔」。

不過該金字塔的內部構造和其

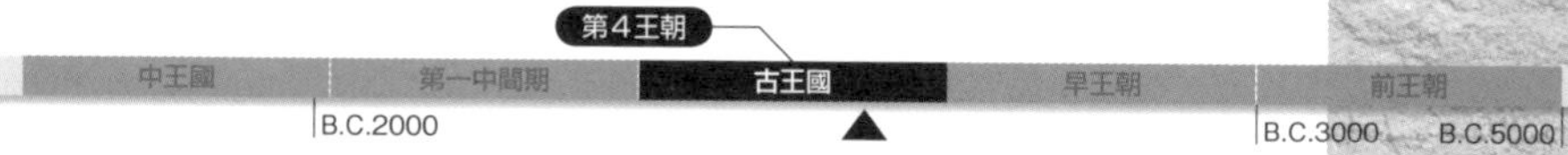

第4王朝
中王國
第一中間期
古王國
早王朝
前王朝
B.C.2000
B.C.3000
B.C.5000

吉薩三大金字塔

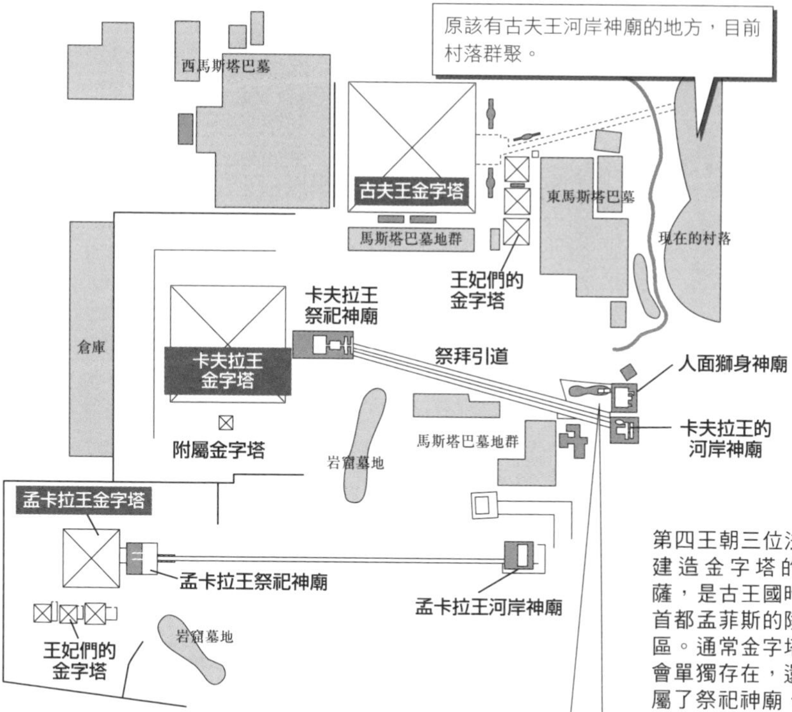
原該有古夫王河岸神廟的地方，目前村落群聚。
西馬斯塔巴墓
古夫王金字塔
馬斯塔巴墓地群
東馬斯塔巴墓
現在的村落
王妃們的金字塔
卡夫拉王祭祀神廟
倉庫
卡夫拉王金字塔
祭拜引道
人面獅身神廟
卡夫拉王的河岸神廟
附屬金字塔
岩窟墓地
馬斯塔巴墓地群
孟卡拉王金字塔
孟卡拉王祭祀神廟
孟卡拉王河岸神廟
王妃們的金字塔
岩窟墓地

第四王朝三位法老建造金字塔的吉薩，是古王國時代首都孟菲斯的陵墓區。通常金字塔不會單獨存在，還附屬了祭祀神廟、河岸神廟，構成金字塔複合體。

大人面獅身像

有著獅子身軀和戴著法老藏頭巾的人頭，為神話中的生物。
挖鑿岩山建造金字塔後，利用剩下的岩山雕刻而成。

他金字塔大不相同，仍存在許多謎題。

內部有「國王室」、「王后室」、「地下墓室」和「大迴廊」，除了古夫王金字塔外，其他金字塔看不到這種構造。

「國王室」內留有一座沒有蓋子的石棺，看不出有喪葬的痕跡，古夫王的埋葬地點至今仍不詳。「國王室」、「王后室」設有被稱為「通氣孔」的小洞連通金字塔的外部，但實際上是否真的作為通氣用，其用途亦不確定。近年來利用小型偵測機器人調查通氣孔時，發現其中有門，更加深了謎題。

第二金字塔是卡夫拉王金字塔，位在古夫王金字塔的西南方。底座單邊長二一五點五公尺，建造當時的高度為一四四公尺，規模之大足以和古夫王金字塔匹敵。

內部有幾乎跟地表一樣高度的墓室，跟古王國時代典型的金字塔結構相近。

東邊附近的祭祀神廟，整體構造包含了入口大廳、中央的中庭、五個壁龕、至聖所等要素。從這些要素成為之後神廟重複使用的基本要素看來，便可見卡夫拉王的祭祀神廟已是一種典範。

第三金字塔是孟卡拉王金字塔，底座單邊長度是一〇八點五公尺，建造當時的高度為六六點五公尺（現在是六二公尺），規模和其他兩座相比明顯小了許多。

內部構造和卡夫拉王的相似。當初原本預定建造的規模和第一、第二金字塔不相上下，可能是因為某種理由縮小了計畫。

人面獅身像的功能為何？

卡夫拉王金字塔的祭拜引道旁邊，巍巍矗立著一座大人面獅身像。高二十公尺、長七三點五公尺，頭部是人、身軀是獅子的造型，是以切割完金字塔用的石材後的岩山雕刻而成。

關於身軀何以是獅子，想來跟埃及神話中，獅子是神聖場所的守護者有關。

大人面獅身像是為了守護卡夫拉王的金字塔。

大人面獅身像在歷史的長河中，幾度被黃沙湮沒，也幾度被

充滿謎題的大金字塔內部構造

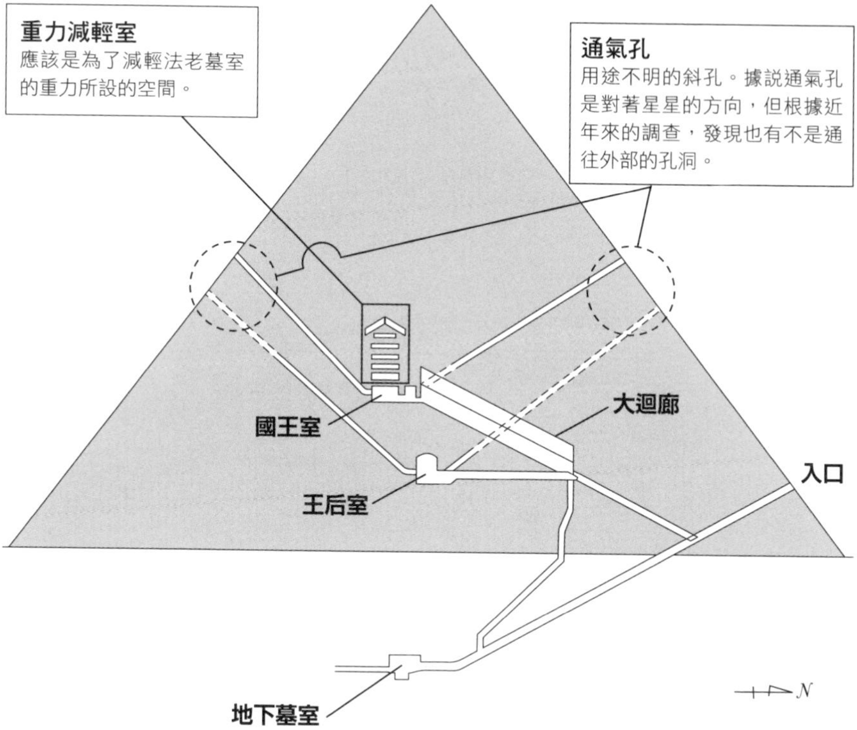
重力減輕室
應該是為了減輕法老墓室的重力所設的空間。
通氣孔
用途不明的斜孔。據說通氣孔是對著星星的方向，但根據近年來的調查，發現也有不是通往外部的孔洞。
國王室
大迴廊
入口
王后室
N
地下墓室

內部構造有「國王室」、「王后室」、「地下墓室」等三個墓室，另外還有「重力減輕室」、「大迴廊」、「通氣孔」等存在，都是其他金字塔所看不到的構造，至今仍是解不開的謎題。

重新挖掘。

根據圖特摩斯四世所立的「夢境碑文」，傳說只要除去被湮沒的大人面獅身像身上的黃沙，就能成為法老。

古埃及小知識！

人造衛星發現大量的金字塔群

二〇一一年五月，阿拉巴馬大學的考古學者派卡克（Sarah Parcak）博士，發現了埃及塔尼斯地底下有十七座金字塔、三千個村落和一千個以上的墳墓。

幫助該考古學者有如此重大發現的，是架設在人造衛星上的紅外線照像機。因為多半用日曬泥磚搭建的古埃及建築物其比重較沙重，儘管掩埋在地底下，遺跡形狀依然清楚地被相機捕捉到。

20 尼羅河沿岸的金字塔群

努比亞的金字塔

於埃及南方努比亞地區發現的金字塔群

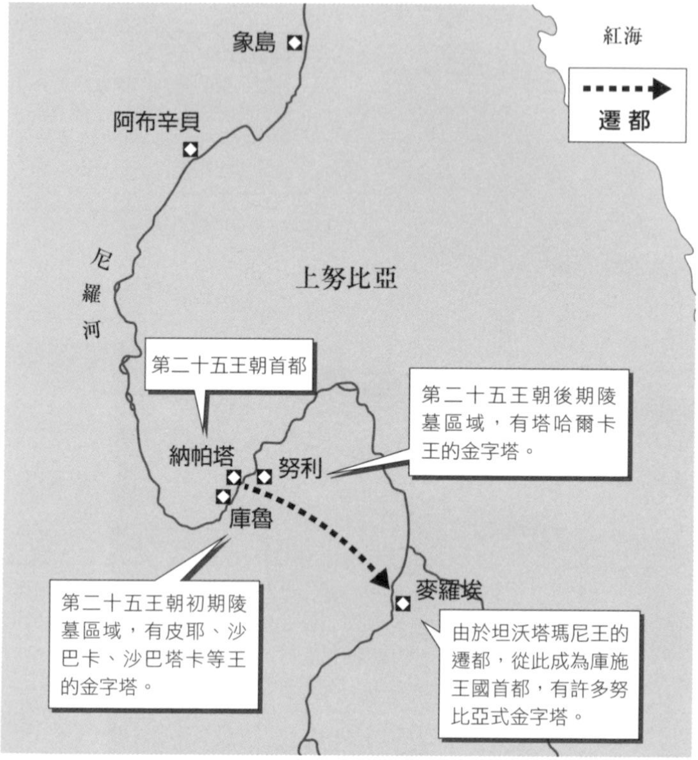
象島
紅海
遷都
阿布辛貝
尼羅河
上努比亞
第二十五王朝首都
第二十五王朝後期陵墓區域，有塔哈爾卡王的金字塔。
納帕塔
努利
庫魯
第二十五王朝初期陵墓區域，有皮耶、沙巴卡、沙巴塔卡等王的金字塔。
麥羅埃
由於坦沃塔瑪尼王的遷都，從此成為庫施王國首都，有許多努比亞式金字塔。

古埃及到了中王國時代末期，金字塔文化已衰頹，反倒是努比亞地方直到A.D.300年左右仍建有金字塔。

象徵古埃及的金字塔，在遙遠的尼羅河上游努比亞地方，也就是現在的蘇丹，也能看得到。

建造這些金字塔的是古代庫施王國的人們。庫施是位在埃及南方尼羅河流域的王國，到了第三中間期開創第二十五王朝，暫時統治了埃及。當時他們吸收了埃及的宗教、文化，帶回了努比亞。

努比亞諸王和王妃們信仰埃及的神祇，沿襲埃及的建築樣式興建阿蒙神廟和王宮，也希望死後能葬於金字塔。

努比亞的金字塔大多見於首都

中王國	第一中間期	古王國	早王朝	前王朝
B.C.2000			B.C.3000	B.C.5000

陡峭小巧的努比亞金字塔

■努比亞金字塔的外觀

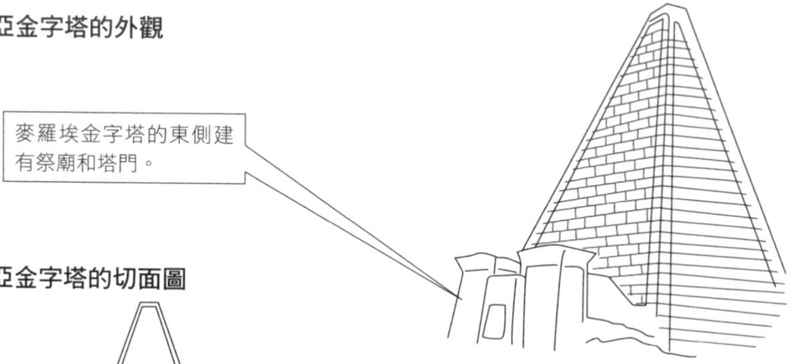
麥羅埃金字塔的東側建
有祭廟和塔門。

■努比亞金字塔的切面圖

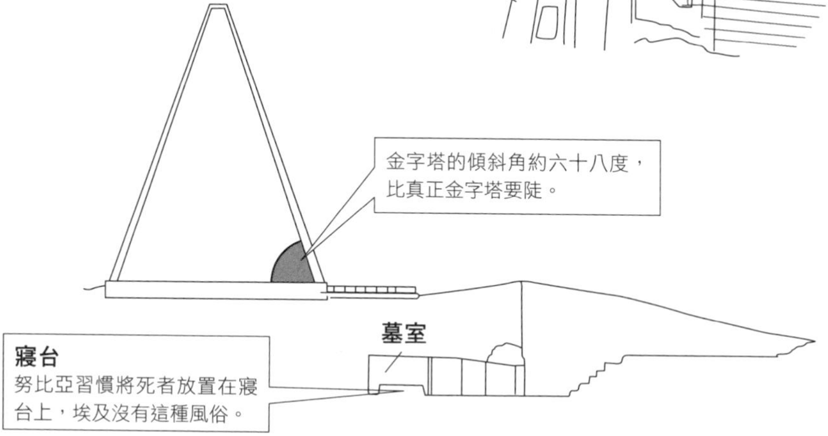
金字塔的傾斜角約六十八度，
比真正金字塔要陡。
墓室
寢台
努比亞習慣將死者放置在寢
台上，埃及沒有這種風俗。

雖說吸收了埃及文化，但努比亞金字塔的形狀還是跟埃及有所不同。努比亞金字塔沒有真正金字塔那麼高大，牆面的傾斜角度也較陡。

麥羅埃（Meroe），鼎盛期是紀元前六世紀，一直持續到紀元後四世紀左右。

當地的金字塔和埃及的真正金字塔有許多不同處。

高度約三十公尺，規模較小。傾斜的角度較陡，約六十八度，看起來像是刺向天空一樣的尖銳。

安置死者木乃伊的墓室並非設在金字塔內，而是在地底下。墓室正上方建有祭廟，類似埃及神廟樣式的塔門就鄰接在祭廟旁邊。

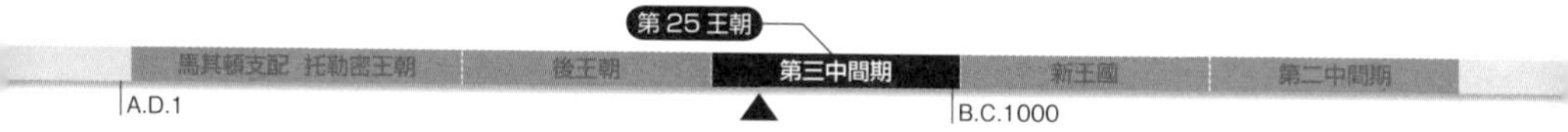
第25王朝
馬其頓支配 托勒密王朝
後王朝
第三中間期
新王國
第二中間期
A.D.1
B.C.1000

21 帝王谷 新王國時代諸王長眠的陵墓區

各時代陵墓區的變遷

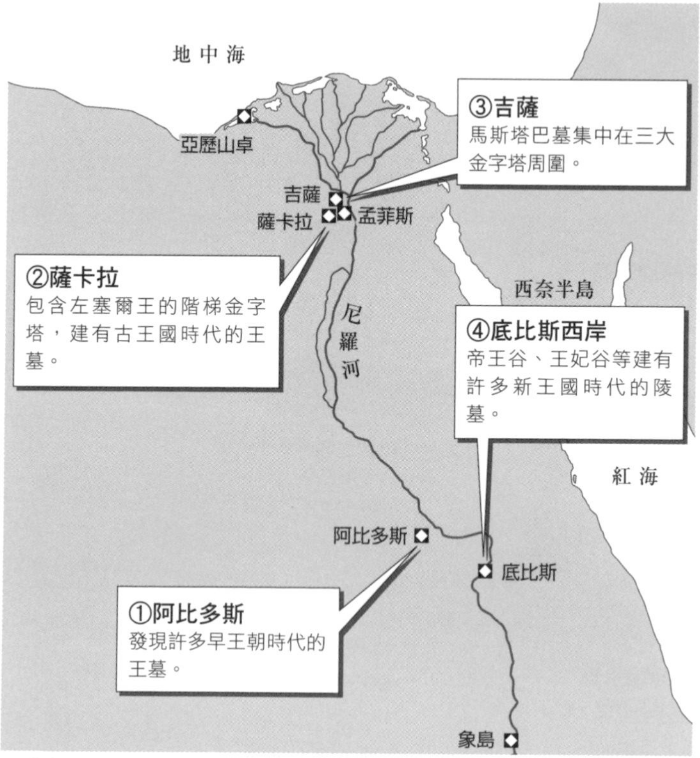
地中海
亞歷山卓
③吉薩
馬斯塔巴墓集中在三大金字塔周圍。
吉薩
薩卡拉
孟菲斯
②薩卡拉
包含左塞爾王的階梯金字塔，建有古王國時代的王墓。
尼羅河
西奈半島
④底比斯西岸
帝王谷、王妃谷等建有許多新王國時代的陵墓。
紅海
阿比多斯
底比斯
①阿比多斯
發現許多早王朝時代的王墓。
象島

孟菲斯為首都的時期，陵墓區多在孟菲斯附近，到了底比斯為首都的新王國時代，則位在底比斯西岸。

適合興建王墓的地方

古埃及的各個時代均建有陵墓區。

陵墓區（Necropolis）原指「死者之城」，意味著多數陵墓集中之處。

最具代表性的有孟菲斯陵墓區薩卡拉、巨大金字塔並立的吉薩和新王國時代建於底比斯西岸的「帝王谷」。

帝王谷被選為陵墓區，包含幾個理由。

首先，帝王谷位在底比斯西岸

帝王谷建有許多王墓

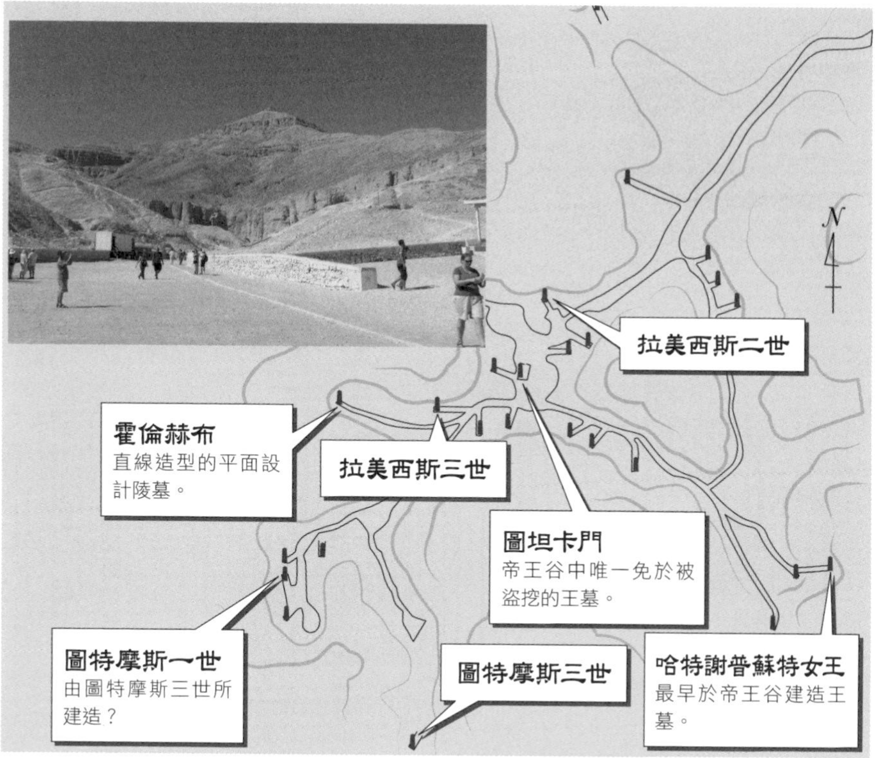
N
拉美西斯二世
霍倫赫布
直線造型的平面設計陵墓。
拉美西斯三世
圖坦卡門
帝王谷中唯一免於被盜挖的王墓。
圖特摩斯一世
由圖特摩斯三世所建造？
圖特摩斯三世
哈特謝普蘇特女王
最早於帝王谷建造王墓。

位於底比斯西岸的帝王谷，建有新王國時代諸王的陵墓。其中大多遭到盜挖，近年才被發現的圖坦卡門墓是唯一免於被盜挖的王墓。

夕陽西下的方向。

因為古埃及人將法老比擬為太陽，因此認定這裡是適合作為王墓的地點。

另外聳立在帝王谷背後的庫爾恩山，形狀類似金字塔。想來新王國時代雖然已不建造金字塔，但仍留有將金字塔視為法老象徵的觀念。

還有帝王谷處於兩側有河岸和山脈，背後有峭壁的谷地之中。除了方便挖掘岩窟墓外，山谷入口狹隘，也有便於防守的優點。

王墓有別於祭廟

帝王谷的特徵在於王墓和祭廟的分別建造。

對於相信死後會復活的埃及人

而言，是無法忍受自己的遺體被糟蹋對待。

於是新王國時代的法老們選擇了偷偷將自己的遺體埋葬在不為人知的地方。

即便在底比斯西岸興建壯麗的神廟也是為了祭祀，但建造陵墓則是祕密地進行。

建造王墓的工匠和工人們必須集中住在一個村落裡，這個村落叫做德瑞爾美狄亞（Deir el-Medina）。

該遺跡有許多工人塗鴉過的石頭和陶器出土，透露出老百姓生活的樣貌。

最早在帝王谷興建陵墓的，是第十八王朝哈特謝普蘇特女王。過去認為最古老的王墓應該是圖特摩斯一世王墓，但根據最新研究，很有可能是後來的圖特摩斯三世幫他建造的。

帝王谷適合作為陵墓區的理由

實際性的理由

- 易於防守，避免外人入侵。

象徵性的理由

- 從底比斯東岸看過去，形狀類似象形文字中的地平線。

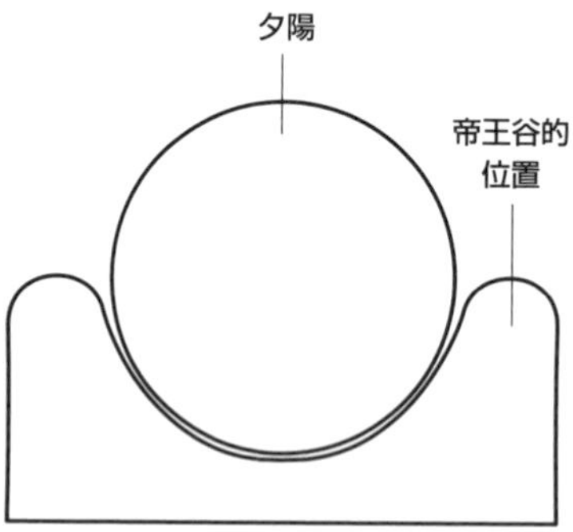

地平線（akhet）

- 聳立在山谷背後的庫爾恩山看起來類似金字塔。

古埃及小知識！

王妃、公主陵墓聚集的「王妃谷」

第十九、二十王朝的王妃、公主也同樣大多埋葬在底比斯西岸、拉美西斯三世祭廟（梅迪涅特哈布神廟）西方的「王妃谷」。

在這裡發現的墓室約有五十七座，幾乎都是經由一條小通道連接前室和墓室的結構。

其中最古老的是第十七王朝時代的墓室，最有名也最美麗的，則是拉美西斯二世王妃妮菲塔莉的墓室。

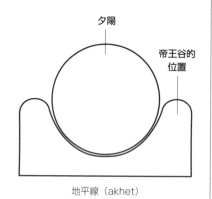

王墓型態的變遷

帝王谷成立初期
（哈特謝普蘇特女王墓）

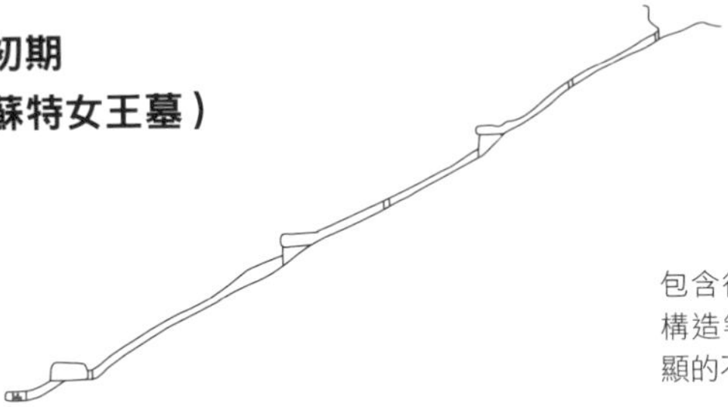

包含很長的下降通道、墓室構造等，都和其他王墓有明顯的不同。

直角型王墓
（阿蒙荷太普二世墓）

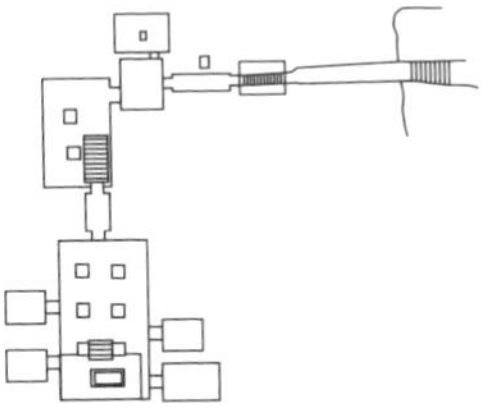

從入口到墓室的通道半途彎曲成直角。

直線型王墓（霍倫赫布墓）

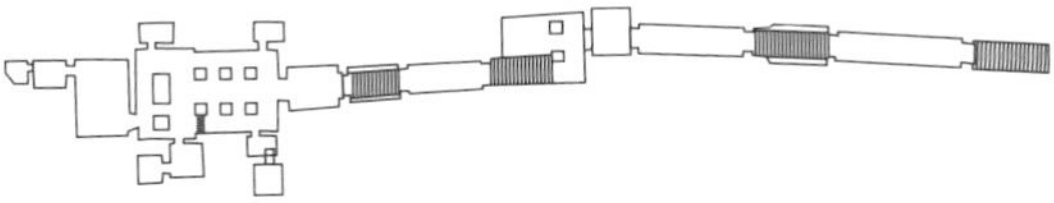

彎曲成直角的通道變成直線，推測是因為受到阿蒙神信仰的影響，好讓陽光直接射進王墓深處。

巨大石棺型王墓（拉美西斯九世墓）

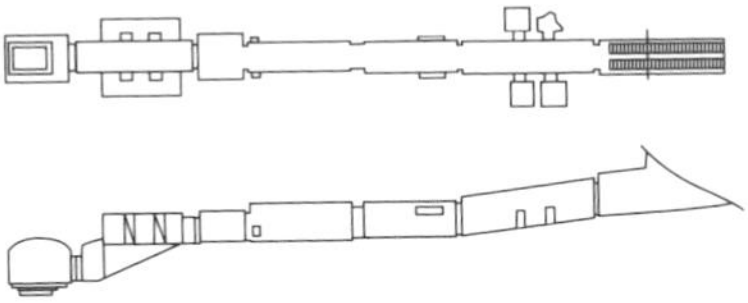

入口較寬、下降通道的坡度變緩。想來是為了便於巨大石棺的搬入。

建於帝王谷裡的諸王陵墓歷經過幾個階段的變化。

第18王朝
馬其頓支配 托勒密王朝
後王朝
第三中間期
新王國
第二中間期
A.D.1
B.C.1000

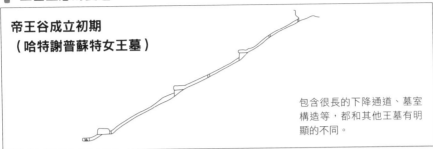

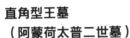

第二部
第三章

埃及民族共有的神話與生死觀

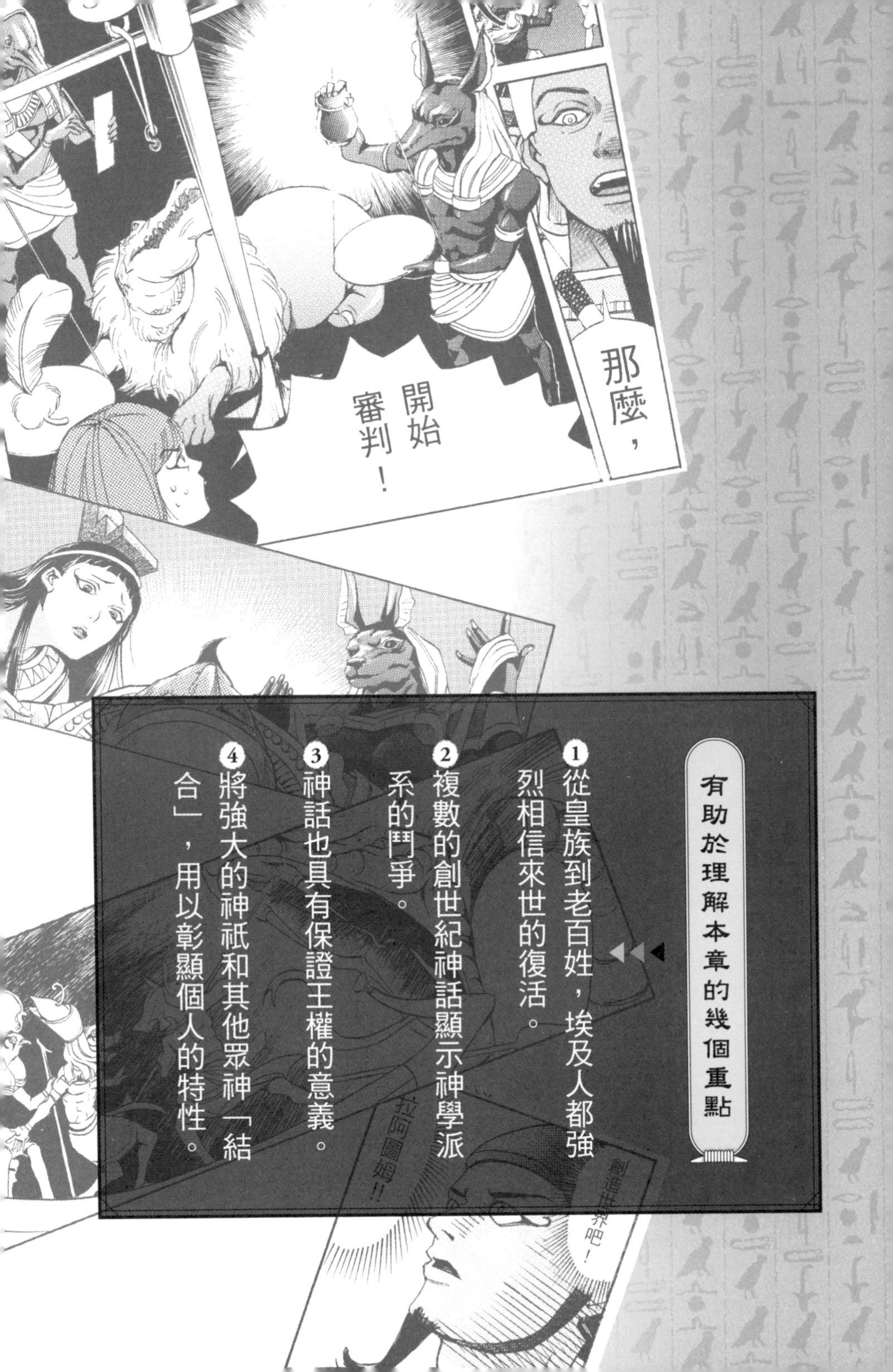

有助於理解本章的幾個重點

1. 從皇族到老百姓，埃及人都強烈相信來世的復活。
2. 複數的創世紀神話顯示神學派系的鬥爭。
3. 神話也具有保證王權的意義。
4. 將強大的神祇和其他眾神「結合」，用以彰顯個人的特性。

01 死後的世界

位在尼羅河西岸的死者國度

尼羅河西岸是死者的國度

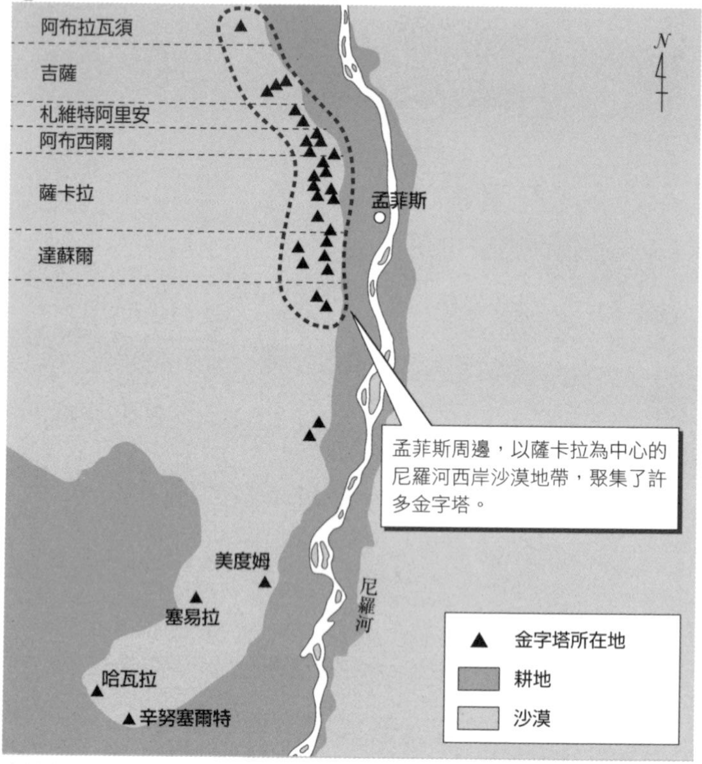
阿布拉瓦須
吉薩
札維特阿里安
阿布西爾
薩卡拉
達蘇爾
孟菲斯
孟菲斯周邊，以薩卡拉為中心的尼羅河西岸沙漠地帶，聚集了許多金字塔。
美度姆
塞易拉
哈瓦拉
辛努塞爾特
尼羅河
N
金字塔所在地
耕地
沙漠

由於古埃及認為西方是死者的國度，所以金字塔群、帝王谷等皇室陵墓，大多建造在尼羅河西岸。

古埃及大多將墓地建造在尼羅河西岸。例如吉薩三大金字塔和帝王谷等大型陵墓都位於西岸。

因為古埃及人認為尼羅河東岸是生者的國度，西岸則是死者的國度。

除了在東岸設陵墓區的阿馬納算是少數的例外，底比斯等城市幾乎都是在東岸，將西岸當作死者的土地，壁壘分明。

那麼，為什麼西岸會是死者的國度呢？

首先西方是太陽下沉的方位。西沉的太陽隔天一早又會東昇。將此周而復始的現象跟死與再生

為什麼尼羅河西岸會被當成死者的國度？

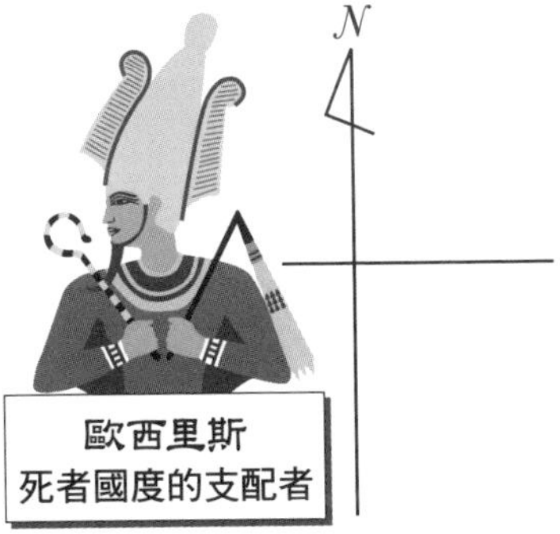
N
歐西里斯
死者國度的支配者

在埃及神話中，西方意味著歐西里斯神，也就是死者的國度。

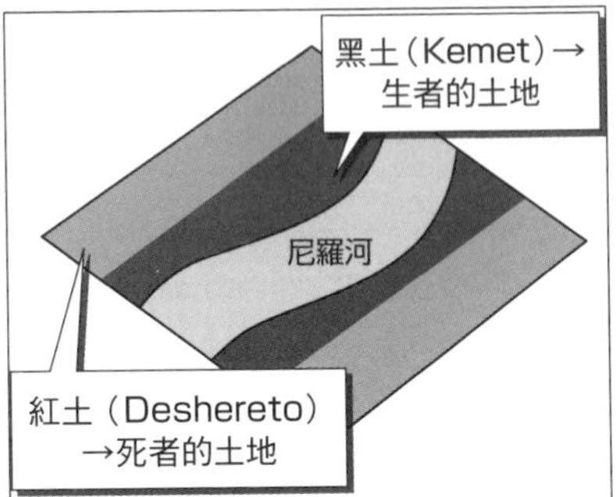
黑土（Kemet）→
生者的土地
尼羅河
紅土（Deshereto）
→死者的土地

古埃及人將尼羅河的氾濫、堆積作用所產生的耕地稱為黑土，視為生者的土地；將沙漠地帶稱為紅土，視為死者的土地。

為什麼大多數的墓地都集中在尼羅河西岸的沙漠之中呢？

古埃及人為什麼要將墓地設在尼羅河西岸，至今尚無定論。但應該是基於歐西里斯的信仰和對沙漠的恐懼吧。

古埃及的墓地大多建於尼羅河西岸，但並非僅限定在西岸。例如阿肯那頓興建的新都阿馬納。阿馬納的墓地建造在尼羅河東岸的沙漠地帶之中。

卡姆威塞特
小提醒

等同視之的古埃及人，將死者葬在西方土地，則是祈願死者能如太陽東昇一般，於來世復活。

另一種說法是：因為歐西里斯是「冥界之王」。

隨著冥界之王歐西里斯的影響力越來越強，後來也兼具了阿比多斯地方神亨提門修（Khenti-Amentiu）的屬性。這個屬性就是「死者之王」（Foremost of Westerners）。

對生活環境也產生強烈影響的古埃及生死觀，到了後王朝時代以後，生者和死者的土地區別已不再壁壘分明。

02

即便肉體消滅，依然永遠相信魂與靈的古埃及人

靈魂「卡」和精靈「巴」

古埃及人對於人的看法

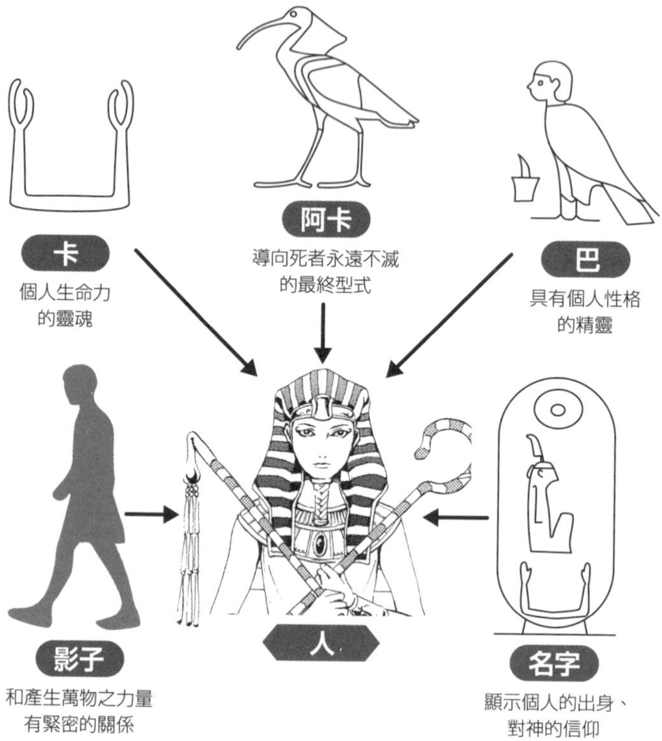
阿卡
導向死者永遠不滅
的最終型式
卡
個人生命力
的靈魂
巴
具有個人性格
的精靈
人
影子
和產生萬物之力量
有緊密的關係
名字
顯示個人的出身、
對神的信仰

古埃及人認為一個完整的人具有五項組成要素。

古埃及人如何看待人的存在的呢？

他們認為人（人格）是由「卡」（Ka）、「巴」（Ba）、「阿卡」（Akh）、影子和名字等五種要素組成。

首先，在古埃及的世界中，獲得永生被視為十分重要的事，因此阿卡不可或缺。阿卡是由卡和巴的結合而成。

卡代表人的生命力的概念，也可用靈魂二字取代。它的圖像是垂直舉起的雙手。當木乃伊被破壞時，它的雕像可當作代用遺體被供奉在墓室裡。此外，只要卡

古埃及人的供養制度

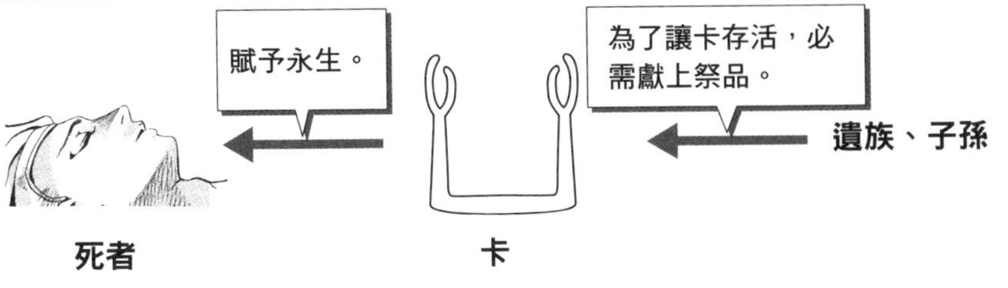

為了讓死者獲得永生，也就是在來世復活，必須持續賦予死者的卡活力，因此遺族的負擔也很大。

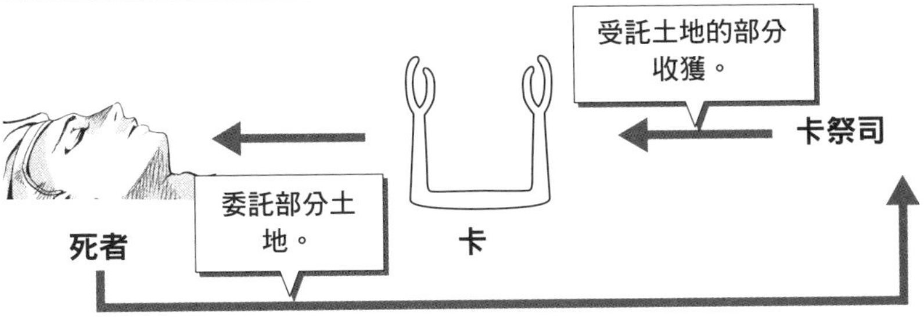

因此產生了將死者的部分土地捐給祭司，作為供養的制度。

為了讓死者於來世復活，必須持續不斷對死者的卡獻上祭品，因此產生了由祭司取代遺族的制度。

享有祭祀的食物，就能守護死者的永遠性。

巴是連結肉體和卡的精靈，擁有個人的性格。

除了以上的精神性概念外，人也不能沒有名字和影子。名字除了是個人的證明外，也是信仰神的證明。因此會在遺體和雕像前寫下該人的名字，名字被削去經常是為了復仇所致。

影子被認為是一種被保護的內在力量。為了讓人消災解厄，而有存在的必要。

因為以上五種要素的結合，人方成人。

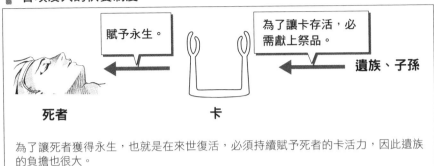

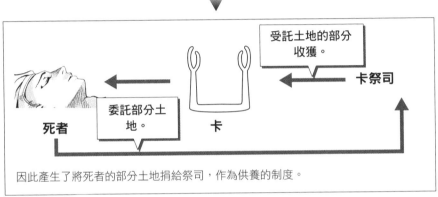

03

死後審判 「最後審判」的思想其實源自埃及！

審判時放在天平上的心臟與真理

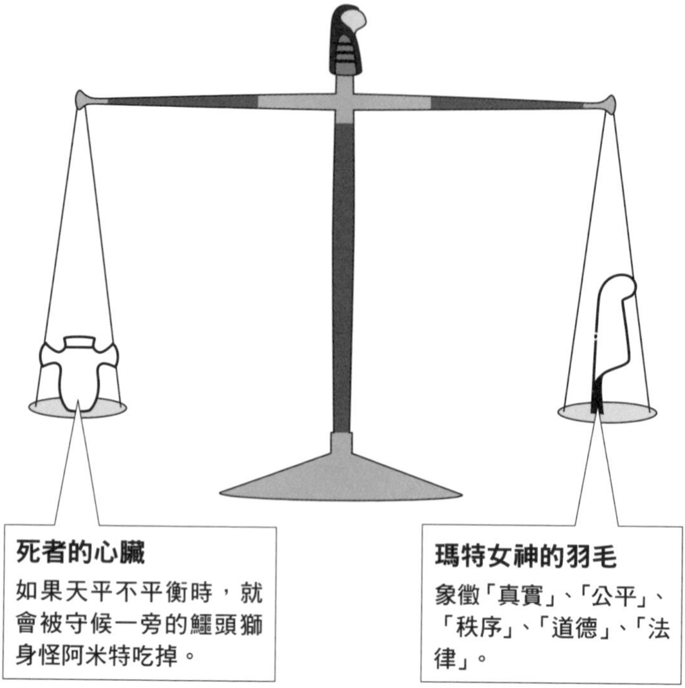
死者的心臟
如果天平不平衡時，就會被守候一旁的鱷頭獅身怪阿米特吃掉。
瑪特女神的羽毛
象徵「真實」、「公平」、「秩序」、「道德」、「法律」。

死者的審判是將心臟和真理羽毛一起放在天平上，用來裁定死者生前是否做過壞事。

古埃及人認為人死後會被賦予永生。

但是在那之前必須接受「最後審判」的裁決，也就是關於生前行為的審判。

首先死者必須向審判長歐西里斯行禮問好，並發誓對四十二位判官所質問的生前行為絕對沒有所言不實。

其次，死者的心臟和象徵真理的「瑪特女神羽毛」會被放在天平上。

天平保持平衡便代表沒有作惡，可從歐西里斯神手中取得來世復活的權利。如果天平不平

何謂死者的審判？

古埃及為了獲得來世的復活，死者必須在神祇面前證明自己生前的行為良善與否。

衡，死者的心臟就會被怪物阿米特（Ammit）吃掉。

阿米特是古埃及人假想出來的怪物，頭是鱷魚、身體前半部是雄獅、後半部是河馬。

死者復活時必須要有肉體。心臟一旦被吃掉就不可能復活，死者將永遠消失。

對古埃及人而言，這是最壞的結局。

因此在埋葬死者時，為了祈求審判結果順利，會將莎草紙、護身符和寫有咒語的「亡靈書」一起放進墳墓裡。

來世要用的陪葬品

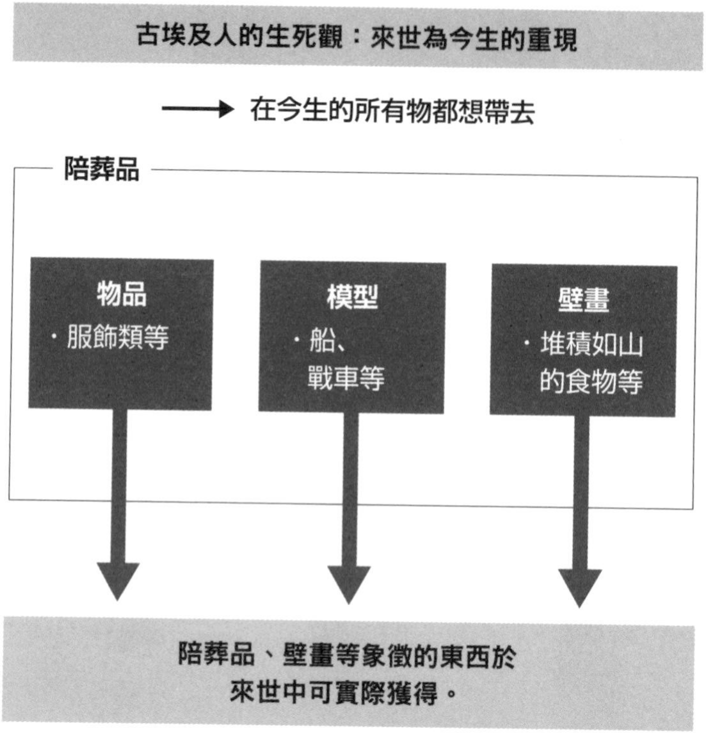
古埃及人的生死觀：來世為今生的重現
在今生的所有物都想帶去
陪葬品
物品
・服飾類等
模型
・船、
戰車等
壁畫
・堆積如山
的食物等
陪葬品、壁畫等象徵的東西於
來世中可實際獲得。

由於古埃及人認為來世是今生的重現，為了不讓來世的生活有所不便，而有了各式各樣的陪葬品。

死者通過神祇的考驗，然後將邁向什麼樣的來世呢？

對古埃及人來說，來世相對於今生的生活並非遙不可及的世界，而是重現比今生更加幸福的狀態。

他們將過去生活過的尼羅河谷視為地上樂園，因此理想中的生活方式就是不用擔心災害、生病，過著跟今生一樣的生活。

這種理想的樂園在壁畫上被稱為「永生樂園」（iaru，古埃及文「蘆葦」之意），上面描繪出死者和心愛的家人們一起耕作的和樂景象。

在永生樂園復活

順利通過死後審判的死者所邁向的來世被稱為「永生樂園」，其環境跟今生的埃及很像，死者可過著跟老病無緣的理想生活。

另外，埃及人為了讓來世的生活好過，會從今生帶許多有用的東西過去。也就是陪葬品。古埃及人的陪葬品五花八門，從食物、飲品、衣服、玩具到農具等等，隨著死者一同下葬。

同時擔心萬一對死者的供養停止或是墳墓遭到破壞，還在墓室中用壁畫和模型呈現出死者想要的東西。

他們認為壁畫和模型所呈現的東西和實物是一樣的。

例如陪葬品的食物腐壞後，為了不讓死者受餓，會在壁畫上畫出農收、製作麵包等場面。

05

木乃伊

為死後的轉變所做的肉體保存

從錯誤中學習的木乃伊製作

前王朝時代 → 古王國 → 中王國 → 新王國 → 第三中間期

- 自然乾燥木乃伊
- 開始人工木乃伊的製造
- 開始使用泡鹼（乾燥劑）
- 固定使用泡鹼／開始取出內臟
- 固定取出內臟／人形棺槨開始普及
- 透過維持體型等做法，更接近人的外型
- 木乃伊製作技術臻於成熟

始於古王國時代的人工木乃伊製作，經過不斷的錯誤嚐試，技術日益提升，從第三中間期到後王朝時代進入鼎盛期。

古埃及人為什麼在埋葬死者時，要刻意先製作成木乃伊呢？

那是因為他們認為死者復活時需要有讓卡回去的肉體存在。可是死後的肉體很快就會腐壞，為了防止肉體腐壞，於是想出了做成木乃伊的保存法。

其實在前王朝時代，沒有刻意做成木乃伊的必要。因為當時的埋葬法是在沙漠挖一個淺坑，直接加以埋葬，屍體被熱沙迅速吸收水分後，自然就變成了木乃伊。

然而隨著之後埋葬開始採用棺槨、墓室的形式，屍體變得容易腐壞，無法滿足來世復活的期待，所以才開始製作木乃伊。

木乃伊製作歷史開始於古王國時代。

木乃伊工匠幾經錯誤嘗試後，學會了使用泡鹼（natron）的乾燥技術和摘取內臟的技術。由於心臟是復活時不可或缺的要件，必須小心處理，於是連同肝臟、胃、肺、腸，分別收放在「卡諾皮克罐」（canopic jar）中保存。

另外布條的包裹方式也很講究，技術已經精進到彷彿可見死者生前身影的地步。

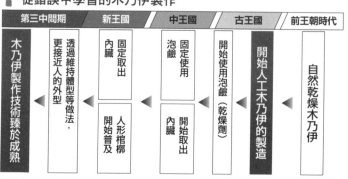

圖解　木乃伊的一切

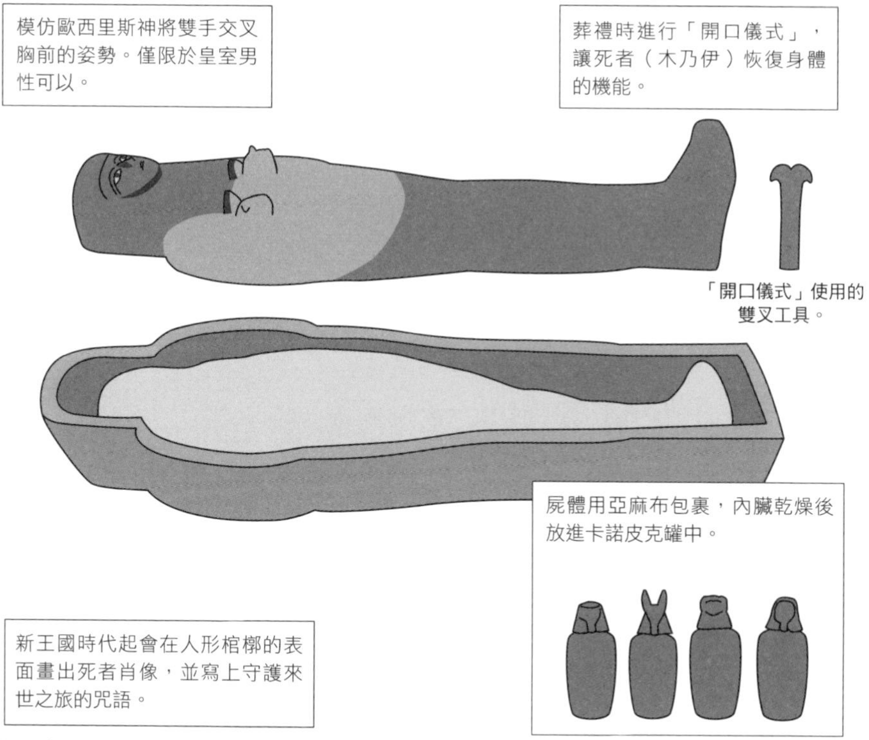
模仿歐西里斯神將雙手交叉胸前的姿勢。僅限於皇室男性可以。
葬禮時進行「開口儀式」，讓死者（木乃伊）恢復身體的機能。
「開口儀式」使用的雙叉工具。
屍體用亞麻布包裹，內臟乾燥後放進卡諾皮克罐中。
新王國時代起會在人形棺槨的表面畫出死者肖像，並寫上守護來世之旅的咒語。

乾燥處理完的屍體放進人形棺槨後才埋葬。

木乃伊製作技術的顛峰期是在後王朝時代。

托勒密王朝以後，木乃伊的製作便逐漸式微。

完成之後還必須進行「開口儀式」，由祭司利用特別的工具觸碰畫在棺槨上的臉部，好讓死者死後還能呼吸與飲食。

古埃及小知識！

來世的僕役薩布提

早王朝時代的王墓周遭有殉葬的僕役墳墓。但是到了中王國時代以後，改為採用薩布提（shabti）小型人俑作為陪葬物。那是來世為死者勞動與服務的人俑。一座王墓大約陪葬四百個薩布提人俑。因為古埃及人認為一年有三百六十天，一天需要使用一個人俑，另外每十個僕役則需配置一名管理人。

06

創世神話① 赫里奧波里斯

神話中諭示著埃及世界形成的祕密

何謂赫里奧波里斯神話

創世主

拉阿圖姆神

●埃及最古老的宇宙起源說。

●基於阿圖姆神（拉阿圖姆神）的創世神話。

赫里奧波里斯神話是以阿圖姆神為創世主的古埃及最早之宇宙起源說。

古埃及人和其他文明的人們一樣，對於世界的成立自有其想法，並透過神話的形式加以說明。

赫里奧波里斯神話是埃及最古老的神話，也是宇宙起源說。

赫里奧波里斯是太陽神拉信仰中心地翁城的希臘語名，基於希臘太陽神，故名字具有「太陽城」的意義。

根據其創世神話，阿圖姆神（Atum）誕生自渾沌的原始之水努恩（Nun），生下空氣之神舒（Shu）和水氣女神泰芙努特（Tefnut）。另外一種說法是阿圖姆神透過自慰行為生出了上述兩神。

舒和泰芙努特兩神又生出大地之神蓋布（Geb）和天空女神努特（Nut）。在天地還未分開的蓋布和努特之間，因為大氣之神舒的介入而分離，形成了現在的世界。

蓋布和努特雖然彼此恩愛，但因為天地結合在一起造成通行不便，於是最高神祇阿圖姆神處罰兩神，禁止懷孕的努特生產。

赫里奧波里斯守護神托特（Thoth）同情努特，在祂的幫助下努特才能順利生產。

赫里奧波里斯神話中的眾神

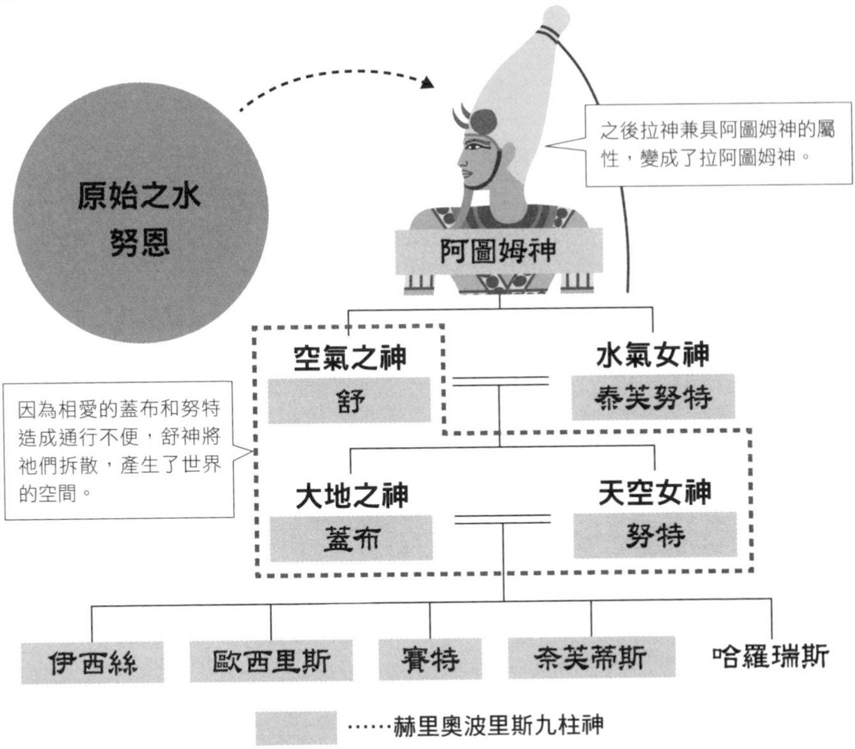
原始之水
努恩
之後拉神兼具阿圖姆神的屬性，變成了拉阿圖姆神。
阿圖姆神
空氣之神
舒
水氣女神
泰芙努特
因為相愛的蓋布和努特造成通行不便，舒神將祂們拆散，產生了世界的空間。
大地之神
蓋布
天空女神
努特
伊西絲
歐西里斯
賽特
奈芙蒂斯
哈羅瑞斯
……赫里奧波里斯九柱神

赫里奧波里斯神話說明了世界是從原始之水誕生的阿圖姆神所創造的。拆散蓋布和努特兩神，才有了現實世界的空間結構。

蓋布和努特生下了歐西里斯、伊西絲、賽特、奈芙蒂斯（Nephthys）四神和哈羅瑞斯（Haroeris）。

除了哈羅瑞斯外，阿圖姆神以下的九位神祇被稱為「赫里奧波里斯九柱神」。

傳說中阿圖姆神從原始之水誕生時，化成鳥身飛向初塚，停在本本石上。

這個四角錐形的本本石被視為太陽的象徵，也是金字塔和方尖碑的起源。

之後阿圖姆神和拉神被等同視之，變成力量增大的太陽神型態之一的拉阿圖姆神。

為對抗赫里奧波里斯，將卜塔定為眾神之上

何謂孟菲斯神話

創世主

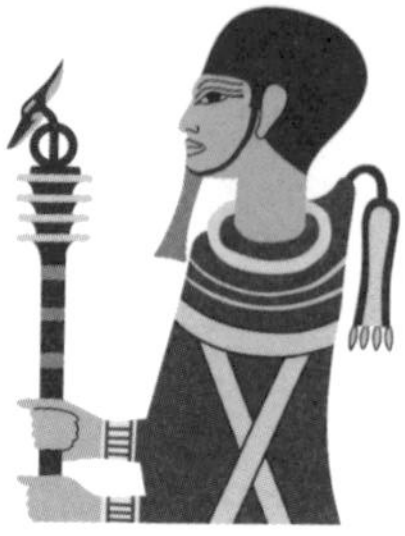

卜塔神

- 孟菲斯祭司為對抗拉神祭司所提倡的。
- 補足赫里奧波里斯神話的前面階段。

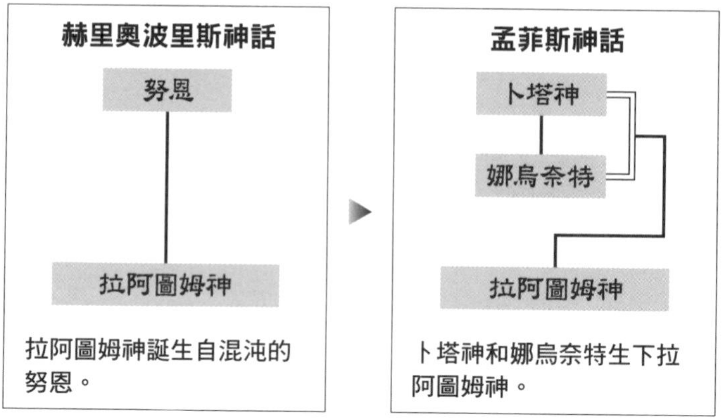
赫里奧波里斯神話
努恩
拉阿圖姆神
拉阿圖姆神誕生自混沌的努恩。
孟菲斯神話
卜塔神
娜烏奈特
拉阿圖姆神
卜塔神和娜烏奈特生下拉阿圖姆神。

孟菲斯神話將卜塔神創造拉阿圖姆神編入赫里奧波里斯神話的前面階段，將卜塔神視為創世主。

隨著對太陽神拉的信仰日益普及，赫里奧波里斯的祭司勢力也逐漸強大。為了與之抗衡，孟菲斯的祭司們想出了「孟菲斯神話」。

以都市而言，孟菲斯比赫里奧波里斯的歷史更久，又是政治的中心地，該地的祭司們企圖贏得神學上的主導權。

孟菲斯神話以赫里奧波里斯神話為基礎，但仍有極大的差異。

相對於赫里奧波里斯神話將拉阿圖姆神視為最高神，孟菲斯神話則是將該城守護神卜塔神定位在拉阿圖姆神之上。

經由意志和語言所創造的世界

創造世界吧！
拉阿圖姆!!
用舌頭(語言)創造
創造世界吧！
拉阿圖姆!!
用心臟(意志)創造
並非肉體的產生，而是精神的過程，也就是透過神諭方法創造世界的最先例。

孟菲斯神話的特徵是，經由卜塔神的心臟和舌頭生出了拉阿圖姆神。

根據孟菲斯神話，卜塔神為宇宙最高的創造神，萬物都是由「祂的心臟、祂的舌頭」所創造。

經由卜塔神心臟所表現的意志和舌頭所表現的語言，包含拉阿圖姆神的眾神才創造出都市、食物等生活必需品。在孟菲斯神話中，拉阿圖姆神甚至只是卜塔神的代理人而已。

孟菲斯神話產生於新王國時代後期。

08

創世神話③赫爾莫波里斯

包含法老守護神阿蒙為創世主的創世神話

何謂赫爾莫波里斯神話

創世主

托特

●產生國家守護神阿蒙神的神話。

●補足赫里奧波里斯神話的前面階段。

和孟菲斯神話一樣，為補足赫里奧波里斯神話前面階段的宇宙起源說。

埃及中部的都市赫爾莫波里斯也和赫里奧波里斯、孟菲斯一樣，擁有獨自的創世神話。

赫爾莫波里斯的原意是「赫密斯之城」，是由將托特神和神使赫密斯等同視之的希臘人所命名。因為赫爾莫波里斯被當成是托特神的聖地。

赫爾莫波里斯神話和孟菲斯神話一樣，都是以赫里奧波里斯神話為基礎。

也就是說，同樣都是由拉阿圖姆神創造了世界，不同的是拉阿圖姆神的誕生過程。

赫爾莫波里斯神話的一開始是由八柱神所構成的混沌狀態。

所謂的八柱神，是四位雄性的青蛙神和四位雌性的蛇神所組成。每一組雌雄相對的神祇象徵了渾沌的要素。

換句話說，努恩和娜烏奈特（Naunet）是原始之水、赫（Heh）和赫赫蒂（Hehet）是無限的空間、凱克（Kek）和凱可特（Keket）是黑暗、阿蒙（Amun）和阿瑪烏奈特（Amaunet）是隱形的力量。

關於這四組神祇，隨著傳說的不同，出場的神祇也不一樣。例如，代表否定和無的是尼阿烏和

赫爾莫波里斯神話的眾神

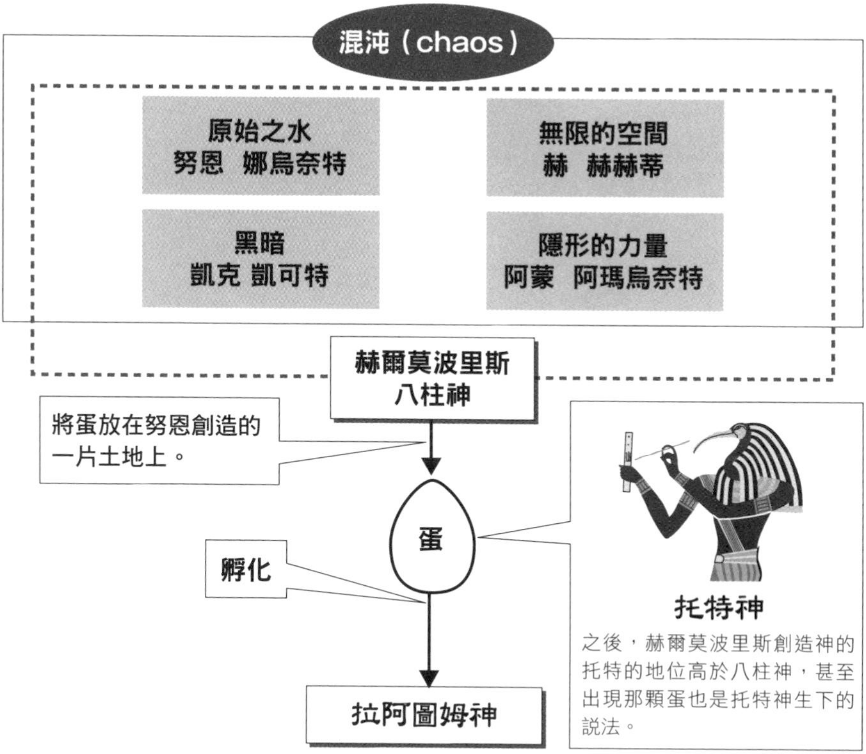
混沌（chaos）
原始之水
努恩 娜烏奈特
無限的空間
赫 赫赫蒂
黑暗
凱克 凱可特
隱形的力量
阿蒙 阿瑪烏奈特
赫爾莫波里斯
八柱神
將蛋放在努恩創造的一片土地上。
蛋
孵化
拉阿圖姆神
托特神
之後，赫爾莫波里斯創造神的托特的地位高於八柱神，甚至出現那顆蛋也是托特神生下的說法。

在赫爾莫波里斯神話中，拉阿圖姆神之上還有「八柱神」等神祇。

妮阿烏特，代表欠缺的葛列夫和葛列赫特。

阿蒙之所以能列入第四組的神祇，想來是在祂以阿蒙．拉升格成國家神後，為了強調祂的古老性與先在性。

八柱神創造了初塚，置於其上的蛋生出了拉阿圖姆神。

也有另一種說法，說是代表赫爾莫波里斯的朱鷺生下了那顆蛋，所以有時也會將朱鷺定位在八神之上。

將朱鷺視為赫爾莫波里斯神話最高神的傳說中認為，從朱鷺口中脫落而出的創造性語言，建立了物質的秩序、制定了宇宙的秩序。

09

歐西里斯神話

被弟弟賽特殺害的歐西里斯和為其復仇的荷魯斯神

主要神祇的關係

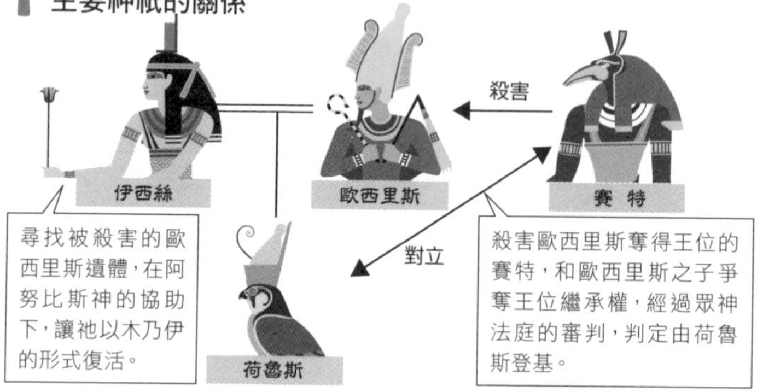
伊西絲
歐西里斯
賽特
荷魯斯
殺害
對立
尋找被殺害的歐西里斯遺體，在阿努比斯神的協助下，讓祂以木乃伊的形式復活。
殺害歐西里斯奪得王位的賽特，和歐西里斯之子爭奪王位繼承權，經過眾神法庭的審判，判定由荷魯斯登基。

歐西里斯神話的主軸是歐西里斯的死與復活、荷魯斯和賽特的對立。

歐西里斯神話描寫的是赫里奧波里斯神話以後的故事。

蓋布和努特所生的長子歐西里斯，娶了其妹妹伊西絲為妻，統治全埃及。

祂教人民農業、金屬加工術、信仰和法律，以提升生活品質，受到人民的尊敬。

祂的弟弟賽特為此心生忌妒。賽特設宴在家，騙來歐西里斯加以殺害後，放入棺材中丟進尼羅河裡。

傷心的伊西絲，在妹妹同時也是賽特之妻的奈芙蒂斯陪同下，到處尋找歐西里斯的遺體。

棺材漂流到地中海的畢波羅士，伊西絲找到後帶回埃及使其復活。不料賽特又再一次行兇，並將屍體切成十四塊，散置在埃及各地。

伊西絲重新拾回每一塊歐西里斯的屍體，並在木乃伊製作神胡狼頭阿努比斯的幫助下，將祂做成木乃伊。伊西絲喚醒歐西里斯的力量與其交合後，懷有子嗣荷魯斯。但已經死過兩次的歐西里斯無法再回到人間，只能在冥界悠遊。

賽特奪得王位後統治全埃及，直到荷魯斯長大後，為奪回父親

被賽特殺害的歐西里斯之復活

伊西絲

尋訪埃及各地，收集歐西里斯被賽特大卸十四塊的屍體，透過阿努比斯的力量變成木乃伊復活。

阿努比斯

傳説是賽特妻子奈芙蒂斯和歐西里斯的私生子。

▼

變成木乃伊復活的歐西里斯已無法回到人間，於是成為冥界之王。

為了讓被賽特覬覦王位而遭到殺害的歐西里斯復活，妻子伊西絲到處尋找遺體，使其變成木乃伊復活。

的王位向祂挑戰。戰況激烈持久，遲遲無法定出勝負。

於是荷魯斯訴諸眾神法庭的審判，裁定結果認定荷魯斯擁有王位繼承權。

登基後的荷魯斯便化身為法老統治地上。

這個講述先王歐西里斯、王位繼承者荷魯斯的神話，以神學上的觀點支撐埃及君王制度的同時，也透過復活與對不死的期望，對古埃及世界造成莫大的影響。

搭上太陽船，不斷重複死與再生之拉的航海

太陽神話

兩個太陽神話

太陽是古埃及人們最敬畏的自然現象

將太陽視為天空之船 →「太陽船」神話	將太陽視為拉的眼睛 →「拉之眼」神話

太陽對古埃及人來說是偉大的存在。因為對太陽的看法不同，而有兩種跟太陽相關的神話。

要說被視為赫里奧波里斯神話最高神的太陽神拉（阿圖姆），在古埃及的眾神中也是最重要的神祇，其實一點也不為過。

有關太陽神拉的太陽神話具有許多版本。

首先是關於太陽運行的神話。古埃及人將每天周而復始的白天與黑夜，看成是太陽神拉在天空航行。

航行天空的拉擁有三種樣貌，日出之際和聖甲蟲神凱普里（Khepri）同化成為拉凱普里神，日正當中則和鷹頭人身的荷魯斯神同化成為拉荷魯阿克提神，黃昏時和創世主阿圖姆融合成拉阿圖姆神。

太陽神拉白天乘的是太陽船（Mandjet），晚上乘的是夜暮船（Mesektet）。

白天的拉一邊統治世界，一邊在眾神陪同下巡視。到了黃昏，便會用盡氣力十分疲倦。

入夜後在冥王歐西里斯的陪同下搭乘夜暮船，為了讓衰弱的肉體重生而開始冥界之旅。

拉神做完冥界之旅後，為了重新變成朝陽復活，必須和潛伏在冥界的蛇神阿波菲斯（Apophis, 亦稱Apep，阿佩普）戰鬥，並

乘船到冥界的太陽神拉

結束白天的航行，體力耗盡的拉為取得新的生命力復活，必須到冥界旅行。在那裡有蛇神阿波菲斯等著與祂戰鬥，最後在賽特等眾神的幫助下，成功打敗對方。

古埃及人看見太陽運行，認為是太陽神拉乘船在天空中移動。入夜後，拉神結束在冥界的旅行取得新的生命力，再度從東邊升起。

贏得勝利。最後拉神在眾神的幫助下打勝，得以從東面的地表升起。這時在拉神身邊充分發揮輔助功能的，是在歐西里斯神話中擔任壞人的賽特神。

太陽神話也有其他故事。拉神想要消滅不順從自己的人們，便派遣哈托爾女神化身的獅子，以「拉之眼」的身分來到地上。

看到哈托爾在地上進行大殺戮而感到心情沉重的拉神，終於因為憐惜人們又召回了哈托爾。

拉（Ra）

主宰太陽的埃及最高神

古埃及眾神之中，擁有最重要力量的就是拉神。祂是以鷹頭頂著太陽圓盤的男性姿態呈現。其他還有公羊頭的男性或貓等外型。大多數的場合都會帶著象徵王權的笏或王冠。

頭上畫有代表太陽的圓盤，手上拿著象徵王權的安卡十字架、權杖等王權的象徵。

祂是赫里奧波里斯神話中的創世神，和阿圖姆神結合後取得神性，化身為拉阿圖姆繼續享有創世神的地位。既是太陽神也是宇宙神，在埃及全土擁有許多神廟。不管是白天的永遠性還是一年四季的轉換，都是由拉神支配。

中王國時代以後，隨著阿蒙神信仰的盛行而與阿蒙神結合成阿蒙．拉神，確保其地位。拉神本身除具備普遍性外，也與其他神祇有所關聯。

身為王權創造者，從被視為最早的法老起，歷代法老均自稱是「拉神之子」以維持王權的正統。金字塔的建造也跟拉神有關。

象徵王權的天空之主
荷魯斯（Horus）

荷魯斯擁有鷹的身體，是埃及最古老的神祇之一。雖然廣受崇拜，但古代的聖域在哪裡？信仰的起源為何？至今仍不清楚。

歐西里斯神話中，祂是歐西里斯和伊西絲的兒子。赫里奧波里斯神話中則又變成拉神的兒子。

本來的職務是天空之主，和太陽的關聯頗深，所以和太陽神融和成拉荷魯阿克提神受到崇拜。古埃及藝術經常可看見擁有翅膀的荷魯斯樣貌。

歐西里斯死後，兒子荷魯斯幾經爭戰才統一埃及登基為王，因此法老們被視為荷魯斯生生不絕的替身。荷魯斯是守護他們王位的神，有時也會戴著代表埃及全土王權的雙重王冠。

荷魯斯信仰也遍及國外，尤其受到努比亞的信仰。希臘人也將荷魯斯和太陽神阿波羅等同視之。

頭戴著代表埃及全土王權的雙重王冠。

掌管死與重生的冥界之王
歐西里斯（Osiris）

歐西里斯和拉神、荷魯斯並列為同樣重要的神。沒有動物的外型，主要被畫成人或木乃伊的樣子，多半頭戴白冠，皮膚顏色有黑有綠。黑色象徵冥界和尼羅河的肥沃土壤，綠色則表示植物新發的綠芽。腳像纏著布條般併攏。

原本是主掌豐饒的神祇，被視為跟尼羅河的氾濫有關。

在聖地阿比多斯原本崇拜的是地方神亨提門修，歐西里斯取代該神屬性後，化身為「冥界之王」，象徵死與重生，歐西里斯神話於焉誕生。

祂是喪葬之神，審判死者也是歐西里斯的職務。由於歐西里斯對死者一視同仁，因此受到王權主義和民間信仰兩方的崇拜。

到了托勒密王朝後，和聖牛阿比斯（Apis）結合成新的神祇——塞拉皮斯神，也受到希臘人的信仰。

通常頭戴有兩根羽毛的王冠。

伊西絲（Isis）

在國外也受到供奉的母親女神

伊西絲女神是赫里奧波里斯九柱神之一，也是歐西里斯神的妹妹和妻子，荷魯斯神的母親。頭上頂著象形文字的名字，多半身著古典的埃及服裝。

最早為三角洲布希里斯地方的信仰，很快就受到整個埃及的供奉。擁有許多功能，被當成各種女神看待。

伊西絲在眾神之中擁有最強的咒語，又被稱為「女魔法師」。伊西絲的法力無邊，就連太陽神拉在祂面前也不得不說出作為自己弱點的真名。

伊西絲是理想的妻子和母親。因為身為荷魯斯，也就是法老的母親，法老們都自稱是「伊西絲的兒子」。

伊西絲在國外的影響力也很大，受到希臘、羅馬的信仰。抱著荷魯斯的伊西絲被視為是聖母瑪利亞的原型。

頭上寫有代表「王座」的象形文字，有時則是雙角頂著太陽圓盤。

賽特（Set）

混亂與力量的象徵

賽特自古是沙漠之神，代表世界的混亂。外型很奇特，以無法特定的動物型態展現。

早王朝時代，其地位和荷魯斯神同樣重要，在赫里奧波里斯神話中被吸收為九柱神之一。

由於被希克索的統治者視為他們的神祇，和異國的關係也很深厚。因此埃及之所以受到外敵攻擊，被認為跟賽特有關，甚至犯罪、生病和惡劣的氣候都是賽特帶來的。在歐西里斯神話中，被賦予殺害歐西里斯、與荷魯斯爭戰的角色。

然而賽特神並非單純只是邪惡的化身。從祂幫助拉神打敗蛇神阿波菲斯來看，其實角色極其複雜。一般形容賽特的詞語為「力量強大者」，另外鐵也被稱為「賽特之骨」。塞提一世、塞特納赫特都是擁有賽特之名的法老。

賽特展現的是易怒好爭鬥、力量強大無法控制的神祇形象。

賽特神的頭部為埃及並不存在的動物。

托特（Thoth）

赫爾莫波里斯神話的創世神及神的書記

頭腦靈活聰明，在埃及神話中擁有最多職務的就是托特神。最常見的造型是擁有非洲朱鷺的頭部。

在赫爾莫波里斯神話擔任創世神——八柱神的書記。審判死者時，紀錄心臟重量的也是托特神。祂發明了語言、數學，因此被當成書記、學者、醫生等跟文字、知識相關職業的守護神。

被認為公正且公平的托特神，身為「拉的宰相」而成為高官們的範本。因為在赫里奧波里斯神話中製作曆書，又被稱為「時間的主人」。

由於必要時會介入荷魯斯和賽特之間永無止境的爭戰進行調停，被視為不會犯錯、能看穿未來的「魔法主人」，廣受人們祈求神諭。

被當成「月神」和太陽神拉並列，托特神的祭典於每年的第一個月舉行。

充滿知性與多才多藝的托特神，等同希臘人眼中的智慧之神赫密斯（Hermes）。

擔任書記任務的托特神，手持莎草紙和筆。

工匠信奉的孟菲斯守護神
卜塔（Ptah）

孟菲斯古老的地方神，外型為人身或木乃伊。戴著造型獨特、緊貼頭型的藍色頭盔。

卜塔是神的鐵匠，在孟菲斯神話中是創世神。因此成為手工業和藝術的守護神，尤其在埃及全土手工藝盛行的地區受到祭祀，和工匠、工人的關係深遠。

有時會被視為地底之神，跟歐西里斯一樣。對法老而言，也是軍隊的守護神。

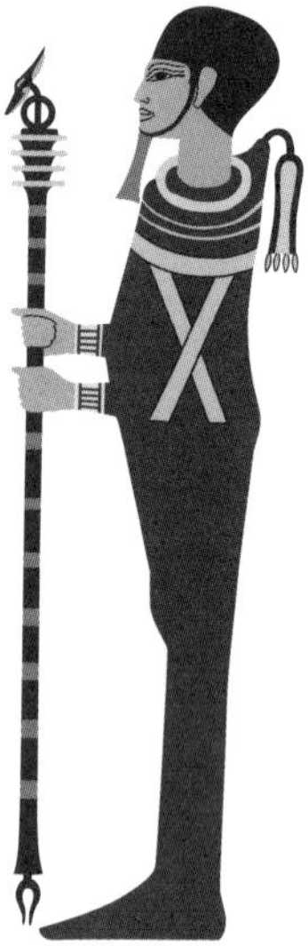

代表宇宙秩序的法老姊妹
瑪特（Maat）

造型被畫成蹲著的女性是女神瑪特。有時也會是站著，身穿合身的長袍，頭上經常插著一根長羽毛。

瑪特是展現宇宙秩序與神的法律的存在。在死者受審判時，死者的心臟和瑪特的羽毛會被同時放在天平上。

關於瑪特的神話不多，只知祂是托特的妻子和拉神的女兒。因為是在位中法老的姊妹，法老們皆自稱是「瑪特所愛的人」。

阿努比斯（Anubis）

墓地守護者、木乃伊製作之神

以胡狼型態展現的神祇，過去原是埃及最有力量的喪葬神，之後被歐西里斯奪去該功能。

在歐西里斯神話中，幫助伊西絲將歐西里斯遺體做成木乃伊保存。因此被認為是防腐處理的發明者，也是製作木乃伊業者的守護神。在墓地附近設有阿努比斯的神廟。另有一種說法是，祂是歐西里斯和賽特妻子奈芙蒂斯的私生子。

哈托爾（Hathor）

意思是「荷魯斯之家」的女神

擁有巨大力量、受到丹德拉（Dendera）等埃及各地的信仰、起源相當古老的女神。外型為母牛，或是頭上頂著角狀頭飾環繞的太陽圓盤之女性。

擁有許多性格，因身為底比斯西方沙漠的女主人，而被視為死者的守護神。也是愛與美的女神、音樂之神，贏得廣大的信仰。等同希臘人眼中的愛芙羅黛蒂（Aphrodite, 羅馬的維納斯）。

象徵母性、沉穩的貓之女神
芭斯特（Bastet）

外型是貓的女神，原本是母獅，隨著性格日益沉穩，外型也跟著變化。聖地是布巴斯提斯（Bubastis），古王國時代是代表北方的女神。芭斯特女神不具備攻擊的性格，為家庭的守護神。同時也是母性的象徵，會守護懷孕中的女性。祂是「拉神的貓」，也曾參與消滅蛇神阿波菲斯之役。另外也有傳說阿努比斯是芭斯特女神的兒子。

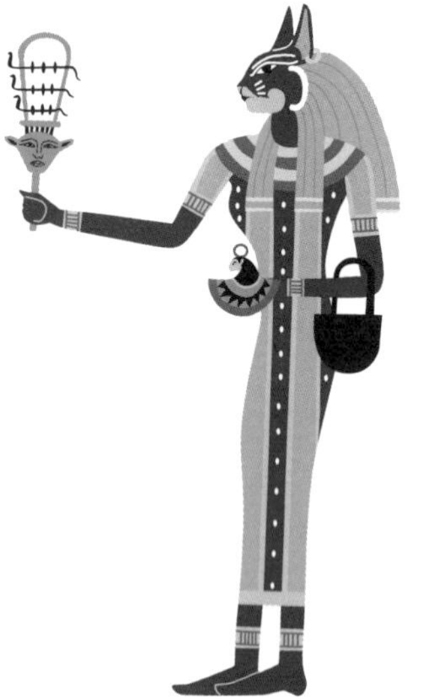

用轆轤做出世界的神的陶工
庫努姆（Khnum）

「神的陶工」庫努姆擁有公羊的外觀，主要信仰中心為亞斯旺的象島。利用尼羅河的泥土在轆轤上造出萬物。因其製陶的能力，被視為是創造神。

庫努姆也被視為拉神的巴——進入冥界的拉以公羊的外型展現。在發源地也被視為尼羅河的瀑布神，洪水就是因為射出「庫努姆之箭」所引發的。

代表太陽神的聖甲蟲之神
凱普里（Khepri）

凱普里是聖甲蟲（金龜子、推糞蟲）之神，外型是整隻聖甲蟲或是頭部為聖甲蟲的人身。

古埃及人將從地下冒出來的聖甲蟲視為從地平線上升的太陽。因此聖甲蟲在地底世界主掌生命的重生，人們習慣在護身符、印章和裝飾等方面採用聖甲蟲圖案。

凱普里是拉神的型態之一，拉凱普里代表日出時的拉神。

太陽神拉的天敵、渾沌的蛇神
阿波菲斯（Apophis）

巨大的蛇神，從未以人的外貌展現。生於原始之水，試圖將世界拉回創世之前的混沌狀態。

阿波菲斯為太陽神的天敵，每晚在冥界不斷與拉神以及幫助拉神的眾神們作戰。

來自沙漠的侵略者將日蝕、月蝕等負面力量視為「阿波菲斯的兒子們」，認為都是阿波菲斯搞的鬼。

第二部

第四章

走過三千年歷史的人們生活

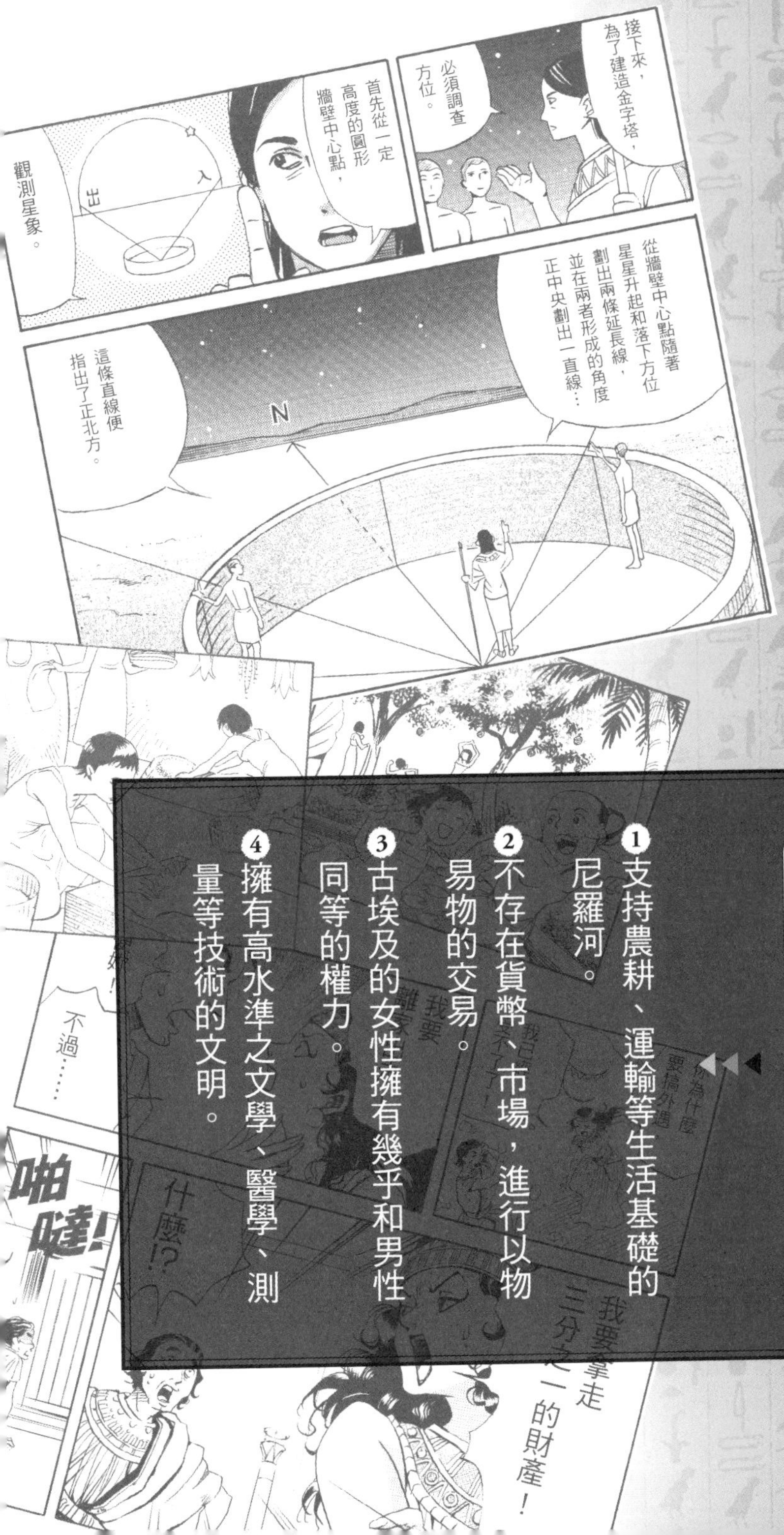
接下來，為了建造金字塔，
必須調查方位。
首先從一定高度的圓形牆壁中心點，
入
出
觀測星象。
從牆壁中心點隨著星星升起和落下方位劃出兩條延長線，並在兩者形成的角度正中央劃出一直線……
N
這條直線便指出了正北方。
不過……
啪噠！
什麼!?
我要拿走三分之一的財產！

有助於理解本章的幾個重點

1. 支持農耕、運輸等生活基礎的尼羅河。
2. 不存在貨幣、市場，進行以物易物的交易。
3. 古埃及的女性擁有幾乎和男性同等的權力。
4. 擁有高水準之文學、醫學、測量等技術的文明。

支撐埃及富裕的主要產業……但徵稅十分嚴苛！

古埃及的農業週期

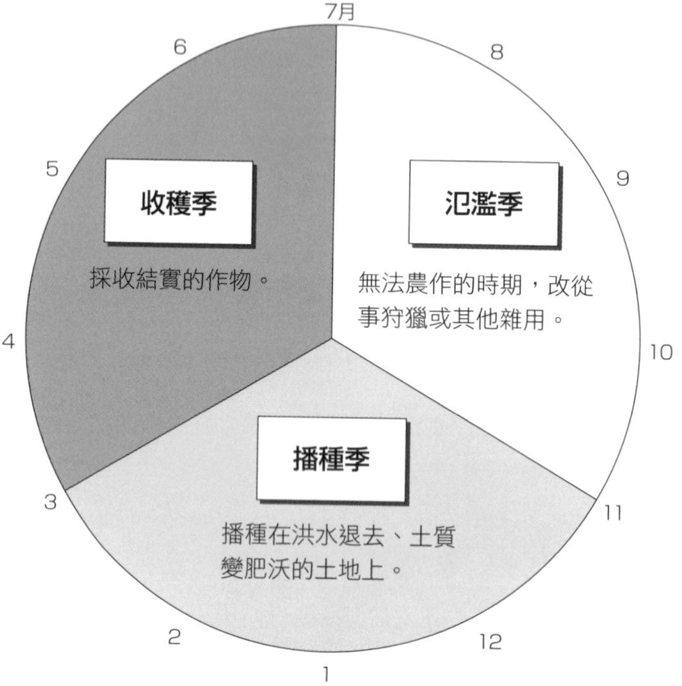
7月
8
9
10
11
12
1
2
3
4
5
6
氾濫季
無法農作的時期，改從事狩獵或其他雜用。
播種季
播種在洪水退去、土質變肥沃的土地上。
收穫季
採收結實的作物。

因為尼羅河的恩賜得以成立的埃及農業週期，是根據尼羅河的氾濫為基準，分為三季。

古埃及的農業之所以發達，是拜尼羅河之賜。

因為尼羅河每年都會氾濫，流域上的土地不需人工施肥與灌溉就能經營農業。

農民的生活週期也是配合尼羅河的氾濫週期而定。由於尼羅河的水位增高時無法農作，他們便從事國家主導的建設工程或漁撈。

等氾濫期一結束水位下降，才開始耕種變得肥沃的農地，鋤田播種。作物結實後，在泛濫開始之前進行採收。

主要收穫的作物有大麥、雙粒

嚴格的租稅制度

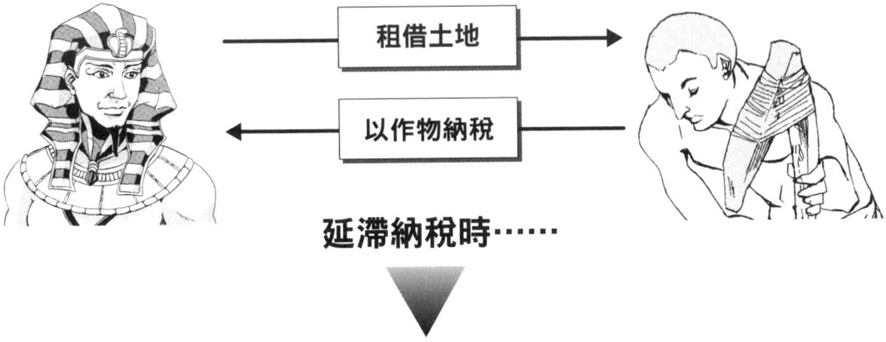

農地非農民的財產，一切歸王室和神廟所有。農民每年都必須繳納租稅，繳納不出時就會遭到嚴厲的懲罰。

小麥。除了穀物外，還有蠶豆、洋蔥、萵苣等蔬菜。

遇到尼羅河氾濫水量不多的年度，農民就必須用人力運水。直到新王國時代以後引進汲水吊桿、水車等灌溉設備，埃及的耕地才逐漸擴大。

然而埃及農民的生活未必很舒適，因為耕地屬於王室和神廟所有，收成的大部分都是要繳納給地主——法老和神廟的租稅。如果沒能繳納規定數量的租稅，農民就會遭到無情的懲罰。

02 曆法

古埃及使用庶民曆和陰曆兩種

古埃及人使用的兩種曆法

陰曆

· 月亮盈缺的週期（29.5天）=1個月
· 1年=29.5天×12個月=354天
→加入閏月以調整季節偏差。

陽曆（庶民曆）

· 早王朝時代就已經引進？
· 1年=30天×12個月+5天=365天
→因為沒有閏年，一年會產生1/4日的偏差。也就是說每隔1460年的週期（天狗週期）才能恢復原狀。

古埃及有陰曆和陽曆（庶民曆）兩種曆法。

對古埃及人來說，左右穀物收穫量的尼羅河氾濫，是每年值得關心的重大要事。於是做出了一年有氾濫季、播種季、收穫季三季，每一季各四個月的陽曆，也就是庶民曆。

一年的天數，庶民曆一個月有三十天，外加五天的節日，因此一年是三百六十五天。

除了庶民曆外，古埃及人還會使用根據月亮圓缺為基準的陰曆。

據說古埃及人觀測到在尼羅河開始氾濫時，天狼星會在日出前出現，而制定出此一庶民曆。

一年產生1/4日偏差的庶民曆

陽曆（庶民曆）一年會產生1/4日的偏差

▼

某某王在世第某年，氾濫季第一天的黎明觀測到天狼星。

◀ **經過四百八十年**

某某王在世第某年，播種季第一天的黎明觀測到天狼星。

▶氾濫季第一天到播種季第一天的天數是：
4個月╳30天＝120天

▶曆法上的偏差是一年1/4日，也就是四年產生一天：
120╳4＝480年

由於庶民曆沒有使用閏年，一年會產生1/4日的偏差，但是利用那種偏差可推算出以前重大事件的發生年代。

現在使用的陽曆加入了閏年，但是他們的陽曆並沒有採用閏年。

由於庶民曆沒有使用閏年，曆法跟實際季節之間，每四年約會產生一天的偏差。

這項偏差直到托勒密王朝時代末期，埃及被凱撒統治之前都沒有解除。

不過，埃及人也想出了利用此一偏差，推算古文書上重大事件年代的方法。

03 測量技術 拜尼羅河之賜，促進了測量技術的發達

尼羅河帶來了測量技術的發達

尼羅河的水位上升，
沖毀了土地的界線。

訂定農民租稅額的書記們，每年都必須重新測量農地面積。
測量技術的發達

尼羅河除了滋潤了大地，也間接造成測量技術的發達。

古埃及的測量技術之所以發達，也是拜尼羅河氾濫帶來的恩賜。

每年在收穫前必須進行訂定稅額的土地測量。但由於洪水一來就會沖毀已經制定好的土地界線，以至於每年都必須重新測量土地，測量技術因而發達。

為了測量廣大的土地，負責徵稅的書記必須要有正確的計算處理能力。事實上也存在有訓練他們的數學問題集，例如記載了不用圓周率π，便可求出圓形面積的方法。

另一方面，統一王朝開始前的

金字塔的方向是如此決定的!?

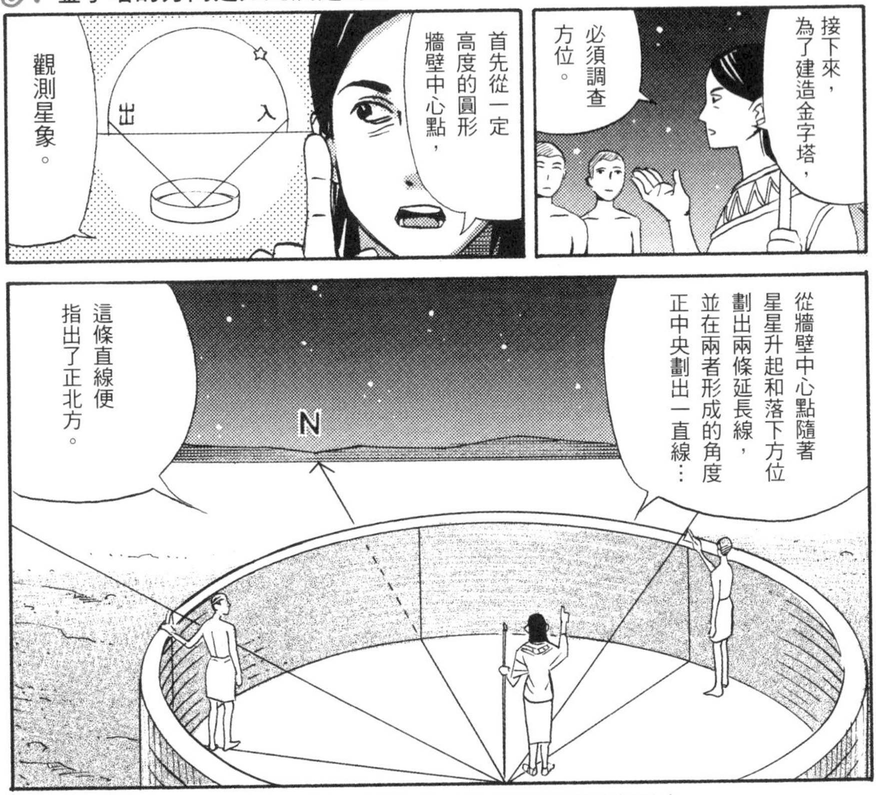
接下來，為了建造金字塔，
必須調查方位。
首先從一定高度的圓形牆壁中心點，
觀測星象。
出
入
從牆壁中心點隨著星星升起和落下方位劃出兩條延長線，並在兩者形成的角度正中央劃出一直線⋯
這條直線便指出了正北方。
N

金字塔的四面各自面對正東南西北方，就是因為古埃及測量技術高超所致。

較早時期，就已經有了度量衡的概念。因為建造金字塔時，不可能採用各自的單位收集來自各地方的材料。

舉例來說，重量單位採用的是「德本」（deben，約九十一公克），長度為「腕尺」（meh）。腕尺是根據法老手肘到指間的長度而定，一腕尺約五二點五公分。

正因為測量技術的發達與度量衡的統一，古埃及人才能建造出許多至今仍流傳於世的偉大遺跡。

04
經濟
沒有貨幣，而是用金屬重量決定東西的價值

用金屬重量決定東西價值的以物易物

古埃及不存在貨幣。
一般百姓透過以物易物獲得生活所需的東西。
一張桌子要用多少小麥換呢？
7哈爾(※)可換一張桌子。

※1哈爾（khar）相當於75.2公升。

▼

●商業交易是用金屬重量決定東西價值後，再進行以物易物。

單位基準：	1德本=12夏特（1夏特=7.5～7.6公克）
行 情 例：	1頭山羊=1～3銅德本
	1銀德本=100銅德本

古埃及直到後王朝時代為止都沒有貨幣的存在。人們是以銀和銅的重量為價值基準，進行以物易物。

古埃及直到後王朝時代為止都沒有自營商人。因為現在所謂的市場和貨幣在當時都不存在。

古埃及的制度是將生產的物品先集中送到神廟等地方，再由神廟重新分配給老百姓。

可是對拿到物品的老百姓來說，有些東西必要，有些東西沒有必要。於是就要靠非正式的以物易物來補足此一再分配制度。進行以物易物的市場，通常是在大量人群聚集的神廟門前和碼頭附近。

在以物易物市場，農民用剩餘的穀物、畜產品交換工匠製作的

古埃及財富的再分配制度

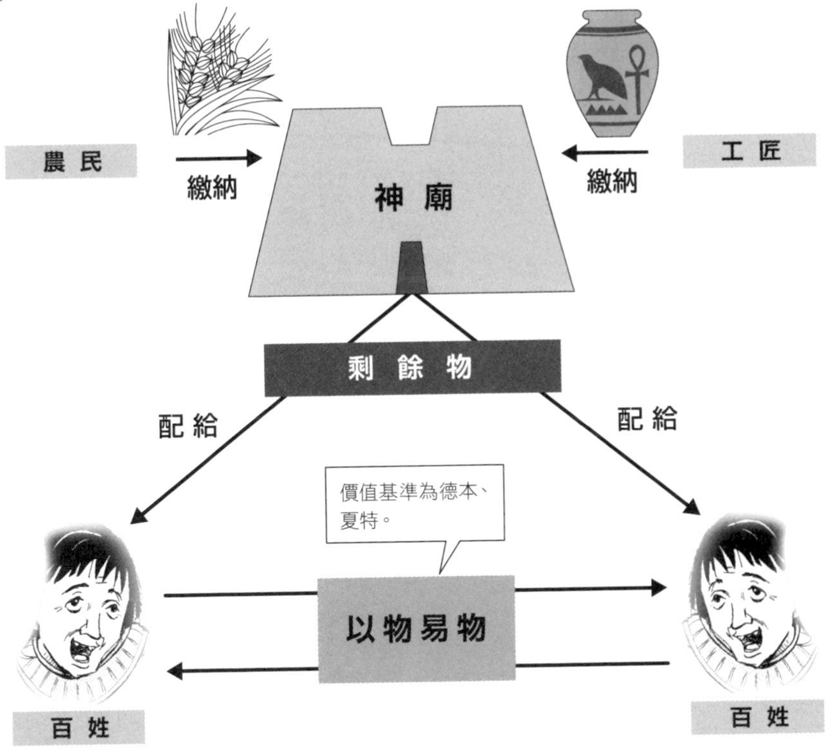
農民
繳納
神廟
工匠
繳納
剩餘物
配給
配給
價值基準為德本、夏特。
以物易物
百姓
百姓

古埃及社會中，農民和工匠的生產物都必須先送到神廟，其中的剩餘物再重新分配給百姓。不過此一系統還必須靠非正式的以物易物補足。

家具、工藝品和衣服等物品，藉此調整國家配給的不足以取得平衡。

以物易物不用貨幣，但人們進行交易之際，是以金、銀、銅的重量為基準，決定物品的價值。

其單位是「夏特」（shaty），新王國時代的「夏特」相當於銀七點五～七點六公克。更大的單位是「德本」，相當於夏特的十二倍。

因為這種用金屬轉換物品價值的想法，直到後王朝時代為止，都沒有產生使用貨幣的習慣。

百姓的主食是麵包和啤酒

百姓的餐桌

啤酒與其說是嗜好品，更像是大眾喜愛的主食。
麵包是埃及國民的主食，在新王國時代種類有五十多種。
對於難得吃肉的百姓來說，魚是貴重的營養來源。

百姓以麵包和啤酒為主食。由於肉只有在節日才吃得到，主要的蛋白質來源是魚。

古埃及人一天只吃早晚兩餐，但是貴族則跟現代人一樣，一天攝取三餐。

不論貧富，主食都是麵包。在許多壁畫上也能看到描繪烤麵包的場景。由畫面可知當時是將發酵的麵糰放進圓錐形的模型燒烤。

此外還有祭祀時用的滾筒型麵包、做成母牛、山羊、女人等造型的麵包等，品項十分豐富。

他們平常會食用麵包、蔬菜、水果和魚。喜歡用蠶豆、鷹嘴豆做成的料理，和糖分、蛋白質豐富的椰棗。

貴族餐桌上有肉及葡萄酒，貴重食材琳瑯滿目

貴族的餐桌

由於釀酒的葡萄是外來品種，因此只有富裕階級才喝得起。
貴族會用蜂蜜塗麵包吃。
有錢的貴族們視若平常地消費肉類。

貴族的餐桌上有著一般百姓無法取得的貴重、高級食材。

另一方面，百姓之間很少吃肉。因為氣溫高的埃及不適合保存肉類。

百姓也很喜歡喝啤酒。由於啤酒富含各類維他命，對古埃及人而言並非嗜好品，而是主食的一種。

壁畫上也有描繪釀葡萄酒的情形。不過葡萄酒屬於貴重品，一般人很少有機會喝到，僅限於富裕的王公貴族能品嚐。

06

物流
以尼羅河為中心，善用水路的古埃及人

古埃及的運輸手段是船隻和驢子

古埃及的主要運輸手段是水運的船隻和陸運的驢子。但因為都市大多集中在尼羅河沿岸，使用船隻的情形較普遍。

尼羅河在搬運人們生活所需物資方面起了很大的作用。在古埃及，幾乎所有的移動和物資運送，都是靠尼羅河的水運。

尼羅河由南向北流，另一方面，整年都吹著和水流反方向的盛行風。因此只要收起船帆就能順流而下，揚帆就能逆流而上地航行。

甚至古埃及的巨大建築物也可說是拜尼羅河的運輸力所賜。建築物需要大量的石材，如果換成陸運的話，肯定要耗費更多難以計數的勞力。

所以主要都市都是蓋在尼羅河沿岸，相對地，古埃及的陸路則沒有太大的必要，也延遲了陸上交通的發達。

例如，以馬車來說，在紀元前十七~十六世紀由西亞異族傳進來之前，埃及人完全不知道這種交通工具的存在。

非得要在陸地上移動的話，就使用驢子。而且直到後王朝時代末期才開始引進駱駝。

十分適合水運的尼羅河

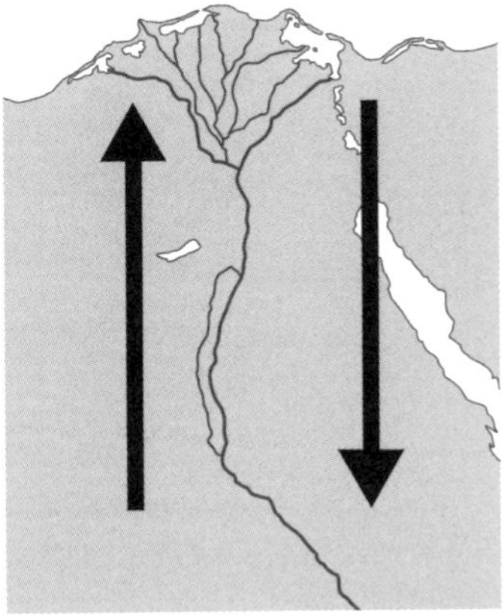

上行時

因為一年到頭都吹著盛行風，只要揚帆就能逆流而上。

下行時

收起船帆就能順流而下。

尼羅河非常適合船隻航行。只要調整船帆，就能輕易變更行進方向。

07

住宅

適合埃及氣候的日曬泥磚所營造的居住空間

①佣人們在廚房做飯。

②屋子深處設有家人的房間。也有女性專用的房間和起居室。

古埃及的住宅能留存至今天的微乎其微。

那是因為蓋房子用的多半是日曬泥磚、木材和植物等會隨時間風化的材料。包含行政設施和軍事設施也一樣。

日曬泥磚是利用尼羅河氾濫後堆積的沖積土製作。泥磚遇水會恢復原狀，還好這個不太下雨的國家不必擔心這個問題。

像這樣子的住宅，規模最大的就是王宮。建築物的規模、作工等，會因所有者的社會地位而有所差別。

提到古埃及的住宅，最常被引

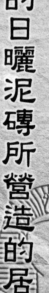

從阿馬納宅邸一窺古埃及的住屋

③招待客人的客廳裡，柱子上繪有圖案。

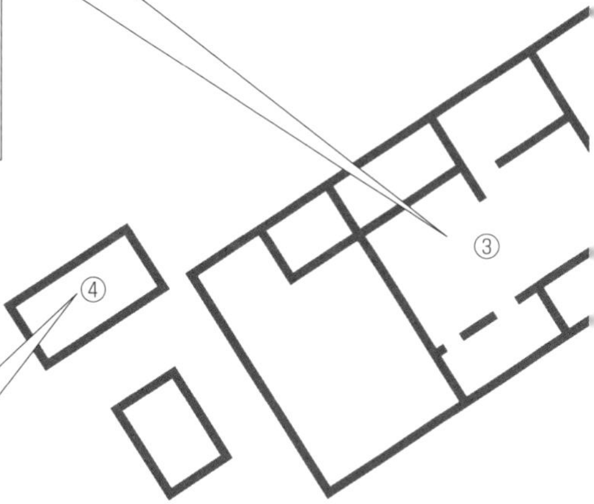

④所有地中還設有樹木環繞的水池和庭院。

在阿馬納發現的宅邸遺跡是了解當時住宅的一大線索。宅邸在門口附近設有客廳，家人的房間則安排在較裡面，好確保隱私權。

用的例子就是「阿馬納宅邸」。

所有地四周有圍牆的宅邸設有庭院、人工水池、廚房、工房、馬廄、穀倉等各種用途的建築物。

住宅本身有二十到二十八個房間。窗戶設在牆壁較高的位置，目地是為了通風與避開直射的陽光。

原本以為「阿馬納宅邸」是一般人的住宅，但之後才發現其實是地位較高的公家人員所住。

08 時尚
利用假髮、飾品爭奇鬥艷的人們

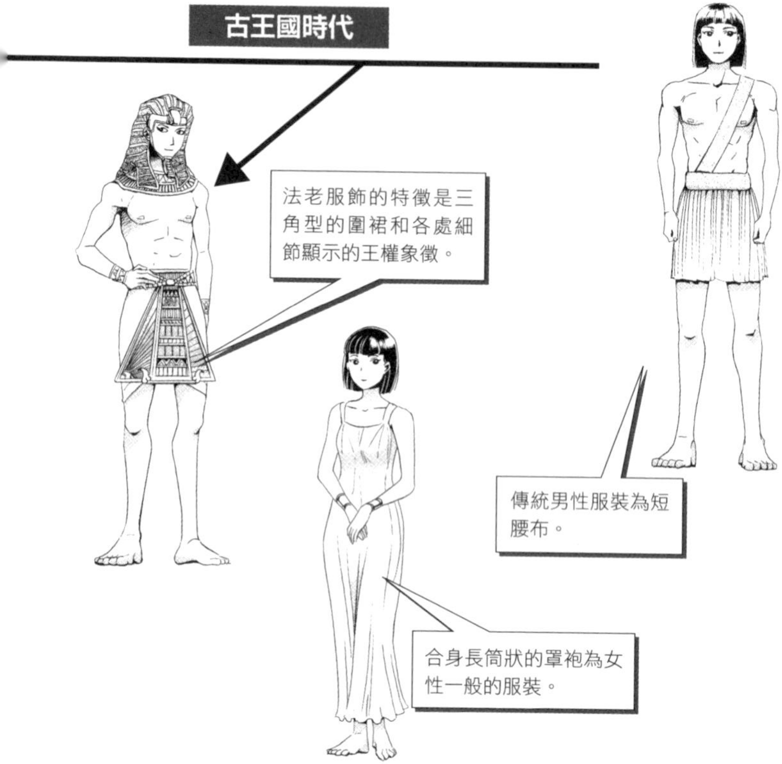
古王國時代
法老服飾的特徵是三角型的圍裙和各處細節顯示的王權象徵。
傳統男性服裝為短腰布。
合身長筒狀的罩袍為女性一般的服裝。

古埃及人喜歡穿亞麻布做的衣服。因為吸水的亞麻最適合埃及炎熱的氣候。

紀元前三千年讚頌納爾邁王統一埃及的納爾邁王調色板上，便描繪出法老身穿及膝短裙的樣子。

之後的三千年以來，這成為埃及男性的一般服裝。到了新王國時代後，才在上半身穿上罩袍或襯衫。

另一方面，女性則是穿著合身的罩袍。

新王國時代起，身分高的人不論男女都開始穿著有許多細褶的

古埃及時尚的變遷

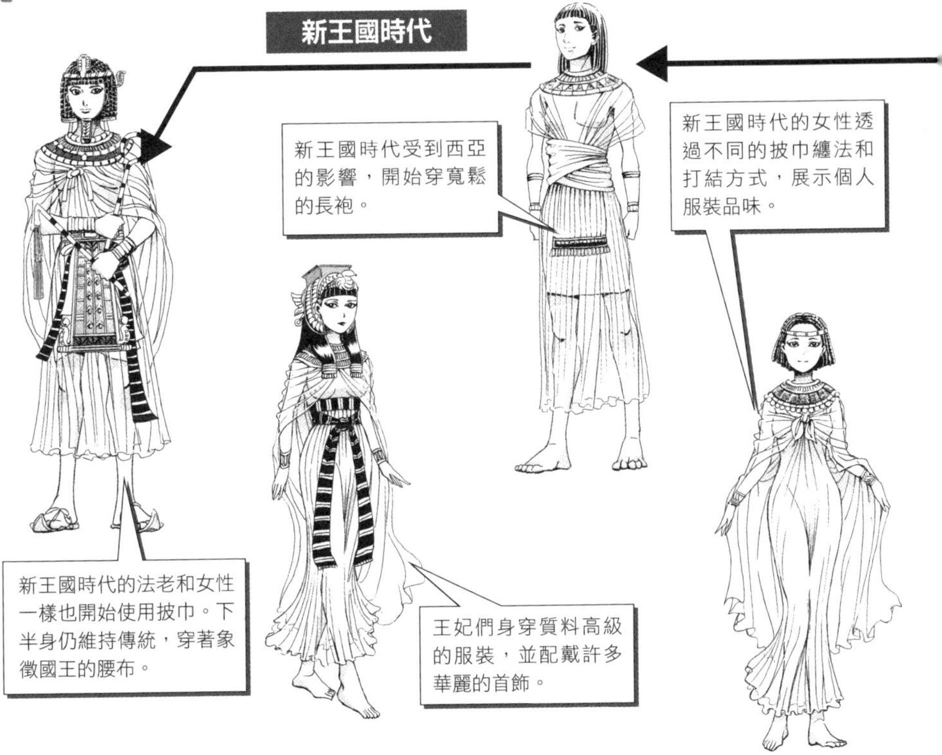
新王國時代
新王國時代受到西亞的影響，開始穿寬鬆的長袍。
新王國時代的女性透過不同的披巾纏法和打結方式，展示個人服裝品味。
新王國時代的法老和女性一樣也開始使用披巾。下半身仍維持傳統，穿著象徵國王的腰布。
王妃們身穿質料高級的服裝，並配戴許多華麗的首飾。

古埃及人的傳統服裝，男性是短腰布，女性是長筒狀的罩袍。

衣服。

裝飾品是為了彌補簡單服裝之不足，從很早以前就有配戴的習慣。古王國時代比較低調些，主流是用明亮珠子串成的寬版項鍊。

新王國時代，因為開始挖掘努比亞的黃金，金飾逐漸普及，設計也很多樣。

古埃及小知識！

古埃及人充滿特色的髮型其實是假髮

古埃及人的髮型，男性為短髮，而且髮絲緊貼頭部。女性基本上也喜歡俏麗的短髮。只不過王妃和貴族女性也愛用假髮。新王國時代流行一頭編織髮串的假髮。女性戴假髮是為了遮陽，避免中暑。

假髮由理髮師或專門的工匠製作，材料是頭髮和植物纖維。

09

娛樂

喜好運動競技的埃及社會

古埃及人喜好的娛樂

運動

●摔角……古埃及最普遍的搏擊術之一。

●射箭……原為士兵的訓練項目，貴族們當成運動學習。

打獵

●獵象……為顯示武勇的運動，也是國王的特權。

●釣魚……古王國時代起原是百姓的娛樂，之後成為上流階級的娛樂。

室內遊戲

●賽尼特棋……在棋盤上爭勝負的室內遊戲。壁畫上有拉美西斯二世王妃妮菲塔莉在死後世界玩該遊戲的畫面。

古埃及人的娛樂和現代人差不多。除了有運動、狩獵等動態娛樂外，也玩棋盤遊戲等室內遊戲。

古埃及人的日常生活中，也包含了運動、室內遊戲等各式各樣的娛樂。

大部分人都喜愛的運動是摔角。和現代摔角不同的是，不講究躺著壓制對方的絕技，和相撲力士一樣纏著兜襠布。

其他還有拳擊、劍術等展示武勇的比賽受到男性喜愛。想來這些搏擊術原本都是軍事訓練的一環而廣為流行的吧。

本屬生活手段的狩獵也漸漸變成了運動項目。例如投擲棍子打鳥、釣魚、在草原打獵等。從貴族墳墓的壁畫上也常能看到以打

新王國時代喜好運動的法老父子

父親 圖特摩斯三世

獵象

遠征敘利亞歸途時，在巴勒斯坦的尼亞獵了一百二十頭象。

射箭

在自己舉辦的比賽中，從戰車上同時射出四箭，一一射中四個靶心。

划船

一個人划行了二百人力的三英里距離。

兒子 阿蒙荷太普二世

新王國時代第十八王朝的圖特摩斯三世，和阿蒙荷太普二世父子倆，都是有名的運動健將。

獵為運動的場面。新王國時代的法老們為了顯示自己的武勇，也積極舉行狩獵。

另一方面，室內遊戲以棋盤遊戲廣受歡迎。

最流行的是一種名叫「賽尼特棋」的遊戲，棋盤上有橫三縱十的方格，棋子在方格上移動，有點類似升官圖的遊戲。

壁畫上常有人們從事各種娛樂的情景，可見當時人們生活的富足。

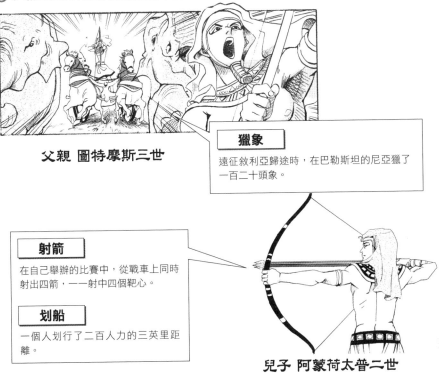

10 女性
和男性擁有幾乎對等權利的埃及女性

古埃及社會的女性立場未必與男性對等。

男性與女性之間最明顯的差異，表現在職業上。

法老、官職和聖職只有男性可以從事。女性能夠從事的只有在神廟祭典上演奏音樂。

高官、貴族的妻子雖然也能得到公職，但那不過是一種名譽稱號罷了。

話雖如此，除此之外幾乎沒有任何以性別為理由的不當對待。

社會上的確存在性別的區分。首先，刀刃為陽剛的象徵，所以農作物的收成是男性的工作。還有基於河邊有鱷魚很危險的理由，女性通常也不做洗衣服的工作。但是有些需要用力氣的工作，還是會採用女性勞動力。

此外在經濟上和法律上，女性和男性是平等的。

例如有紀錄顯示，女性如果和男性做同樣的勞動，拿到的薪資也是一樣的。

在家庭中，妻子絕對不會被視為丈夫的所有物。妻子可以跟丈夫以外的人，例如奶媽、商人等自由簽締契約，而且女性也有法律權利可以提起訴訟。

從一家財產未必完全歸屬丈夫所有這點來看，便可知古埃及社會是多麼重視女性。

如果因為丈夫搞外遇造成夫妻離婚，妻子可拿走其財產的三分之一。

如此一來，相信能讓夫妻重新考慮離婚與否吧。

防止離婚的殺手鐧!?妻子的財產分配權

B.C.500年以後的女性，離婚時可拿走共有財產的三分之一，這對男性而言是很大的經濟損失，因此有效遏止了離婚的發生。

古埃及男女平等嗎？

法律	薪資	就業	王權
視為單一的個人，擁有權利。	給付和男性一樣的薪資。（※）	行政機關和祭司職位基本上被男性獨占。	名義上只有男性可以成為法老。

※《Sport in Ancient Egypt》一書作者Steffen Wenig所主張。

11

古埃及人的性

大方呈現在莎草紙和壁畫中的性描寫

呈現在藝術、神話中的性的象徵

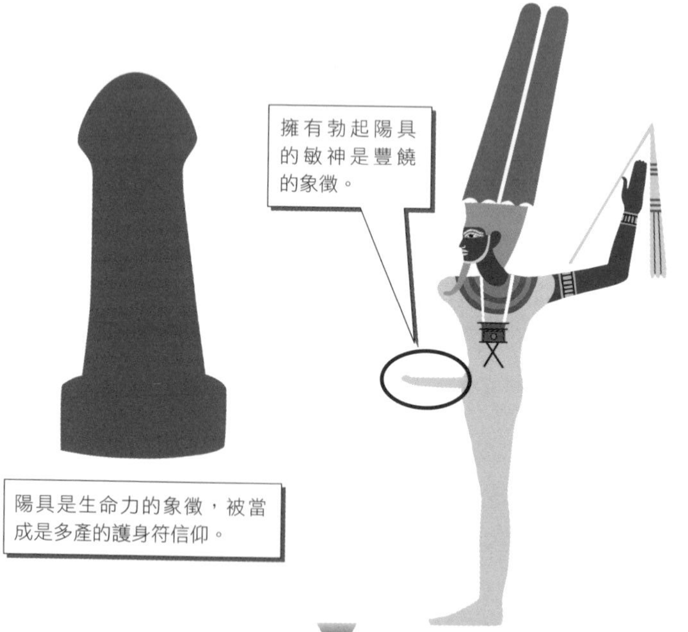
擁有勃起陽具的敏神是豐饒的象徵。
陽具是生命力的象徵，被當成是多產的護身符信仰。
敏神

在藝術、神話中的性表現不會被視為禁忌

埃及藝術和埃及神話中經常會出現和性有關的象徵性描述。

在古埃及，女性和男性擁有同樣的權利。那麼男女之間的性生活又是如何呢？

古埃及的平常百姓人家基本上採一夫一妻制。擁有後宮、娶三妻四妾的僅限於皇族。

通姦不論男女都是重罪，一旦被發現會遭到鞭刑、甚至切掉耳朵、鼻子等懲罰。

不過未婚者的尋歡作樂似乎不被當成通姦看待，因為常有莎草紙提到買春的情形。

例如，都靈埃及博物館所藏的莎草紙，就紀錄了在妓女戶中男女的交易過程與對話，還配上了

古埃及人性意識的正反兩面

對於性的社會性意識

行為	意識	
外遇	✕	視情況，有時會被判死刑，是一種受到譴責的行為。
近親通婚	△	神話中有歐西里斯和伊西絲的例子，雖然不被當成是禁忌，卻是僅限於皇族才可行的特權。
同性戀	△	有些地區認同，但從佩皮二世出櫃後的自我譴責，可見還是不容於古埃及人的倫常觀念。

古埃及以什麼方式讓性表面化呢？

妓女戶　都靈埃及博物館所藏的第55001莎草紙，赤裸裸地紀錄了男女在妓女戶中的情形。

可以說古埃及人對性的看法比較乾淨。而發生在妓女戶內的一幕，卻又展現了從壁畫上讀取不到的人性。

埃及也出土了不少人工陽具等仿陽具造型的小像，一如前面所提及的多產象徵，主要目的是為了祈願，至今尚未找到用於自慰的證據。

插圖。

另外在藝術的領域中，性的象徵也很明顯地直接表現出來。

其中最具代表性的就是擁有勃起陽具的「敏神」（Min），性無能的男性會供奉敏神祭禮，祈求子孫繁榮。

新王國時代還會製作畫有女性或男性性器形狀、陽具勃起的男性、男女交媾等圖案的護身符。

性的表現反映出人們想留有子嗣的深切願望，絕對不會被視為是一種禁忌。

12 壁畫 詳實記錄古代生活的圖畫也描繪出人們的理想

遵循獨特規則的古埃及壁畫

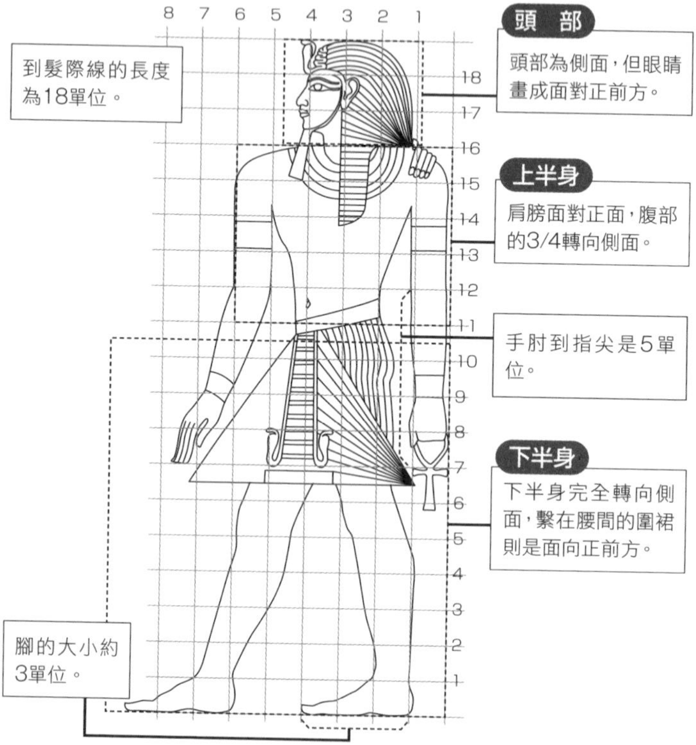
8 7 6 5 4 3 2 1
18 17 16 15 14 13 12 11 10 9 8 7 6 5 4 3 2 1
到髮際線的長度為18單位。
頭部
頭部為側面，但眼睛畫成面對正前方。
上半身
肩膀面對正面，腹部的3/4轉向側面。
手肘到指尖是5單位。
下半身
下半身完全轉向側面，繫在腰間的圍裙則是面向正前方。
腳的大小約3單位。

古埃及壁畫的特徵是，身體各部分相對於繪畫整體的比例是固定的。

古埃及壁畫和我們所熟悉的西洋美術形式大異其趣。

首先，埃及繪畫幾乎都不是直接畫出眼中所見的對象。

如果是畫人物，其基本模式是：臉、腳轉向側面，眼睛和肩膀面對正面，腰部斜轉。如果是畫箱子、壺罐等容器時，就會由上方畫出容器的內容物。

他們也沒有使用西洋美術基本技巧的遠近法。

古埃及繪畫之所以產生這些特徵的背景之一是：他們要畫的並非時間上和空間上對某一對象的具體外貌，而是要捕捉住該對象

繪畫中展現的是來世的理想樣貌

繪畫擁有的重要意義

賦予所畫圖像生命（來世成為現實）

→描繪出墳墓主人的理想樣貌。

→為了讓畫中人物在來世能得到食物，完成圖像的最後一個步驟是「開口儀式」。

繪畫和古埃及人的生死觀有密切的關係。相信來世復活的他們，為了能迎向理想的來世，所以將理想樣貌畫進繪畫裡。

身上任何人都能理解的特徵。

另外值得注意的是，繪畫和古埃及人生死觀的關係。

古埃及人相信可於來世復活。當繪畫中的主題人物於來世獲得生命時，為了能經營理想的生活，畫中人物必須始終展現出年輕完美的樣貌才行。

古埃及繪畫未必寫實的原因是，當時人們相信，被畫出來的圖像會被賦予來世的生命。

13 文字與文學

視情況區分用法的古埃及文字

古埃及文明擁有獨特的象形文字（hieroglyphs）。然而象形文字是如何發展出來的，其過程仍是未解之謎。

曾經以為埃及文字是從美索不達米亞文明所創造的圖案文字發展而來的。

美索不達米亞是先經過此一圖案文字的階段，才發展出世界最古老的文字——楔形文字。而埃及並沒有類似美索不達米亞的圖案文字，象形文字就這樣突然出現在最古老的文獻上。

埃及刻有象形文字的最古老文字資料，是第一王朝之前的前王朝時代的飾板，上面大大地刻著充滿特徵的象形文字記號。

之後進入羅馬統治時代，直到不再被使用的四世紀末為止，象形文字歷經三千年以上，始終維持原形繼續被使用。

另一方面，在莎草紙上的備忘等資料，則是用象形文字（聖書體）的僧侶體書寫。到了後王朝時代還使用更為簡化的世俗體文字。這種民眾文字廣為流行，結果帶動了文學的興起。

其中最重要的是教誨文學。例如盛讚書記工作的《凱提的教誨》、描寫法老雖是神，卻也難逃一死之理想與現實有所矛盾的《阿梅涅姆哈特一世的教誨》等最廣為人知，擔負了提供人們知識的功能。

不過古埃及人的識字率非常低，能夠閱讀文字的僅限於書記等少數精英份子。

※1：Jean-Francois Champollion，1790～1832，法國著名歷史學家、語言學家、埃及學家，是第一位破解埃及象形文字結構並破譯羅塞塔石碑的學者，埃及學的創始人。

※2：Thomas Young，1773～1829，英國科學家，也是最先嘗試翻譯埃及象形文字的歐洲人之一。

商博良（※1）和楊格（※2）對於象形文字的解讀作業

Πτολεμαιος

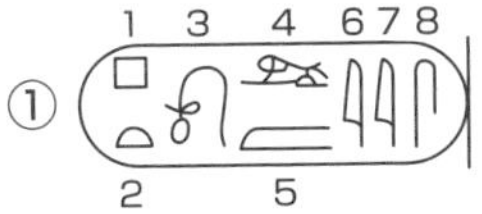

刻在一七九九年發現之羅塞塔石碑上，相對於希臘文字「托勒密」的象形文字。

Κλεοπατρα

刻在一八一五年於菲來島發現之方尖碑上，相對於希臘文字「克麗奧佩脫拉」的象形文字。

挑戰解讀象形文字的商博良和楊格。

1 ①－1　和　②－5得出　□　＝π（p）

2 ①－3　和　②－4得出　　＝o（o）

3 ①－4　和　②－2得出　　＝λ（l）

像這樣將兩篇碑文加以比對後，一點一滴找出象形文字的發音。

因為此一發現，之後商博良得以成功破解象形文字。

羅塞塔石碑和菲來島方尖碑都同時刻有象形文字和希臘文字。楊格和商博良透過比對，試圖解讀出象形文字。

14 職業
成為追求名聲的工匠或是追求待遇的書記

要成為工匠還是書記呢

農民

變成剩餘勞動力的農民，還能從事什麼樣的工作呢？

書記

書記介於國家和人民之間，主要業務是徵稅，為古代的菁英官僚。

工匠

- 石匠
- 織工
- 陶工
- 金屬加工師傅
- 木匠
- 裁縫師
- 鞣皮師傅

等等

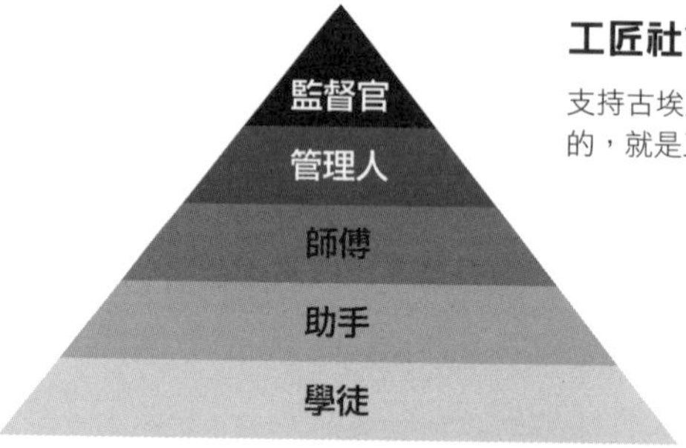

工匠社會的師徒制度

支持古埃及文明高度工藝技術的，就是工匠的師徒制度。

農業生產量提升後，農民之間就有了剩餘的勞動者。那些農民可選擇成為工匠或是讀書成為書記。

農耕技術發達後，一旦糧食和人口過剩，肯定就會產生農作不需要的人力。

那些人能從事的職業，不是工匠就是書記。

當時的工匠受雇於王宮、神廟和官僚的工房。古埃及值得誇耀的美術品就是由這些受僱於工房的無名工匠製作的。產生美術品的高超技術，乃是各工房經由學徒制度的傳承，逐漸磨練出來的。

為了追求更高地位的人可選擇成為書記。只要有能力，任何人都可以當書記。

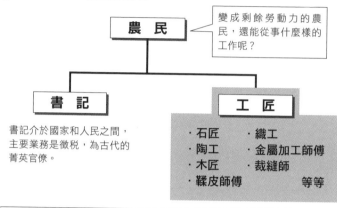

書記的養成學校「生命之家」

成為書記必須學習的事

- 讀寫能力→紀錄租稅內容。
- 數學→計算農地面積和租稅額。

為了當書記，必須從讀小學的年紀就開始就讀養成學校。

去當書記吧！
當上書記就可免於苦役。

在《職業諷刺》的教誨文學中，挖苦其他職業，勸讀者選擇當書記。

王宮、神廟有專門培訓書記的養成學校。該機構的名稱是「生命之家」。

「生命之家」是讓想要當書記的人就讀的書記養成學校。

在古埃及社會，書記是讓政治、經濟、宗教等國家行政發揮作用的菁英份子。

書記的工作中，最重要的是徵稅。因此書記被要求有執行各種計算的業務能力。

書記的職前訓練是在名叫「生命之家」的機構中進行。

「去當書記吧！這麼一來可免於苦役，也不用受雇於人吃苦受氣。」

這是當時諷刺所有職業的書中，一段讚頌書記是多麼棒的職業的文字。

15

祭司 對國家擁有絕大影響力的神祇僕人

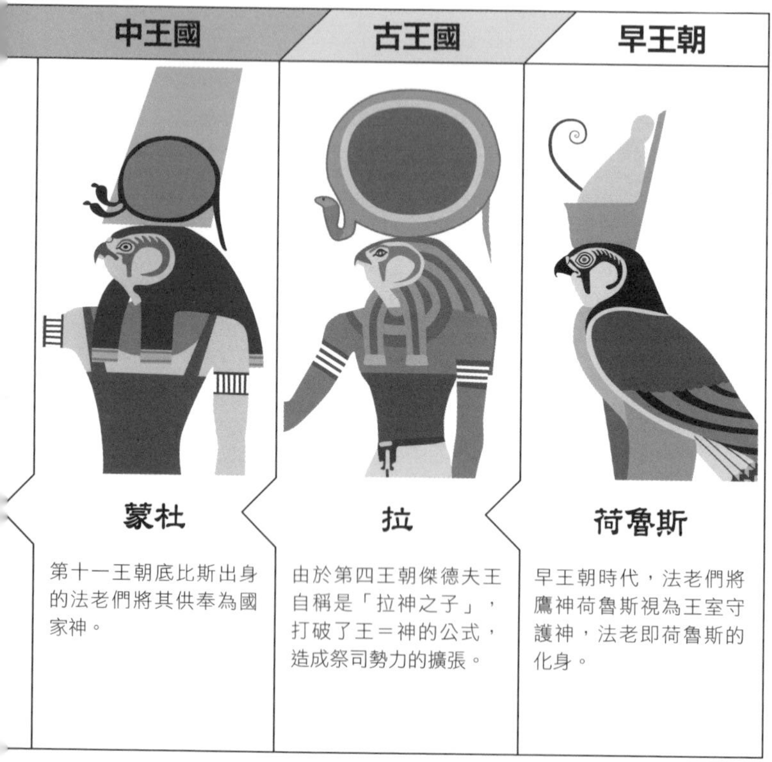

早王朝
荷魯斯
早王朝時代，法老們將鷹神荷魯斯視為王室守護神，法老即荷魯斯的化身。
古王國
拉
由於第四王朝傑德夫王自稱是「拉神之子」，打破了王＝神的公式，造成祭司勢力的擴張。
中王國
蒙杜
第十一王朝底比斯出身的法老們將其供奉為國家神。

古埃及法老擁有絕對性的權利，被當成其守護神鷹神荷魯斯的化身。

擁有絕大權力的法老必須執行各種祭典，但實際負起任務的則是祭司們。

他們的組織有明確的階級制度。被賦予國王權威、也是所有祭司之長的是大司祭，被稱為「第一先知」。

實際執行供奉神明祭禮的準備事宜、施咒語、神廟的經濟活動等任務的是俗人祭司。他們被稱為「神的佣人」、「神的僕役」。

各時代的眾神信仰

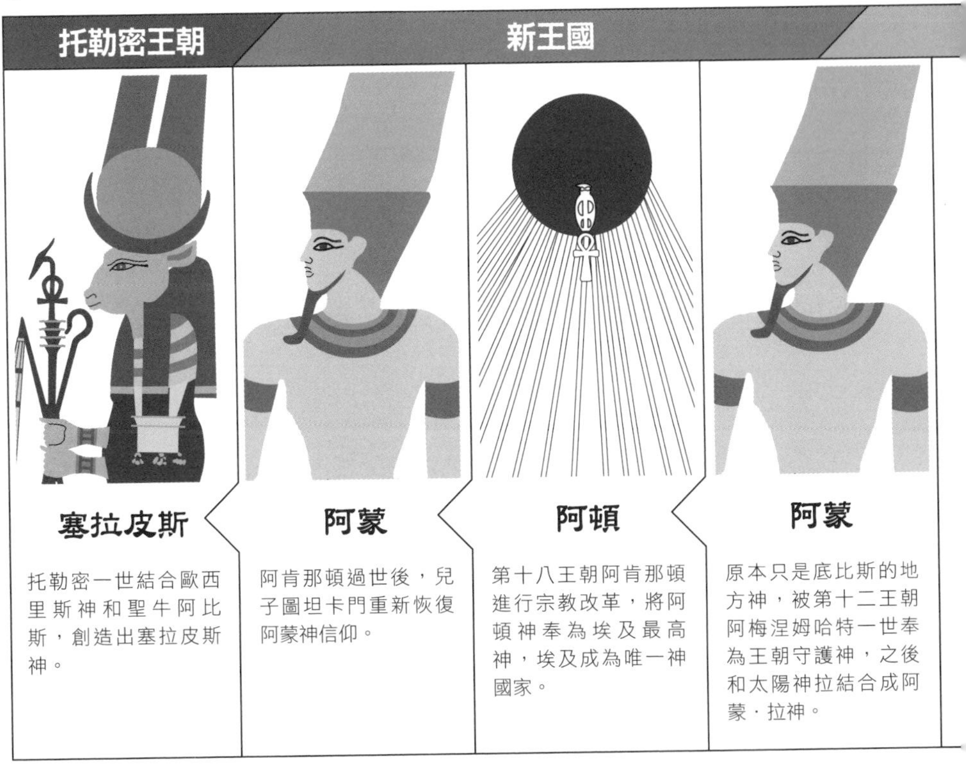
托勒密王朝
新王國
塞拉皮斯
托勒密一世結合歐西里斯神和聖牛阿比斯，創造出塞拉皮斯神。
阿蒙
阿肯那頓過世後，兒子圖坦卡門重新恢復阿蒙神信仰。
阿頓
第十八王朝阿肯那頓進行宗教改革，將阿頓神奉為埃及最高神，埃及成為唯一神國家。
阿蒙
原本只是底比斯的地方神，被第十二王朝阿梅涅姆哈特一世奉為王朝守護神，之後和太陽神拉結合成阿蒙·拉神。

古埃及王國是神權政治國家，每個王朝各自崇拜特定的神為國家神。

輔佐俗人祭司的是被稱為「淨身者」的基層祭司，然而他們是不准進入神廟裡面的。

審判也是祭司的工作。身受罪惡感折磨的人們前來時，站在神廟門口的祭司會基於神的名字做出判決。

根據歷史學家希羅多德的記述，祭司為保持儀式上的清淨，每天洗兩次冷水澡，並穿上清潔、高級的亞麻衣。

祭司是世襲制，由父親傳承給兒子的職業，是一種極其封閉的社會。

16

祭典
古埃及神祇眾多，節日自然也多

節日繁多的古埃及社會

又是祭典嗎？
這個國家的祭典怎麼這麼多！

古埃及的節日很多

希羅多德的故鄉古希臘，一年只有一次的祭神慶典。相對而言，例如拉美西斯三世祭廟，一年就有多達六十次的紀錄。

卡姆威塞特
小提醒

除了新年祭、收穫祭、王室慶典等，各地方還有對眾神的各種祭典，所以古埃及的節日繁多。

古埃及經常舉行祭典。紀元前五世紀造訪埃及的希臘歷史學家希羅多德就曾經寫下「埃及人一年到頭都在舉行祭典」的文字。祭典是神廟的重要活動，和王權的關係也很密切。

從古王國時代便延續下來的是「賽德節」。它是王位更新祭，通常於在位第三十年舉行，目的是要讓法老的力量重生。

新王國時代的底比斯，一年就有多達六十次的祭典。其中最大的是國家神阿蒙的大祭典「美谷之祭」和「歐佩特大祭典」。

「美谷之祭」開始於第十一

遊行和神諭為新王國時代祭典的特徵

祭典的遊行，是百姓能夠最接近神像的機會。不過神像不會直接出現在眾人眼前，而是安置在神櫃中。

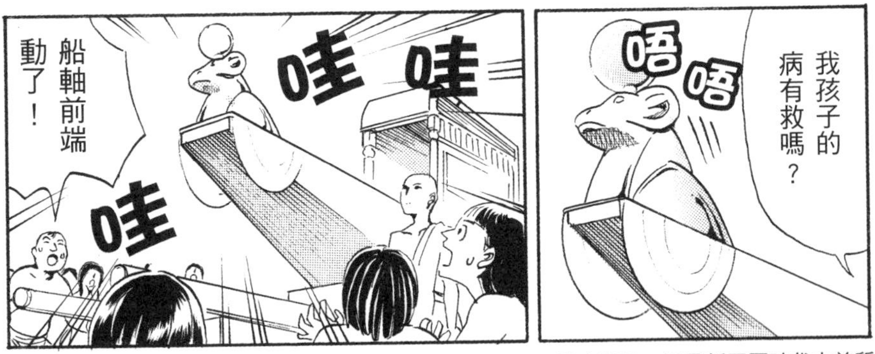

包含歐佩特大祭典，新王國時代的祭典常常會有神像遊行和發出神諭。這是新王國時代之前所沒有的祭典特徵。

王朝，阿蒙神從東岸的卡納克神廟走出後，前往造訪西岸的門圖荷太普二世祭廟。「歐佩特大祭典」是阿蒙神走出卡納克神廟，前去造訪妻子穆特女神的祭典，也是象徵豐收的重要祭典。該祭典的特徵是，抬著阿蒙神像的神轎遊行時，沿途會對民眾發出神諭。

這種遊行中發出神諭的特徵開始於第十八王朝，古王國時代和中王國時代幾乎沒有發生過。

17

醫學 古埃及將醫術和咒語等同視之

古埃及是醫療大國!?

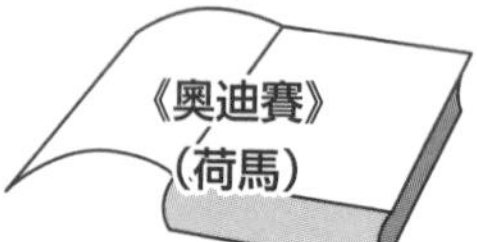

《奧迪賽》
（荷馬）

在那裡每個人都是醫生，每個人都比其他人更知曉各種疾病的治療法……

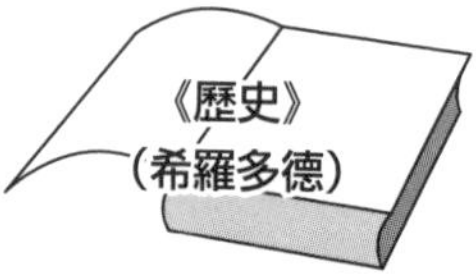

《歷史》
（希羅多德）

到處都有許多醫生，有看眼睛的醫生、看頭的醫生、看牙齒的醫生、看肚子的醫生，就連不知哪裡有問題也有醫生能看……

埃及醫術廣為其他國家所知……

我是醫生、
祭師、
也是施咒師。

比起現代所謂的醫術，當時的施咒術還比較發達。

從希羅多德、荷馬留下的記述可知古埃及的醫術發達，醫生人數眾多。

古埃及的祭司同時也是施咒師和醫生。

不只是埃及如此，古代文明常認為生病是惡靈侵入體內造成。

清除神的處罰、惡魔作祟、動物靈魂等侵入體內的毒素是很重要的事。因此一般的治病法是以咒語和護身符為主。

到了第三王朝，才開始出現跟現代醫學有關的醫療和醫生。

關於古代的醫療法，可以透過紀錄在莎草紙上的醫學文獻得知。

「艾德溫・史密斯莎草紙文稿」記錄了有關外傷、骨折等

絕非只有施咒的古埃及醫學知識

我渾身無力……
嗯……
像這種症狀的時候……

醫術莎草紙文稿

寫有關於疾病、受傷的處方、治療法的文獻。多的可因應八百七十六種病例。

利用植物藥效或是骨折時採用夾板、繃帶等進行實用性的醫療。

醫術之神
印何闐

古埃及醫術固然充滿了咒語的要素，但是從醫術莎草紙文稿看到的疾病、受傷處方、利用植物療效的治療法等，仍具有從現代醫術觀點不容小覷的部分。

四十八個病例和處方。例如骨折已經懂得利用繃帶、夾板的治療法。「卡福恩醫術莎草紙文稿」是關於婦女疾病、「柏林莎草紙文稿」則可看到避孕法和世界最早的懷孕判定法。

一般會以為埃及人製作木乃伊，所以透過人體解剖，對於各器官、臟器應有精闢的知識。其實從莎草紙的紀錄看來，並沒有找到製作木乃伊和醫術結合的明顯證據，整個王朝時代都是綜合性地透過咒語、儀式和施咒進行醫療的。

18

軍隊

古代的軍隊一樣也很嚴格嗎？

古埃及軍隊的發展過程

古王國時代以前

→國家沒有常備軍，必要時才徵集兵力。

▼

第一中間期

→職業軍人的出現。

▼

第二中間期（希克索統治時期）

→引進戰車（雙頭馬車）。

▼

新王國時代

→軍隊基本單位為每五千人的師團。
→霍倫赫布、拉美西斯一世等軍人出身的法老出現。

古王國時代沒有常備軍的古埃及王國，從接受希克索統治的第二中間期以後，埃及軍隊才迅速成長。

古王國時代以前的埃及沒有常備軍，有軍事行動必要時才向各州徵兵。

職業軍人的出現是在早王朝時代、延續自古王國時代的中央集權制度垮台的第一中間期以後。該時代為求出人頭地而自願當兵的，多半是無法繼承家業的次子以下的兒子。

新王國時代隨著霍倫赫布、拉美西斯一世等軍人出身的法老出現，軍人的地位也跟著水漲船高。

擁有軍事指揮權的是法老所認可的最高司令官。有時候法老會

拉美西斯二世在位期間（新王國時代第十九王朝）的軍隊組織

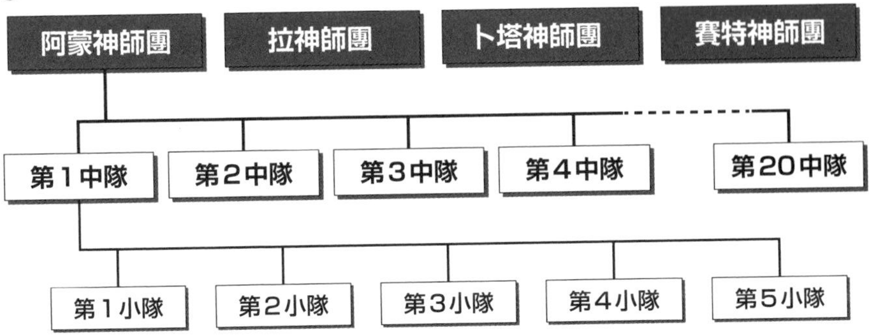
阿蒙神師團
拉神師團
卜塔神師團
賽特神師團
第1中隊
第2中隊
第3中隊
第4中隊
第20中隊
第1小隊
第2小隊
第3小隊
第4小隊
第5小隊

新王國時代軍隊的基本單位是五千人規模的師團，拉美西斯二世在卡疊石戰役之時，擁有四個師團。

在兵營對新兵進行嚴格的訓練。

身兼最高司令官。

軍隊遠征時會編組四到五個師團。

拉美西斯二世遠征卡疊石戰役時就動員了四個師團，分別冠上卜塔、阿蒙等神的名字，各師團由職業軍人和徵兵構成，人數五千人。

以步兵為主，有的組織還穿插了弓箭隊、劍隊。

軍隊是嚴格的組織，違反規律會遭到鞭刑。士兵受訓時，身上只穿著短裙，頭髮綁著羽毛裝飾。

訓練內容有體操、摔角、使用武器等不一而足。

Fantastic 30

圖解古埃及文明 這樣認識古埃及真有趣

原著書名── 知識ゼロからのエジプト入門
原出版社──株式会社幻冬舍
作者──近藤二郎

譯者──張秋明
企劃選書──劉枚瑛
責任編輯──劉枚瑛
版權──吳亭儀、江欣瑜、林易萱
行銷業務──周佑潔、賴玉嵐、賴正祐

總編輯──何宜珍
總經理──彭之琬
事業群總經理──黃淑貞
發行人──何飛鵬
法律顧問──元禾法律事務所 王子文律師
出版──商周出版
台北市104中山區民生東路二段141號9樓
電話：（02） 2500-7008　傳真：（02） 2500-7759
E-mail：bwp.service@cite.com.tw
Blog：http://bwp25007008.pixnet.net./blog
發行──英屬蓋曼群島商家庭傳媒股份有限公司城邦分公司
台北市104中山區民生東路二段141號2樓
書虫客服專線：（02）2500-7718、（02） 2500-7719
服務時間：週一至週五上午09:30-12:00；下午13:30-17:00
24小時傳真專線：（02） 2500-1990；（02） 2500-1991
劃撥帳號：19863813　戶名：書虫股份有限公司
讀者服務信箱：service@readingclub.com.tw
城邦讀書花園：www.cite.com.tw
香港發行所──城邦（香港）出版集團有限公司
香港灣仔駱克道193號超商業中心1樓
電話：（852） 25086231傳真：（852） 25789337
E-mailL：hkcite@biznetvigator.com
馬新發行所──城邦（馬新）出版集團【Cité（M）Sdn. Bhd】
41, Jalan Radin Anum, Bandar Baru Sri Petaling,
57000 Kuala Lumpur, Malaysia.
電話：（603）90563833　傳真：（603）90576622
E-mail：services@cite.my

美術設計──copy
版面編排──R&A Design Studio
印刷──卡樂彩色製版有限公司
經銷商──聯合發行股份有限公司 電話：（02）2917-8022　傳真：（02）2911-0053

2013年（民102）12月5日初版
2017年（民106）12月28日2版
2023年（民112）8月10日3版
定價350元　Printed in Taiwan

城邦讀書花園 www.cite.com.tw

ISBN 978-626-318-755-9
ISBN 978-626-318-762-7（EPUB）

線上版讀者回函卡

國家圖書館出版品預行編目（CIP）資料

圖解古埃及文明：這樣認識古埃及真有趣 / 近藤二郎著；張秋明譯.
-- 3版. -- 臺北市：商周出版：英屬蓋曼群島商家庭傳媒股份有限公司城邦分公司發行,
民112.08　216面；14.8×21公分. --（Fantastic；30）
譯自：知識ゼロからのエジプト入門　ISBN 978-626-318-755-9（平裝）
1. CST：埃及文化　2. CST：古埃及　3. CST：文明史　761.3　112009362